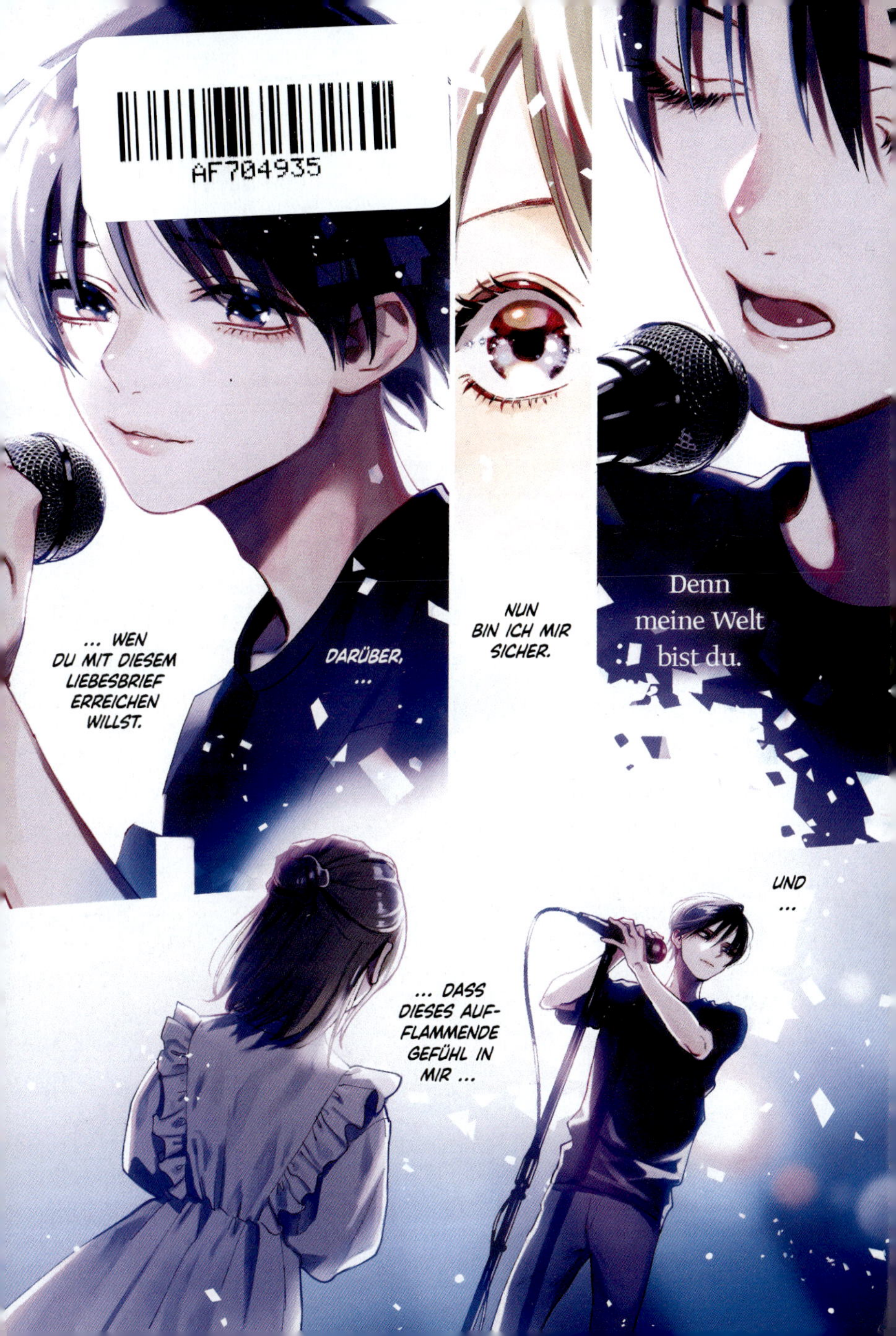
Denn meine Welt bist du.
NUN BIN ICH MIR SICHER.
DARÜBER, ...
... WEN DU MIT DIESEM LIEBESBRIEF ERREICHEN WILLST.
UND ...
... DASS DIESES AUF-FLAMMENDE GEFÜHL IN MIR ...

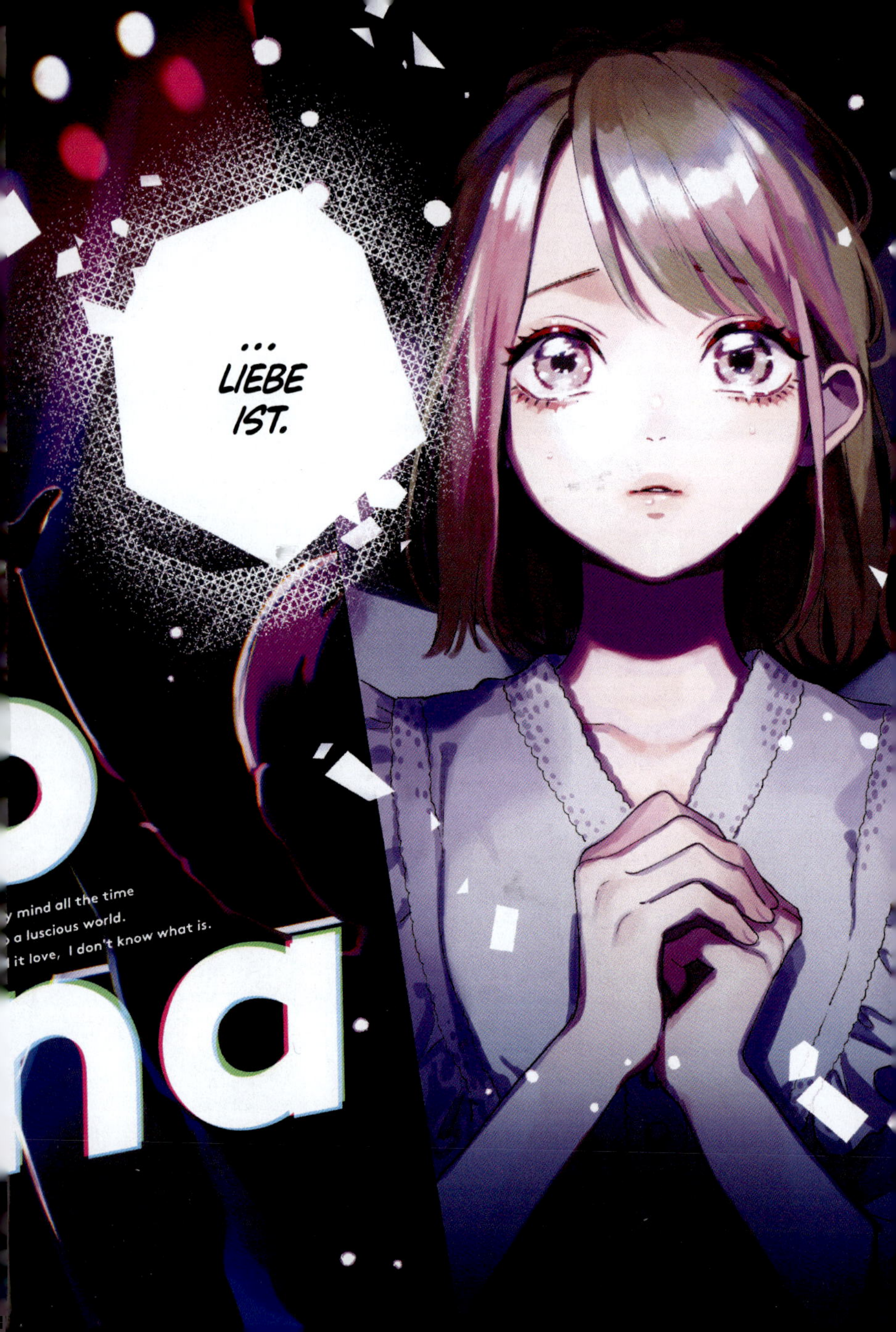
... LIEBE IST.
mind all the time
a luscious world.
it love, I don't know what is.

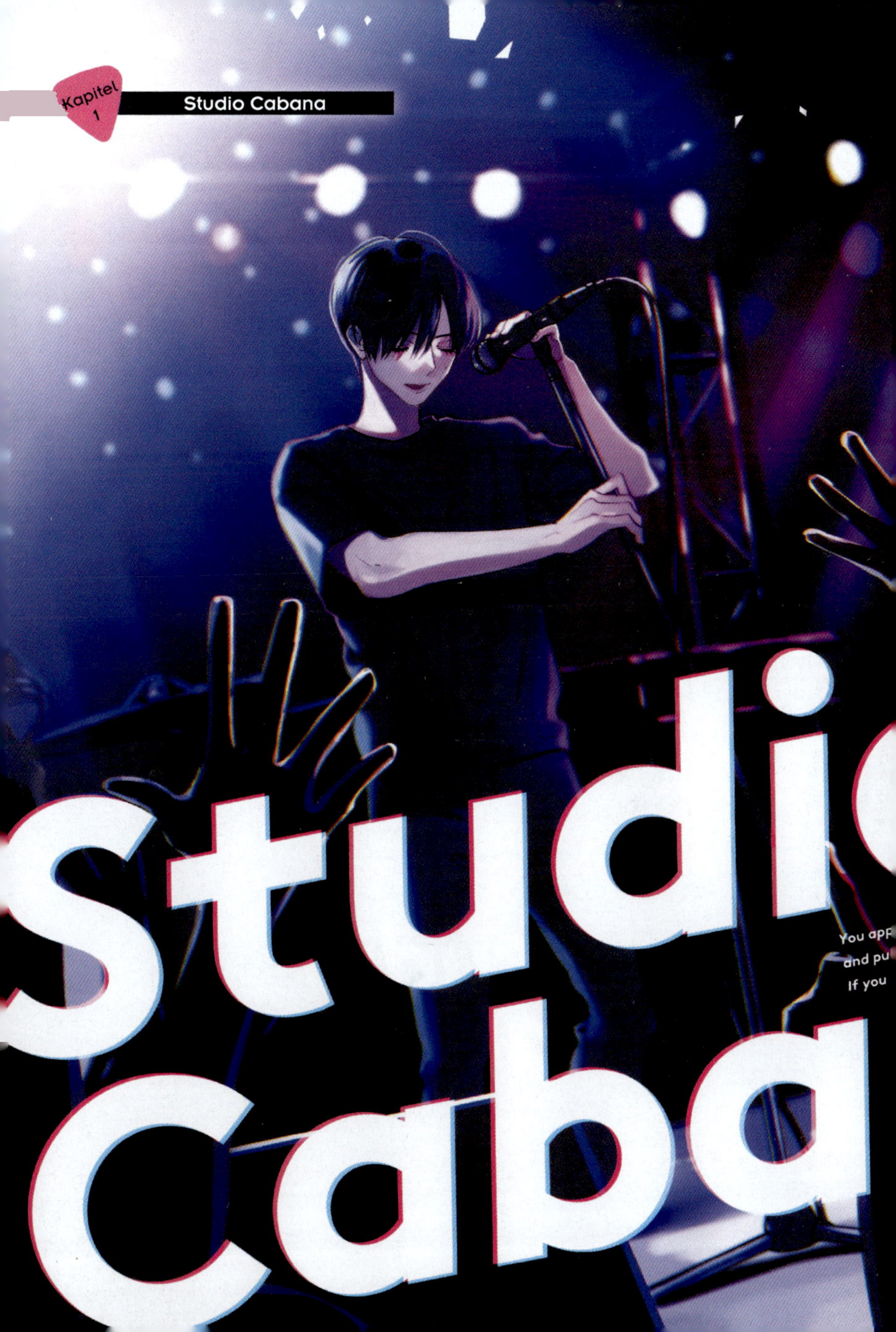
Kapitel 1
Studio Cabana
Studio Caba
You app
and pu
If you

Inhalt

You appear in my mind all the time
and pull me into a luscious world.
If you don't call it love, I don't know what is.

Studio Cabana

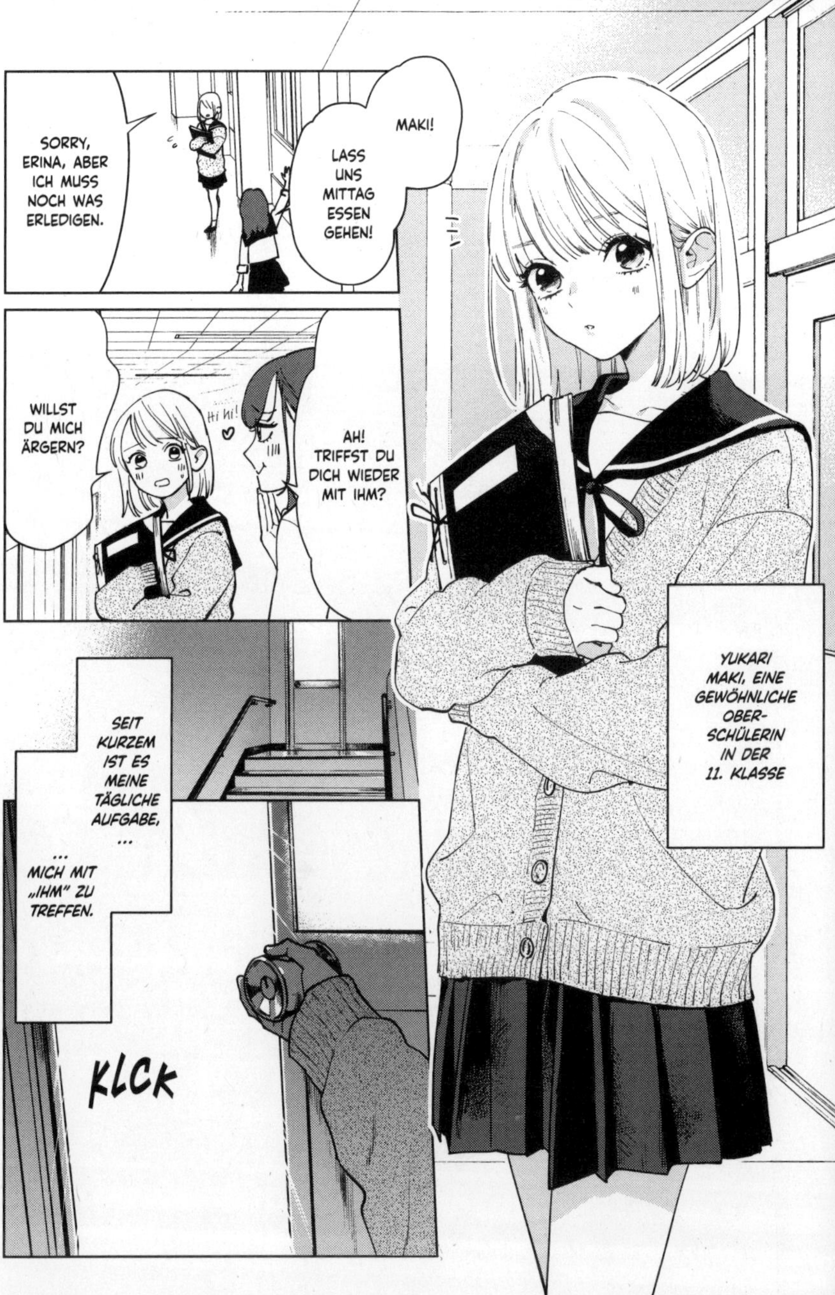
MAKI!
LASS UNS MITTAG ESSEN GEHEN!
SORRY, ERINA, ABER ICH MUSS NOCH WAS ERLEDIGEN.
AH! TRIFFST DU DICH WIEDER MIT IHM?
Hi hi!
WILLST DU MICH ÄRGERN?
YUKARI MAKI, EINE GEWÖHNLICHE OBER-SCHÜLERIN IN DER 11. KLASSE
SEIT KURZEM IST ES MEINE TÄGLICHE AUFGABE, ...
... MICH MIT „IHM" ZU TREFFEN.
KLCK

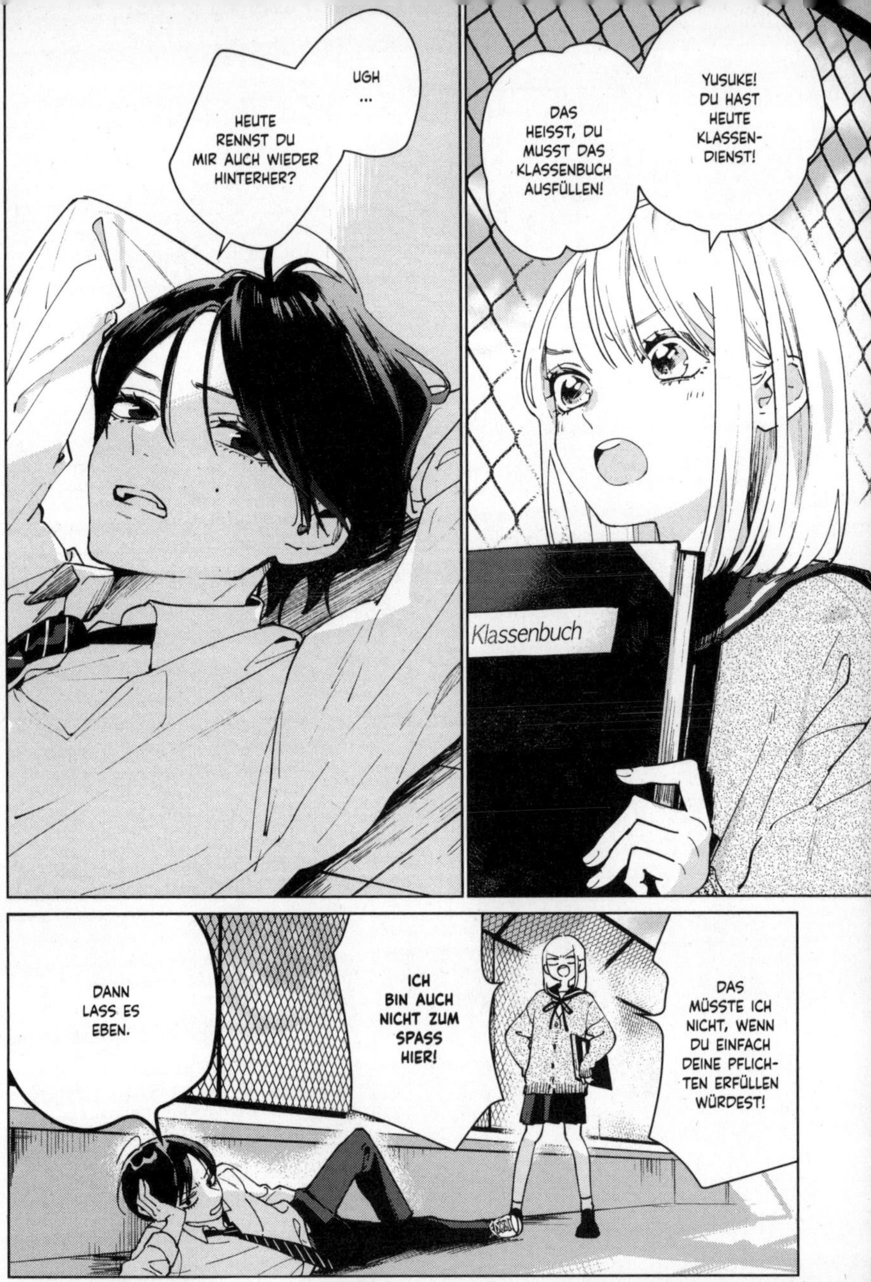
YUSUKE! DU HAST HEUTE KLASSENDIENST!
DAS HEISST, DU MUSST DAS KLASSENBUCH AUSFÜLLEN!
Klassenbuch
UGH ...
HEUTE RENNST DU MIR AUCH WIEDER HINTERHER?
DAS MÜSSTE ICH NICHT, WENN DU EINFACH DEINE PFLICHTEN ERFÜLLEN WÜRDEST!
ICH BIN AUCH NICHT ZUM SPASS HIER!
DANN LASS ES EBEN.

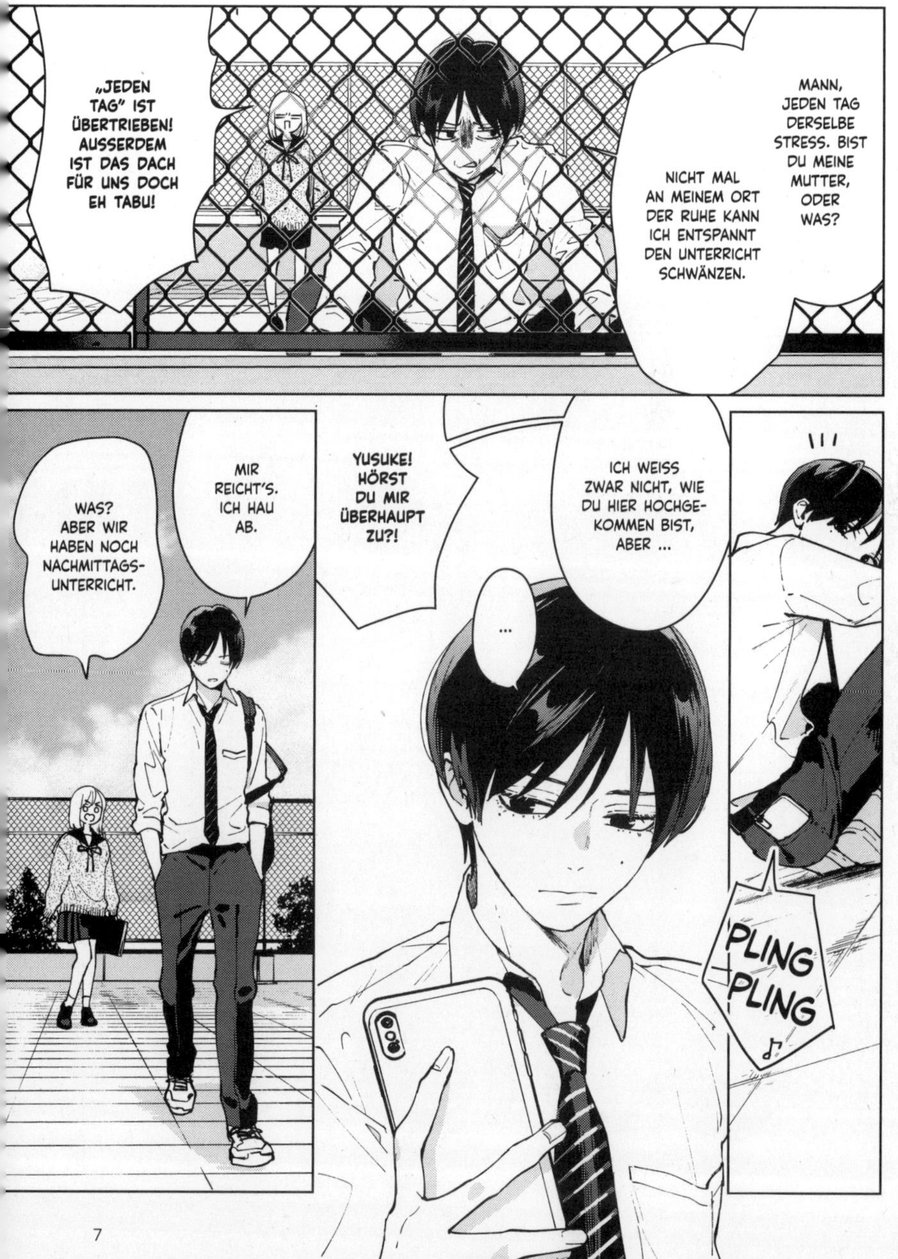
MANN, JEDEN TAG DERSELBE STRESS. BIST DU MEINE MUTTER, ODER WAS?
NICHT MAL AN MEINEM ORT DER RUHE KANN ICH ENTSPANNT DEN UNTERRICHT SCHWÄNZEN.
„JEDEN TAG" IST ÜBERTRIEBEN! AUSSERDEM IST DAS DACH FÜR UNS DOCH EH TABU!
PLING PLING ♪
ICH WEISS ZWAR NICHT, WIE DU HIER HOCHGE-KOMMEN BIST, ABER ...
YUSUKE! HÖRST DU MIR ÜBERHAUPT ZU?!
...
MIR REICHT'S. ICH HAU AB.
WAS? ABER WIR HABEN NOCH NACHMITTAGS-UNTERRICHT.

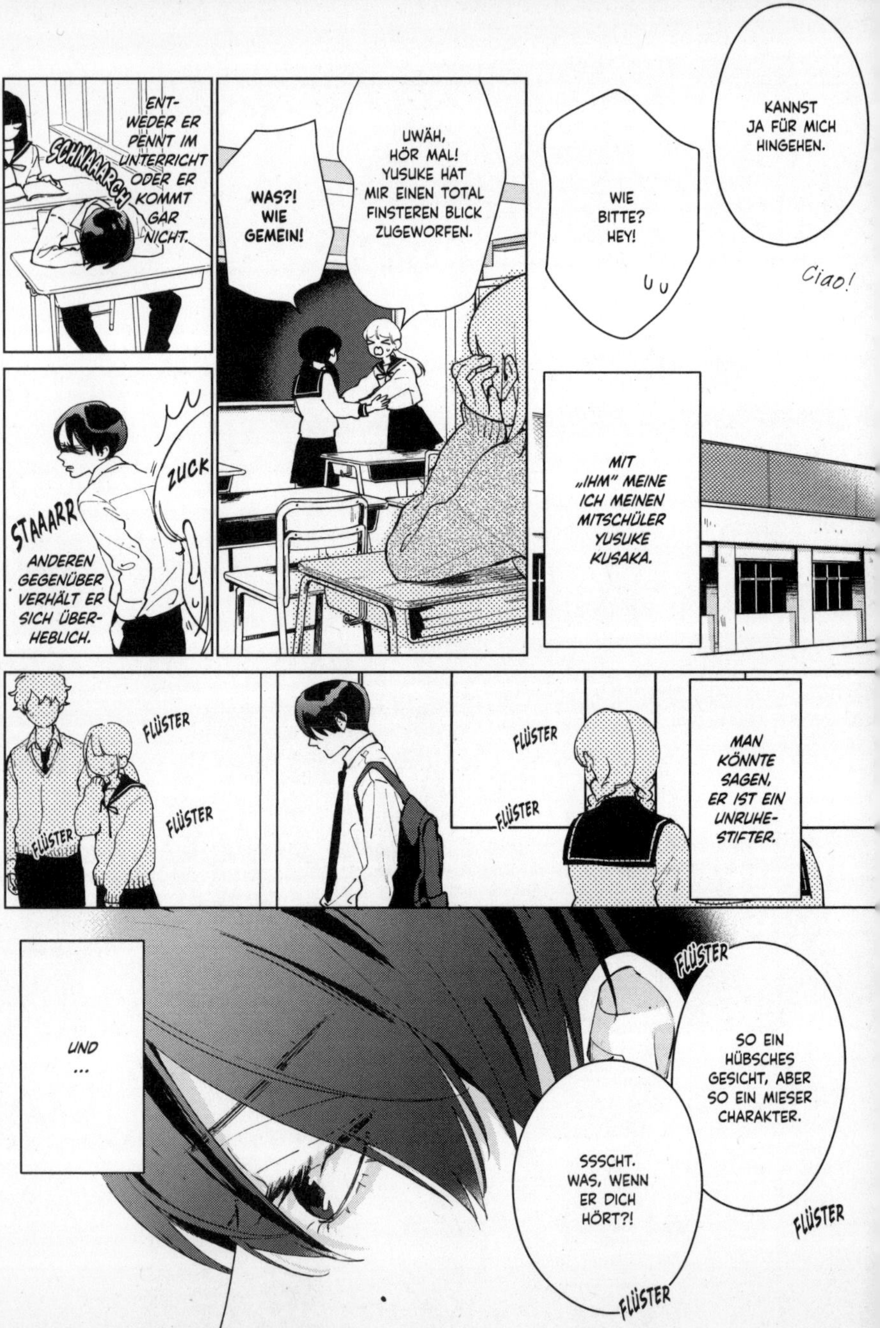
KANNST JA FÜR MICH HINGEHEN.
Ciao!
WIE BITTE? HEY!
MIT „IHM" MEINE ICH MEINEN MITSCHÜLER YUSUKE KUSAKA.
UWÄH, HÖR MAL! YUSUKE HAT MIR EINEN TOTAL FINSTEREN BLICK ZUGEWORFEN.
WAS?! WIE GEMEIN!
ENT-WEDER ER PENNT IM UNTERRICHT ODER ER KOMMT GAR NICHT.
SCHNAAARCH
ZUCK
STAAARR
ANDEREN GEGENÜBER VERHÄLT ER SICH ÜBER-HEBLICH.
MAN KÖNNTE SAGEN, ER IST EIN UNRUHE-STIFTER.
FLÜSTER
FLÜSTER
FLÜSTER
FLÜSTER
FLÜSTER
SO EIN HÜBSCHES GESICHT, ABER SO EIN MIESER CHARAKTER.
SSSCHT. WAS, WENN ER DICH HÖRT?!
FLÜSTER
FLÜSTER
UND ...

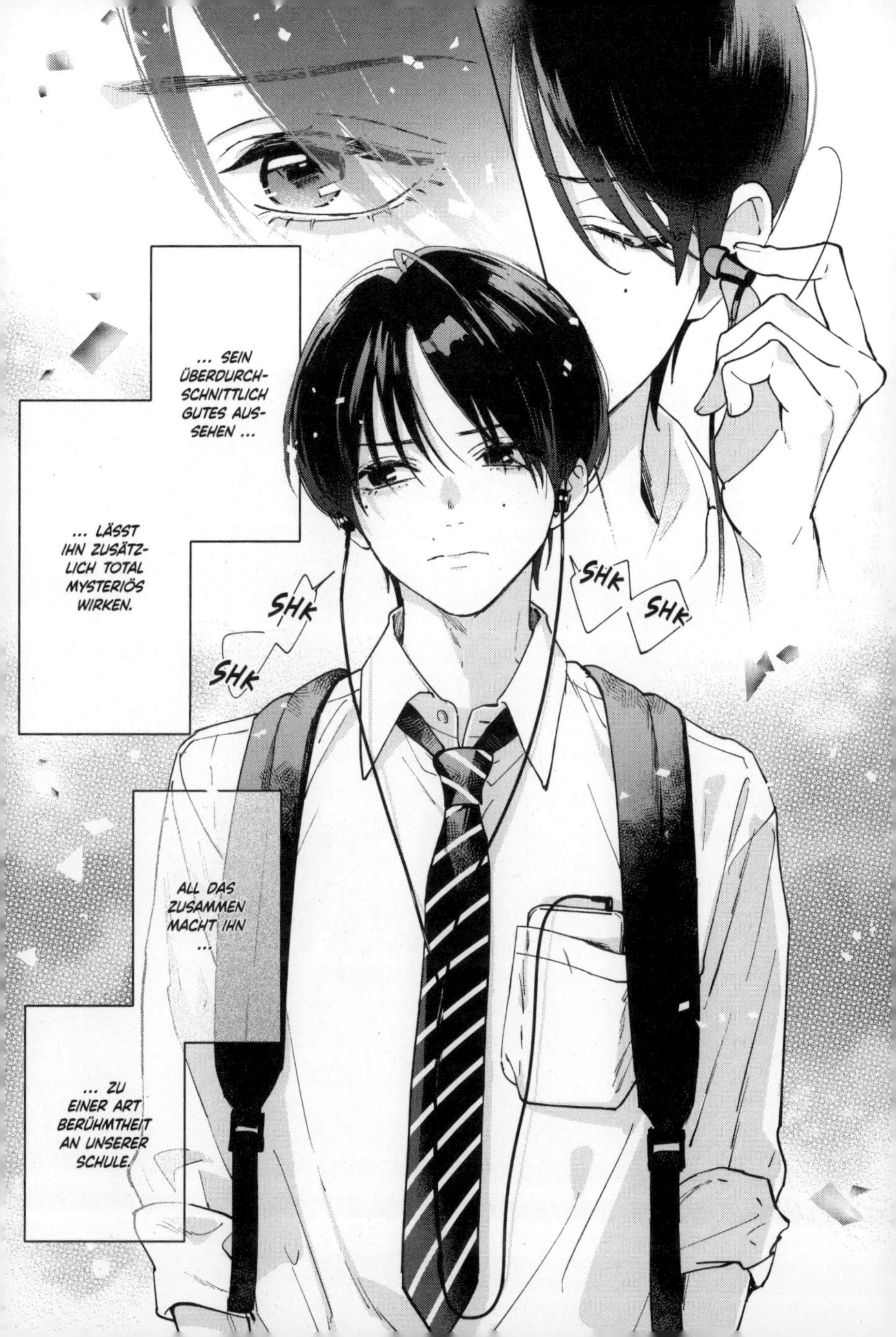
... SEIN ÜBERDURCH-SCHNITTLICH GUTES AUS-SEHEN ...
SHK SHK
SHK SHK
... LÄSST IHN ZUSÄTZ-LICH TOTAL MYSTERIÖS WIRKEN.
ALL DAS ZUSAMMEN MACHT IHN ...
... ZU EINER ART BERÜHMTHEIT AN UNSERER SCHULE.

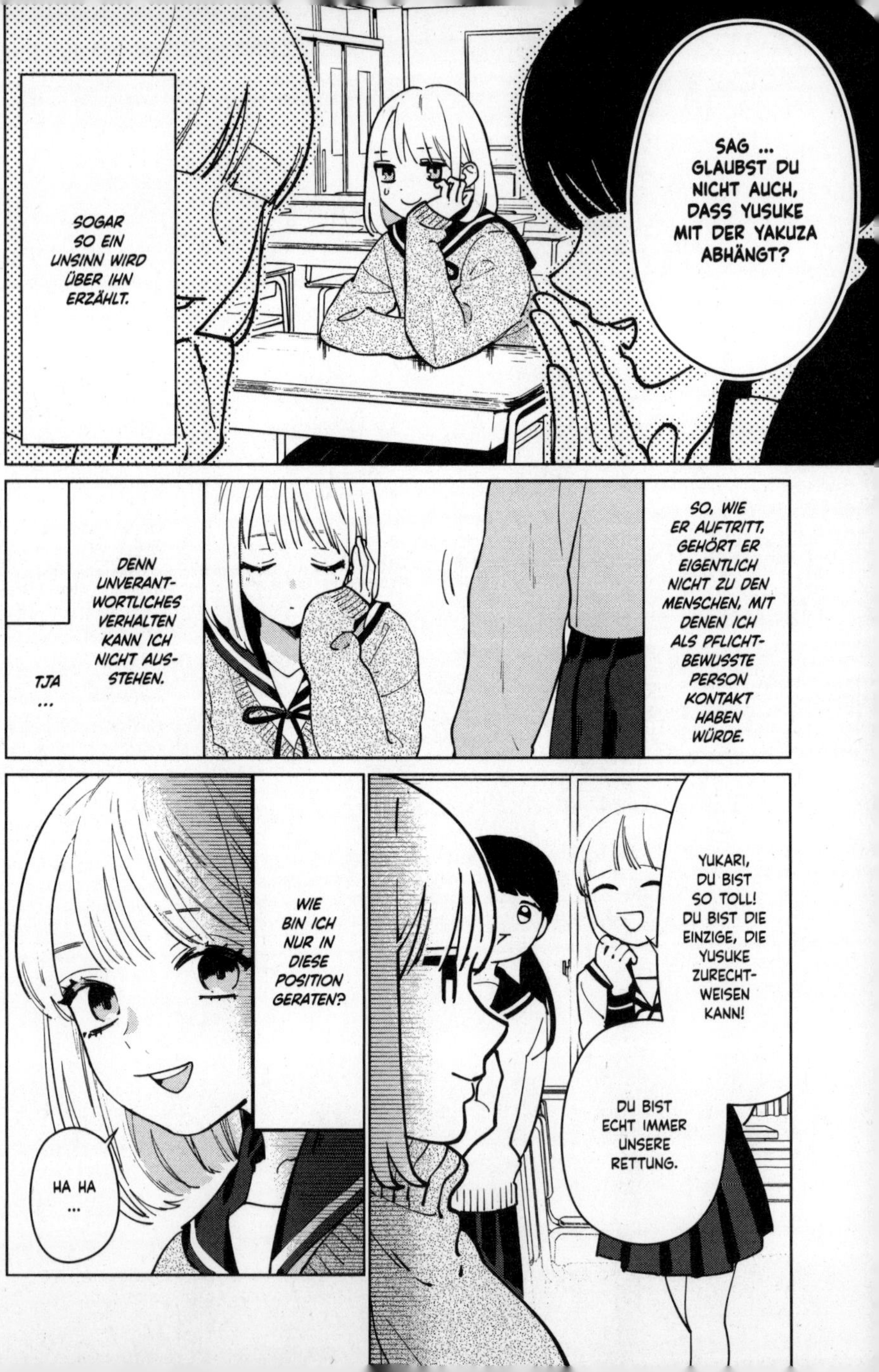
SAG ... GLAUBST DU NICHT AUCH, DASS YUSUKE MIT DER YAKUZA ABHÄNGT?
SOGAR SO EIN UNSINN WIRD ÜBER IHN ERZÄHLT.
SO, WIE ER AUFTRITT, GEHÖRT ER EIGENTLICH NICHT ZU DEN MENSCHEN, MIT DENEN ICH ALS PFLICHT-BEWUSSTE PERSON KONTAKT HABEN WÜRDE.
DENN UNVERANT-WORTLICHES VERHALTEN KANN ICH NICHT AUS-STEHEN.
TJA ...
YUKARI, DU BIST SO TOLL! DU BIST DIE EINZIGE, DIE YUSUKE ZURECHT-WEISEN KANN!
DU BIST ECHT IMMER UNSERE RETTUNG.
WIE BIN ICH NUR IN DIESE POSITION GERATEN?
HA HA ...

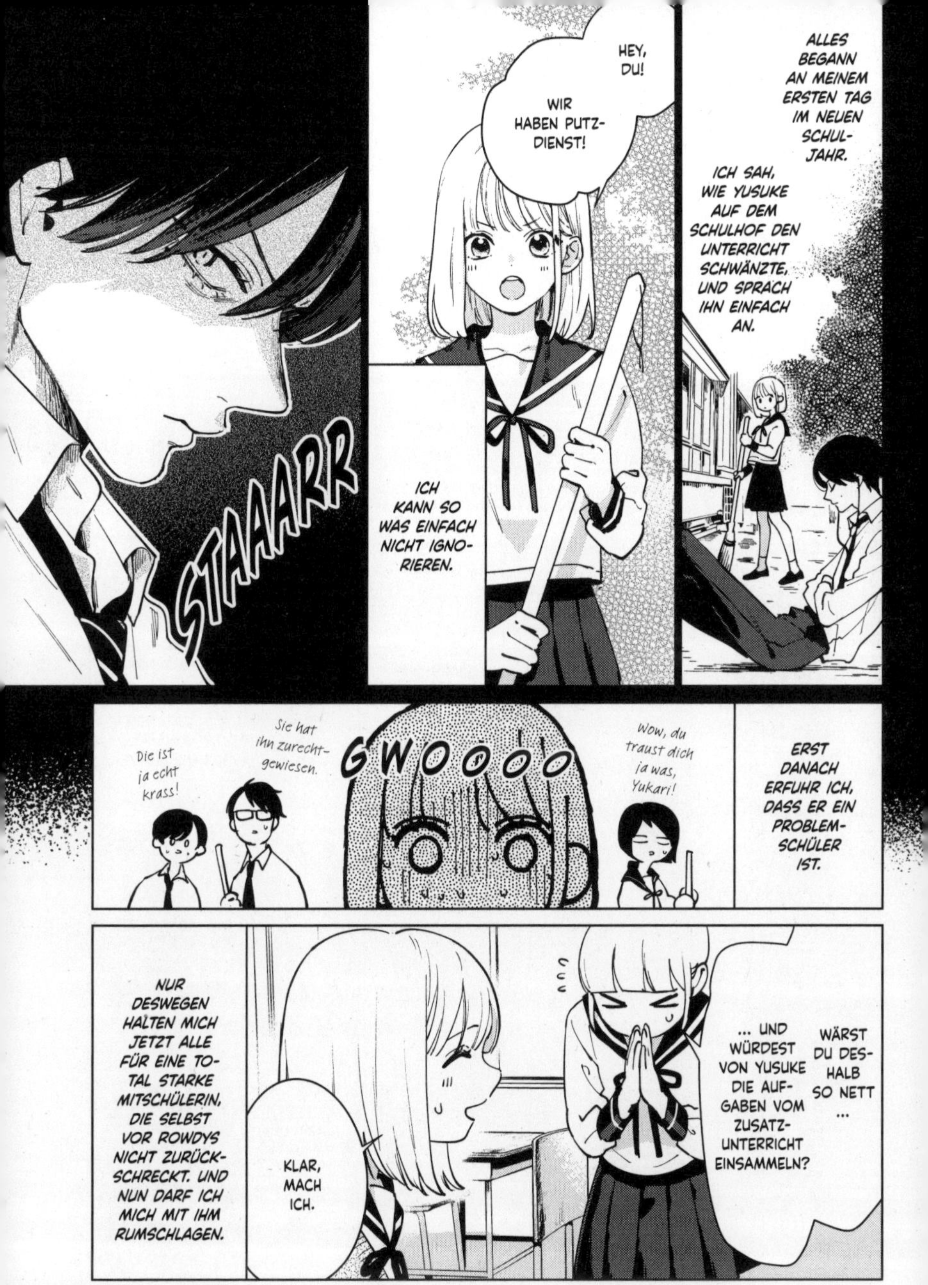
ALLES BEGANN AN MEINEM ERSTEN TAG IM NEUEN SCHULJAHR.
ICH SAH, WIE YUSUKE AUF DEM SCHULHOF DEN UNTERRICHT SCHWÄNZTE, UND SPRACH IHN EINFACH AN.
HEY, DU!
WIR HABEN PUTZDIENST!
ICH KANN SO WAS EINFACH NICHT IGNORIEREN.
STAAARR
ERST DANACH ERFUHR ICH, DASS ER EIN PROBLEMSCHÜLER IST.
Wow, du traust dich ja was, Yukari!
GWOOOOO
Sie hat ihn zurechtgewiesen.
Die ist ja echt krass!
WÄRST DU DESHALB SO NETT ...
... UND WÜRDEST VON YUSUKE DIE AUFGABEN VOM ZUSATZUNTERRICHT EINSAMMELN?
KLAR, MACH ICH.
NUR DESWEGEN HALTEN MICH JETZT ALLE FÜR EINE TOTAL STARKE MITSCHÜLERIN, DIE SELBST VOR ROWDYS NICHT ZURÜCKSCHRECKT. UND NUN DARF ICH MICH MIT IHM RUMSCHLAGEN.

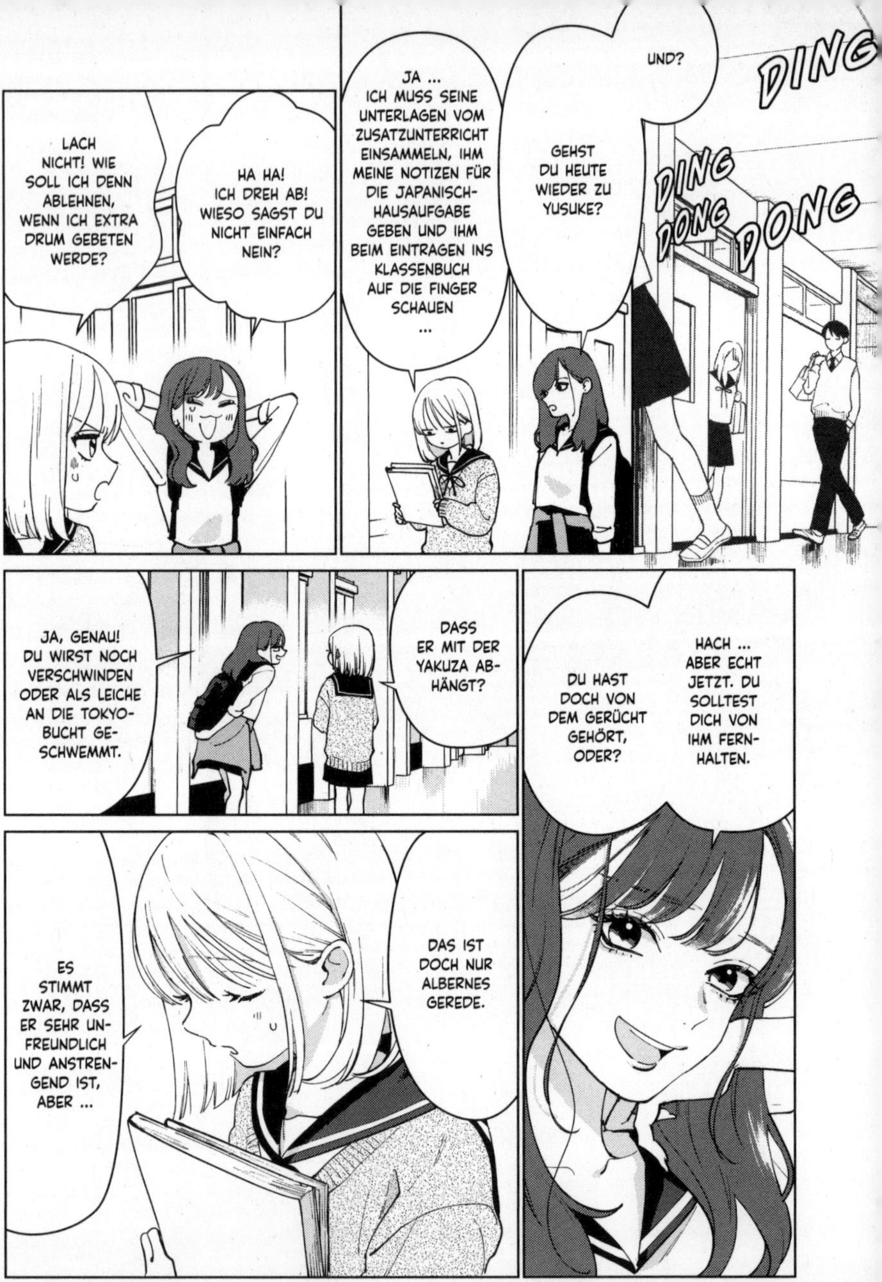
DING DONG
DING DONG
UND?
GEHST DU HEUTE WIEDER ZU YUSUKE?
JA ... ICH MUSS SEINE UNTERLAGEN VOM ZUSATZUNTERRICHT EINSAMMELN, IHM MEINE NOTIZEN FÜR DIE JAPANISCH-HAUSAUFGABE GEBEN UND IHM BEIM EINTRAGEN INS KLASSENBUCH AUF DIE FINGER SCHAUEN ...
HA HA! ICH DREH AB! WIESO SAGST DU NICHT EINFACH NEIN?
LACH NICHT! WIE SOLL ICH DENN ABLEHNEN, WENN ICH EXTRA DRUM GEBETEN WERDE?
HACH ... ABER ECHT JETZT. DU SOLLTEST DICH VON IHM FERNHALTEN.
DU HAST DOCH VON DEM GERÜCHT GEHÖRT, ODER?
DASS ER MIT DER YAKUZA ABHÄNGT?
JA, GENAU! DU WIRST NOCH VERSCHWINDEN ODER ALS LEICHE AN DIE TOKYO-BUCHT GESCHWEMMT.
DAS IST DOCH NUR ALBERNES GEREDE.
ES STIMMT ZWAR, DASS ER SEHR UNFREUNDLICH UND ANSTRENGEND IST, ABER ...

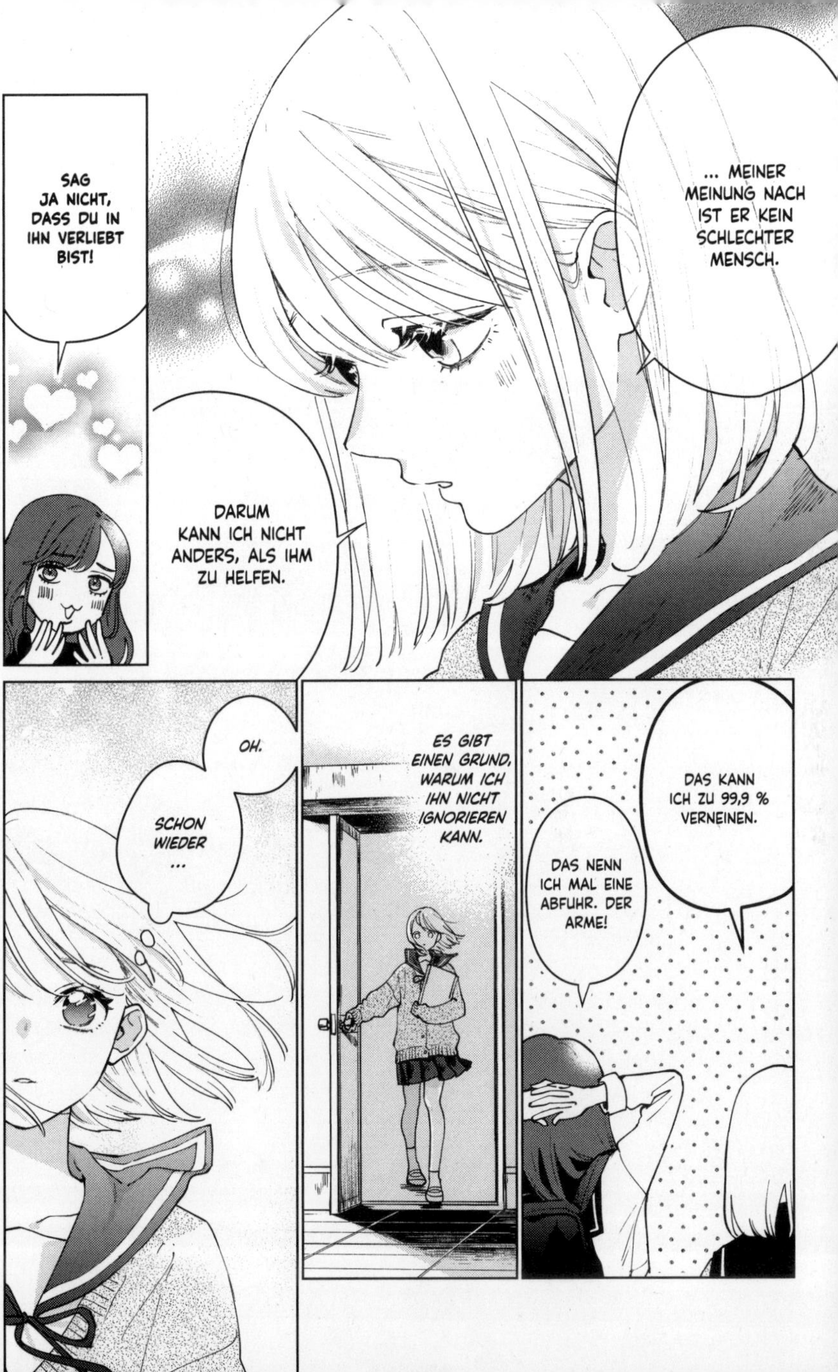
... MEINER MEINUNG NACH IST ER KEIN SCHLECHTER MENSCH.
DARUM KANN ICH NICHT ANDERS, ALS IHM ZU HELFEN.
SAG JA NICHT, DASS DU IN IHN VERLIEBT BIST!
DAS KANN ICH ZU 99,9 % VERNEINEN.
DAS NENN ICH MAL EINE ABFUHR. DER ARME!
ES GIBT EINEN GRUND, WARUM ICH IHN NICHT IGNORIEREN KANN.
OH.
SCHON WIEDER ...

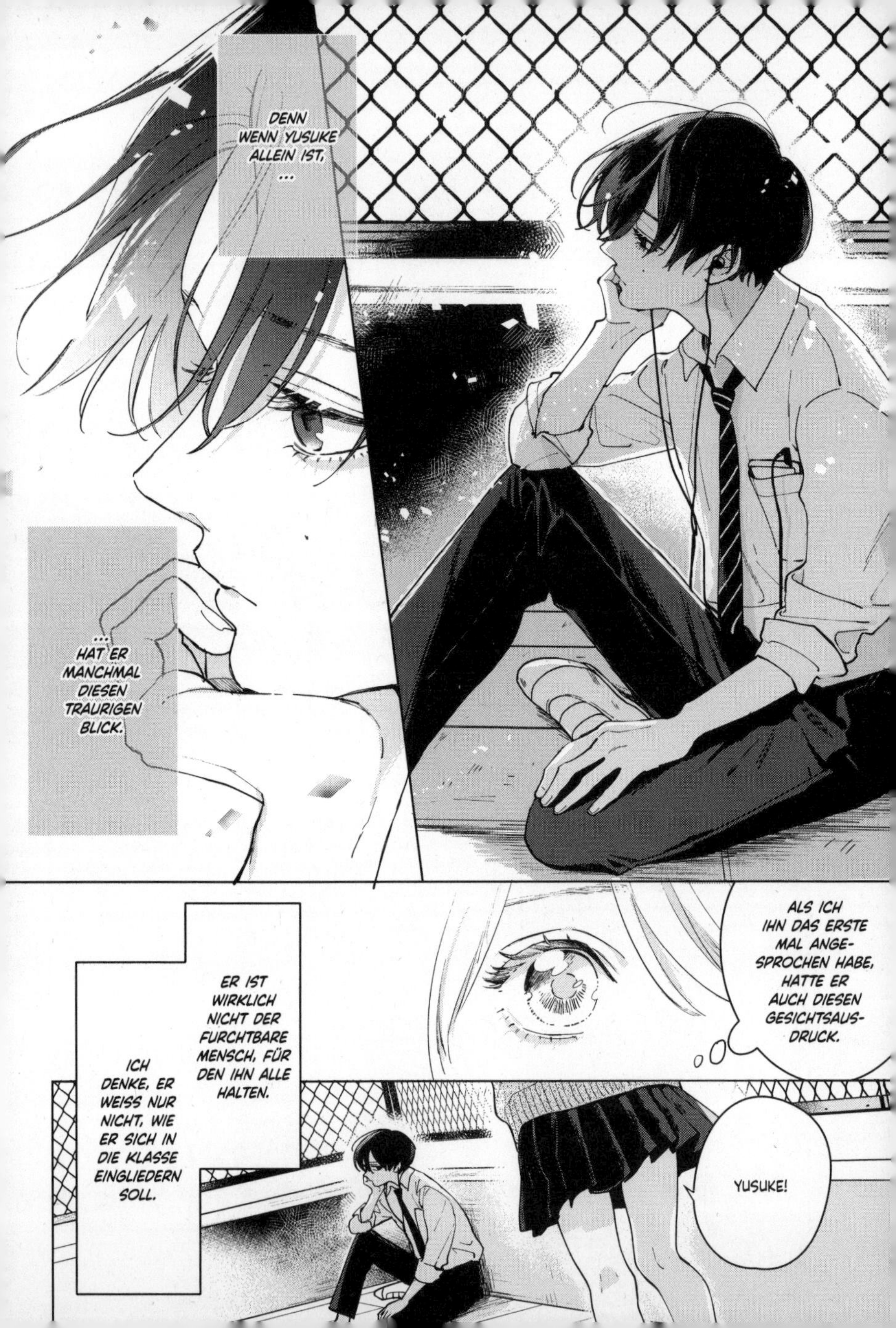
DENN WENN YUSUKE ALLEIN IST, ...
... HAT ER MANCHMAL DIESEN TRAURIGEN BLICK.
ALS ICH IHN DAS ERSTE MAL ANGE-SPROCHEN HABE, HATTE ER AUCH DIESEN GESICHTSAUS-DRUCK.
ER IST WIRKLICH NICHT DER FURCHTBARE MENSCH, FÜR DEN IHN ALLE HALTEN.
ICH DENKE, ER WEISS NUR NICHT, WIE ER SICH IN DIE KLASSE EINGLIEDERN SOLL.
YUSUKE!

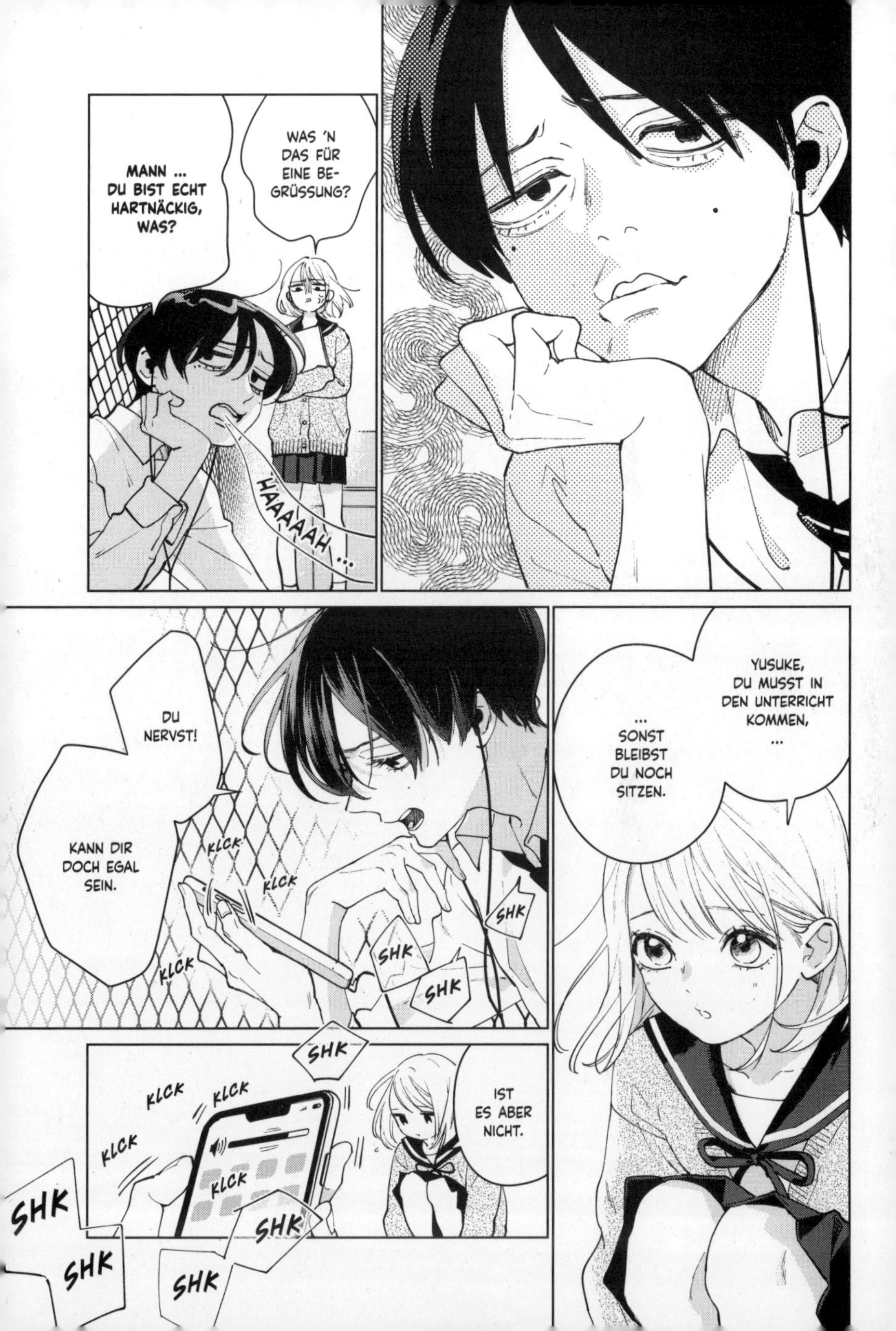
WAS 'N DAS FÜR EINE BE-GRÜSSUNG?
MANN ... DU BIST ECHT HARTNÄCKIG, WAS?
HAAAAAH ...
YUSUKE, DU MUSST IN DEN UNTERRICHT KOMMEN, ...
... SONST BLEIBST DU NOCH SITZEN.
DU NERVST!
KANN DIR DOCH EGAL SEIN.
KLCK
KLCK
KLCK
SHK
SHK
SHK
SHK
IST ES ABER NICHT.
KLCK
KLCK
KLCK
KLCK
SHK
SHK
SHK
SHK

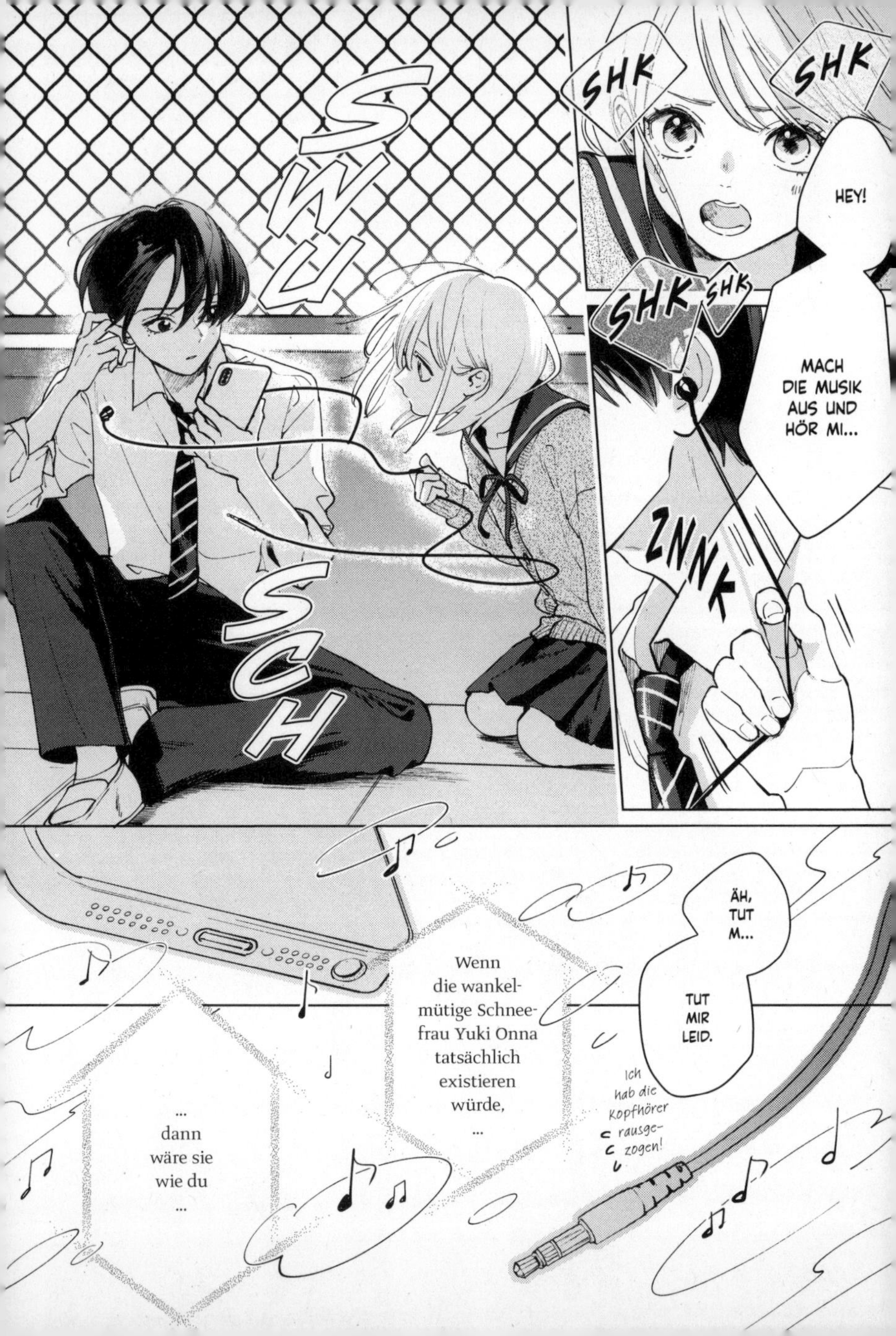
SHK
SHK
HEY!
SHK
SHK
MACH DIE MUSIK AUS UND HÖR MI...
ZNNK
SWU
SCH
ÄH, TUT M...
TUT MIR LEID.
Ich hab die Kopfhörer rausgezogen!
Wenn die wankelmütige Schneefrau Yuki Onna tatsächlich existieren würde, ...
... dann wäre sie wie du ...

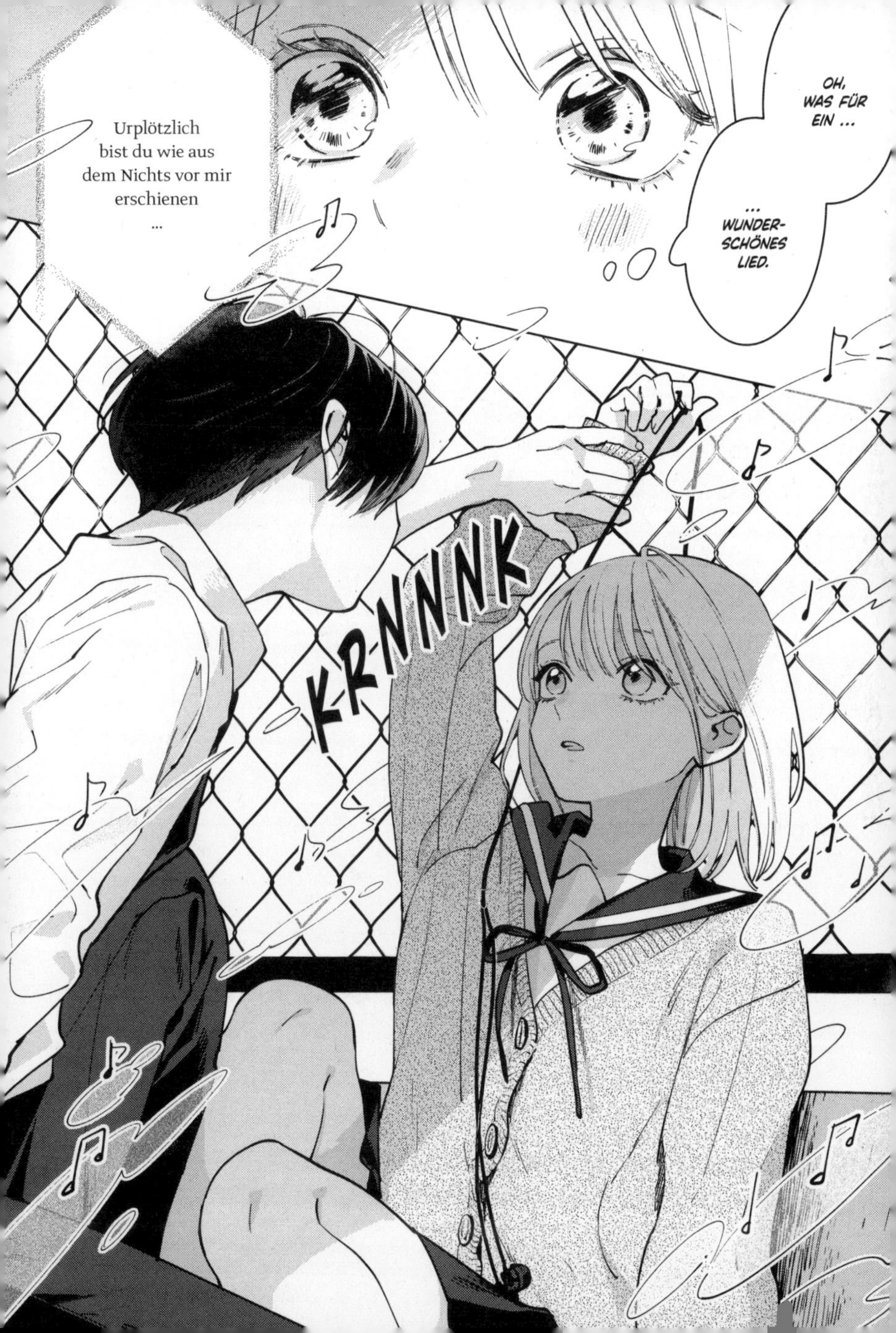
OH, WAS FÜR EIN …
… WUNDERSCHÖNES LIED.
Urplötzlich bist du wie aus dem Nichts vor mir erschienen …
KRNNNK

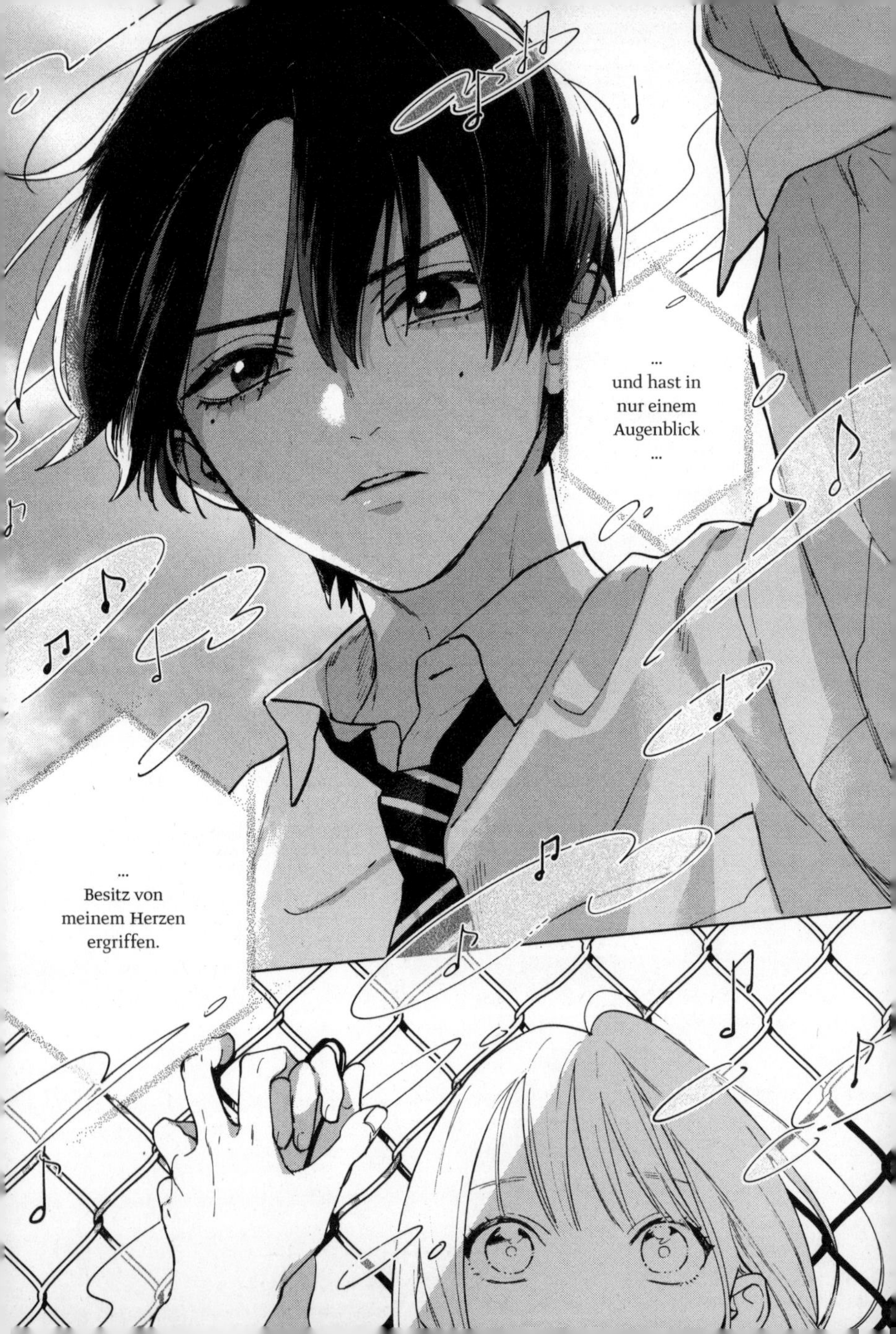
...
und hast in
nur einem
Augenblick
...
...
Besitz von
meinem Herzen
ergriffen.

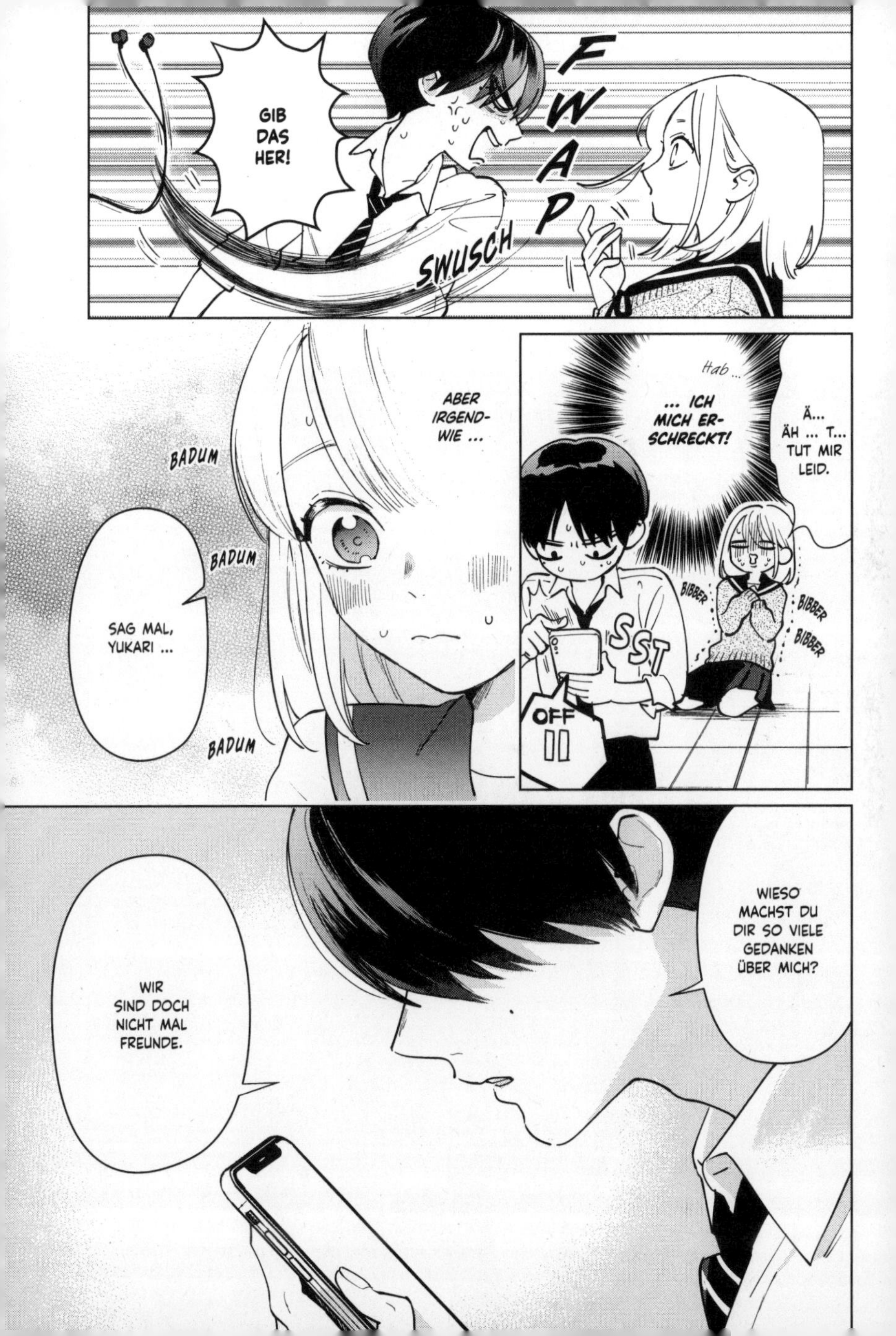

GIB DAS HER!
FWAP
SWUSCH
Hab ...
... ICH MICH ER-SCHRECKT!
Ä... ÄH ... T... TUT MIR LEID.
BIBBER
BIBBER
BIBBER
OFF
ABER IRGEND-WIE ...
BADUM
BADUM
SAG MAL, YUKARI ...
BADUM
WIESO MACHST DU DIR SO VIELE GEDANKEN ÜBER MICH?
WIR SIND DOCH NICHT MAL FREUNDE.

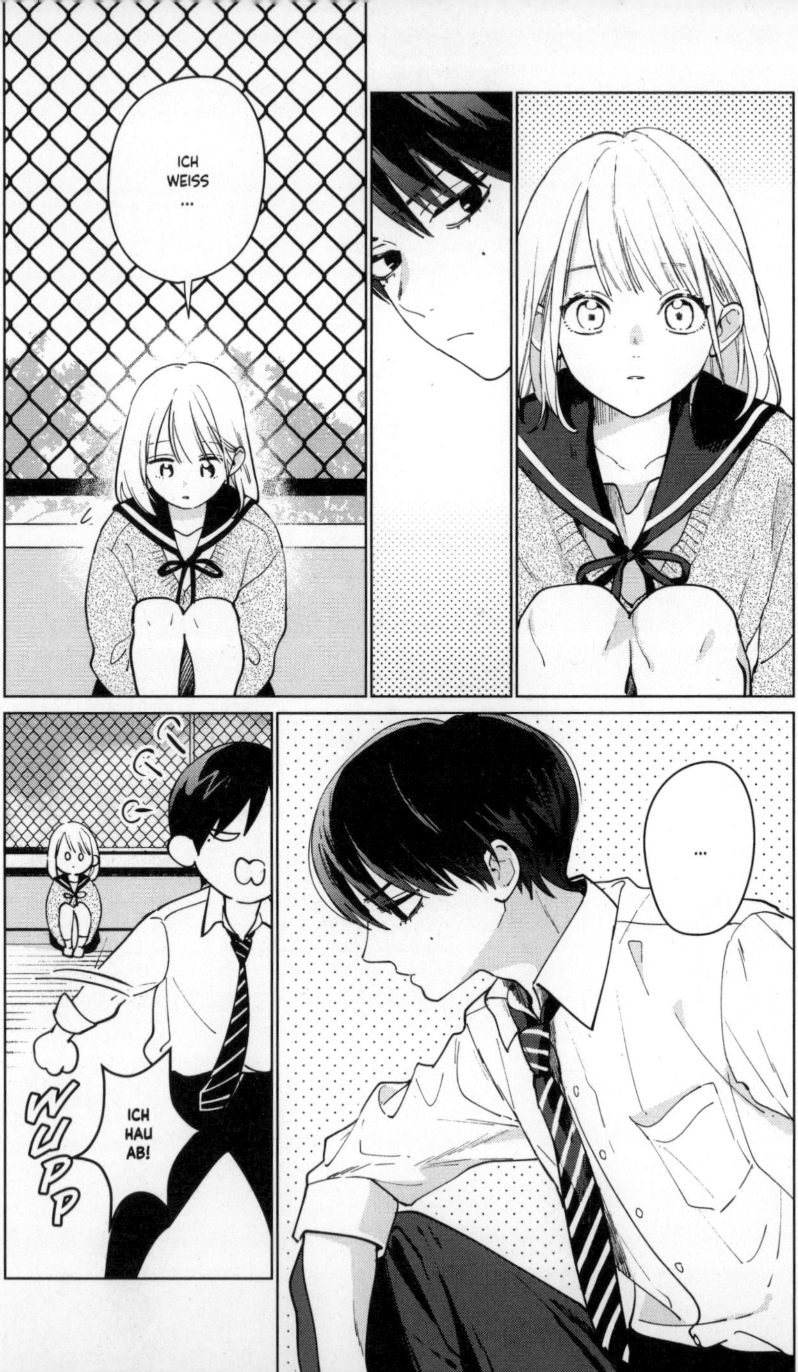
ICH WEISS ...
...
ICH HAU AB!
WUPP

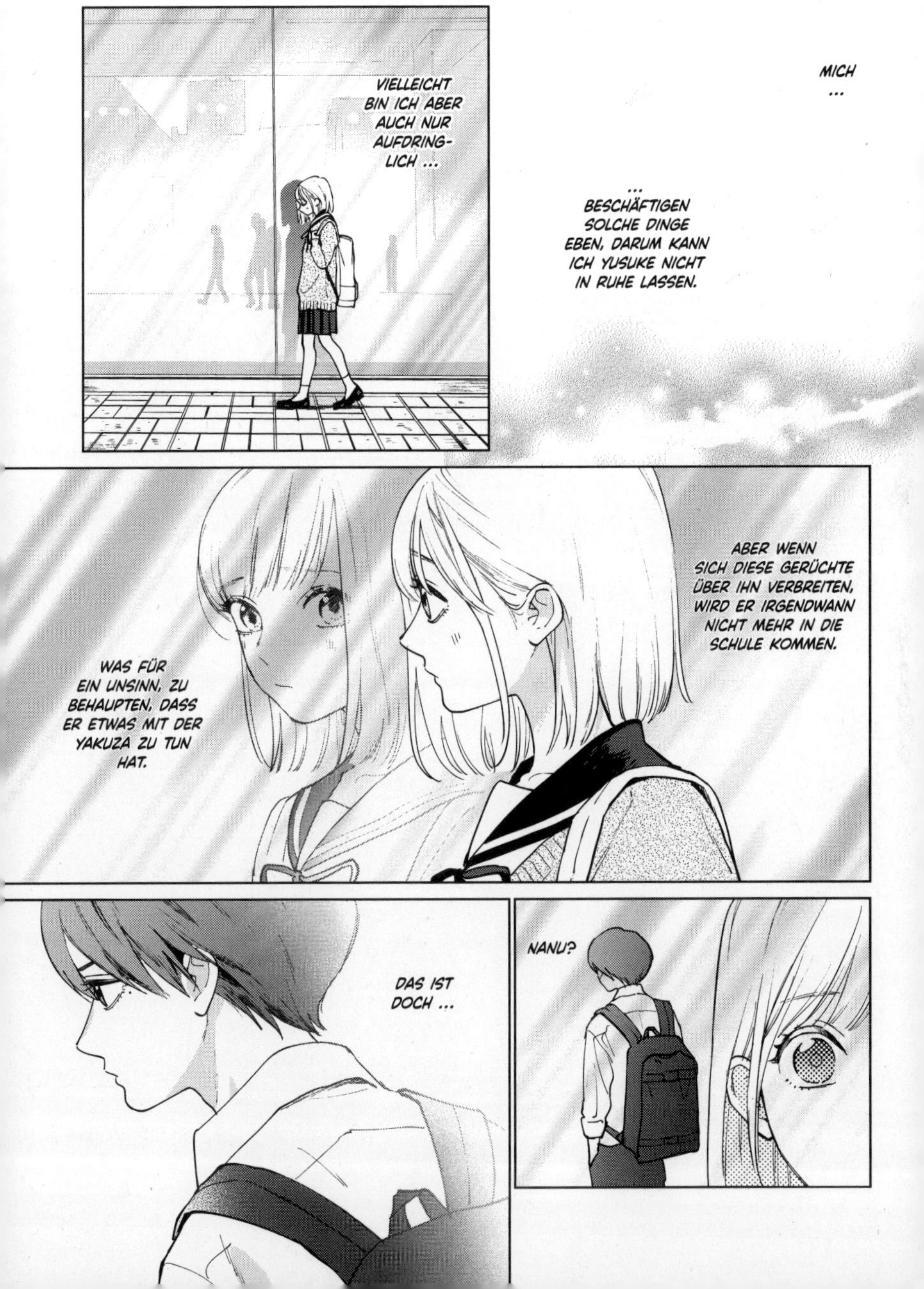
MICH …
… BESCHÄFTIGEN SOLCHE DINGE EBEN, DARUM KANN ICH YUSUKE NICHT IN RUHE LASSEN.
VIELLEICHT BIN ICH ABER AUCH NUR AUFDRING-LICH …
ABER WENN SICH DIESE GERÜCHTE ÜBER IHN VERBREITEN, WIRD ER IRGENDWANN NICHT MEHR IN DIE SCHULE KOMMEN.
WAS FÜR EIN UNSINN, ZU BEHAUPTEN, DASS ER ETWAS MIT DER YAKUZA ZU TUN HAT.
NANU?
DAS IST DOCH …

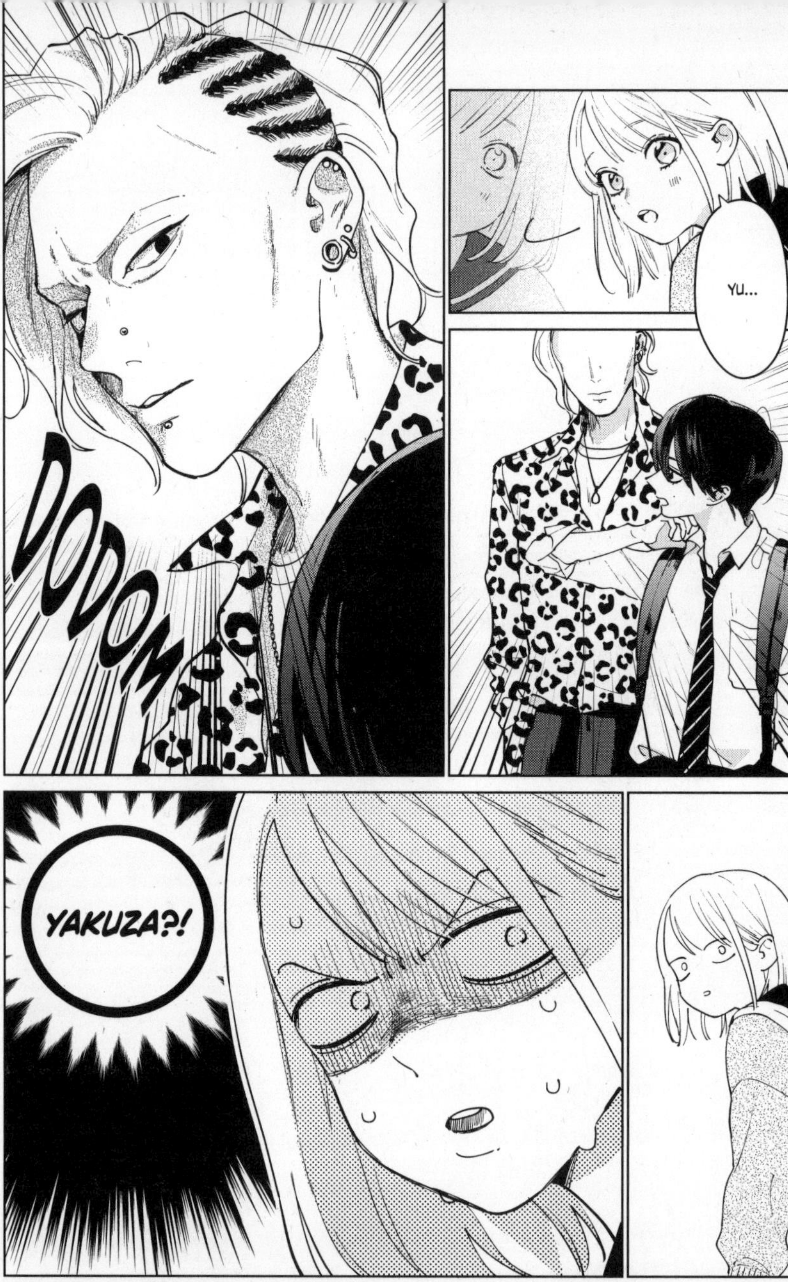
YU...
DODOM
YAKUZA?!

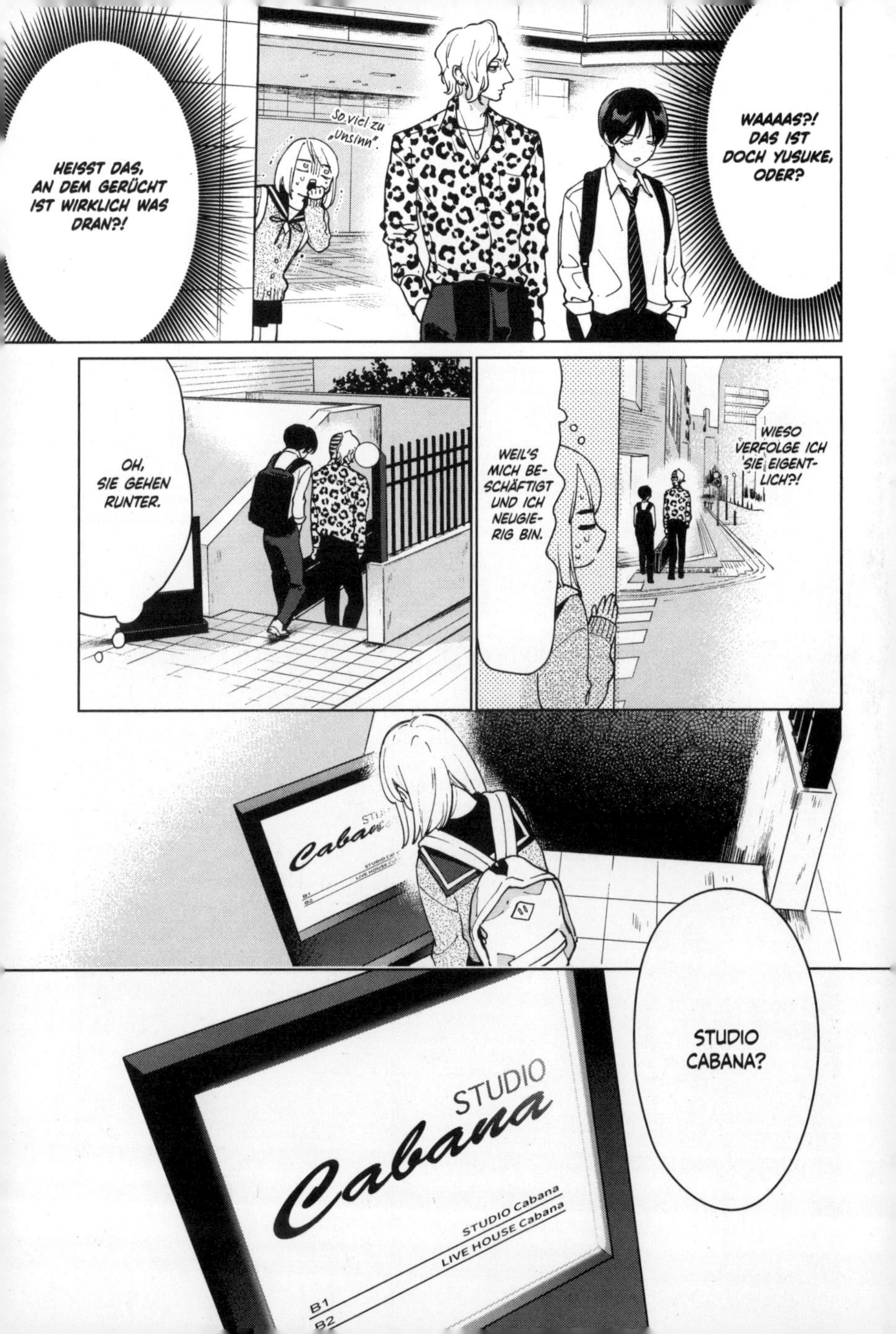
WAAAAS?! DAS IST DOCH YUSUKE, ODER?
So viel zu „Unsinn“.
HEISST DAS, AN DEM GERÜCHT IST WIRKLICH WAS DRAN?!
WIESO VERFOLGE ICH SIE EIGENTLICH?!
WEIL'S MICH BESCHÄFTIGT UND ICH NEUGIERIG BIN.
OH, SIE GEHEN RUNTER.
STUDIO CABANA?
STUDIO Cabana
STUDIO Cabana
LIVE HOUSE Cabana
B1
B2

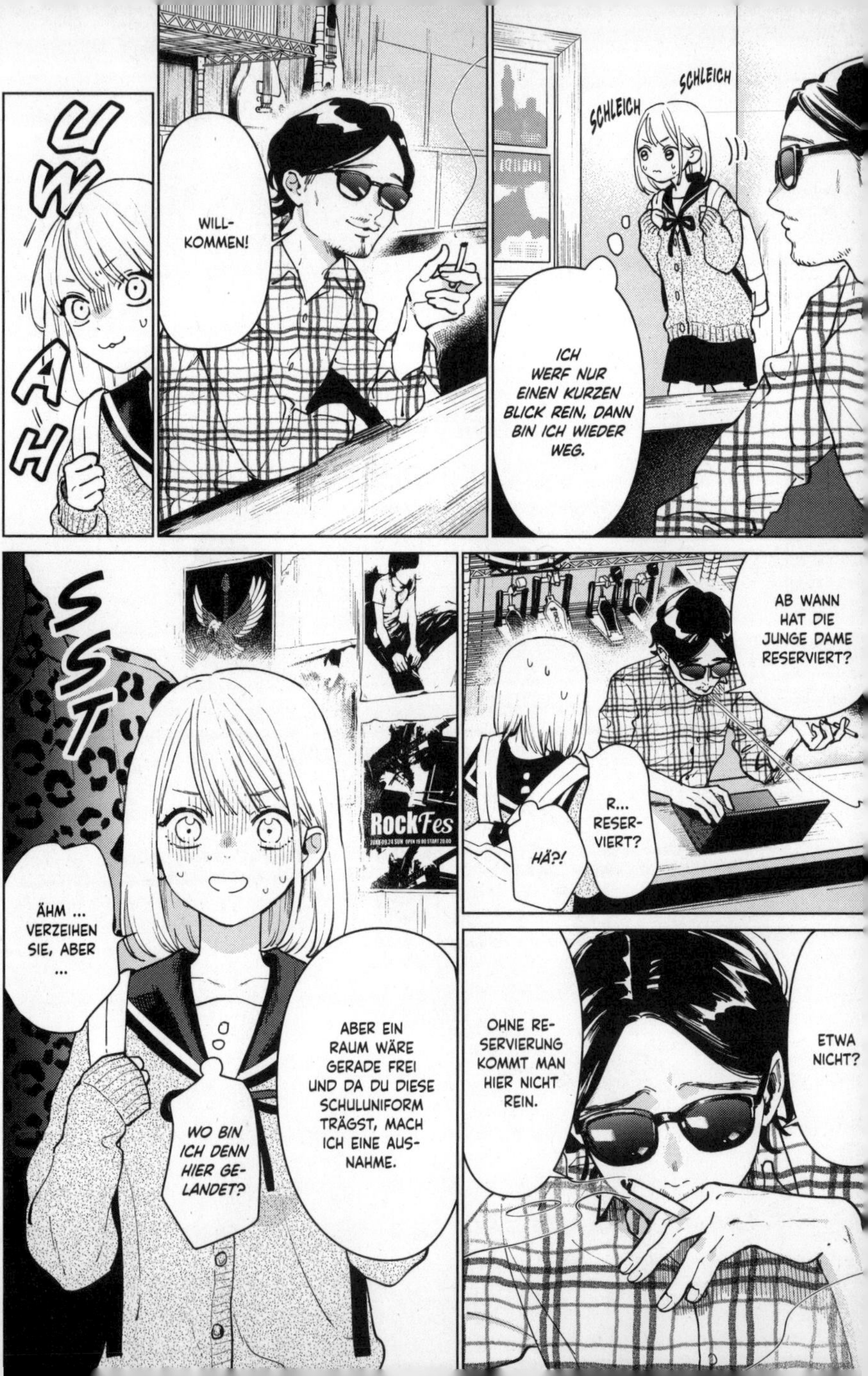
SCHLEICH
SCHLEICH
ICH WERF NUR EINEN KURZEN BLICK REIN, DANN BIN ICH WIEDER WEG.
WILL-KOMMEN!
UWAH
AB WANN HAT DIE JUNGE DAME RESERVIERT?
R... RESER-VIERT?
HÄ?!
ETWA NICHT?
OHNE RE-SERVIERUNG KOMMT MAN HIER NICHT REIN.
ABER EIN RAUM WÄRE GERADE FREI UND DA DU DIESE SCHULUNIFORM TRÄGST, MACH ICH EINE AUS-NAHME.
WO BIN ICH DENN HIER GE-LANDET?
ÄHM ... VERZEIHEN SIE, ABER ...
SST
RockFes

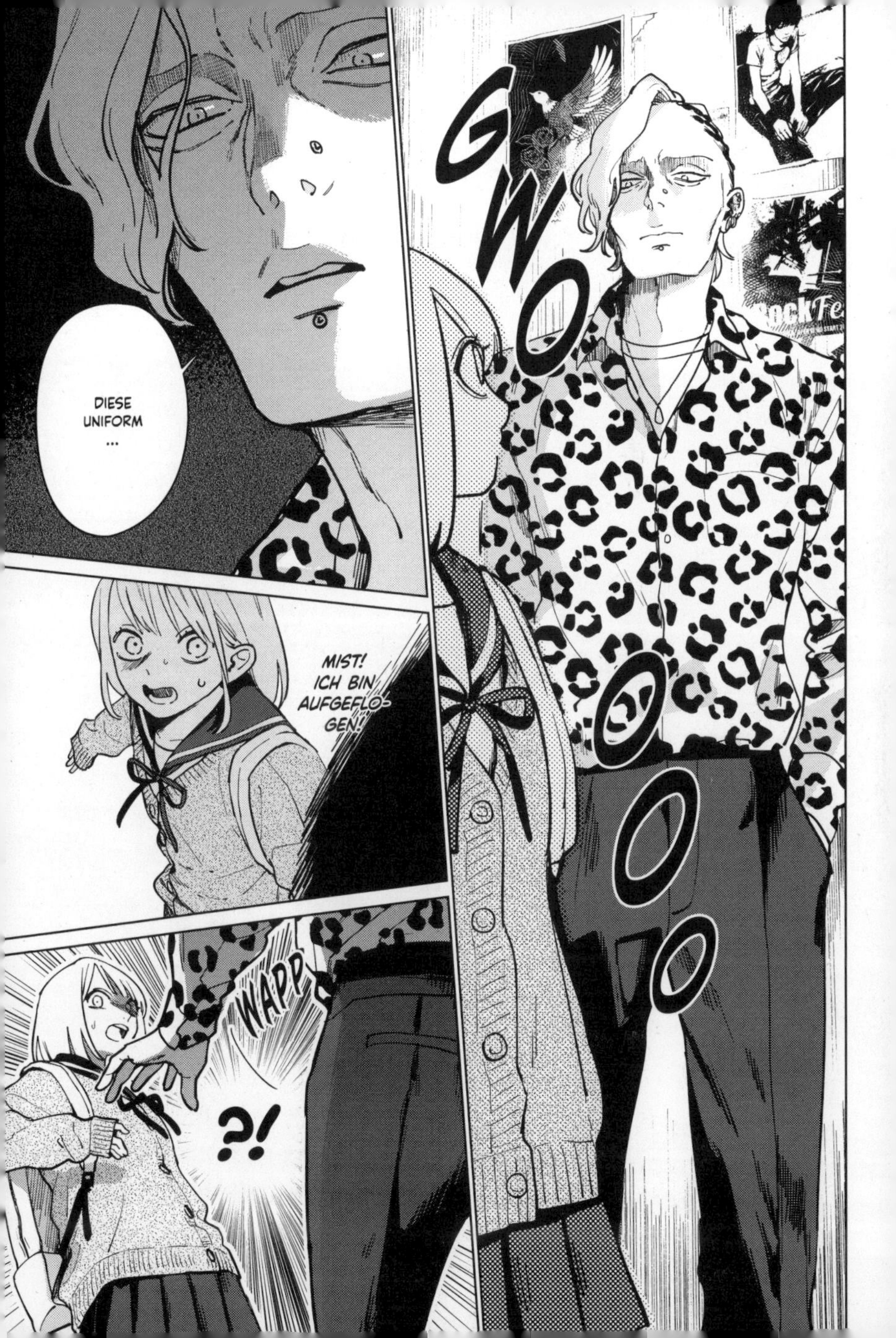
GWOOOO
DIESE UNIFORM …
MIST! ICH BIN AUFGEFLO-GEN!
WAPP
?!

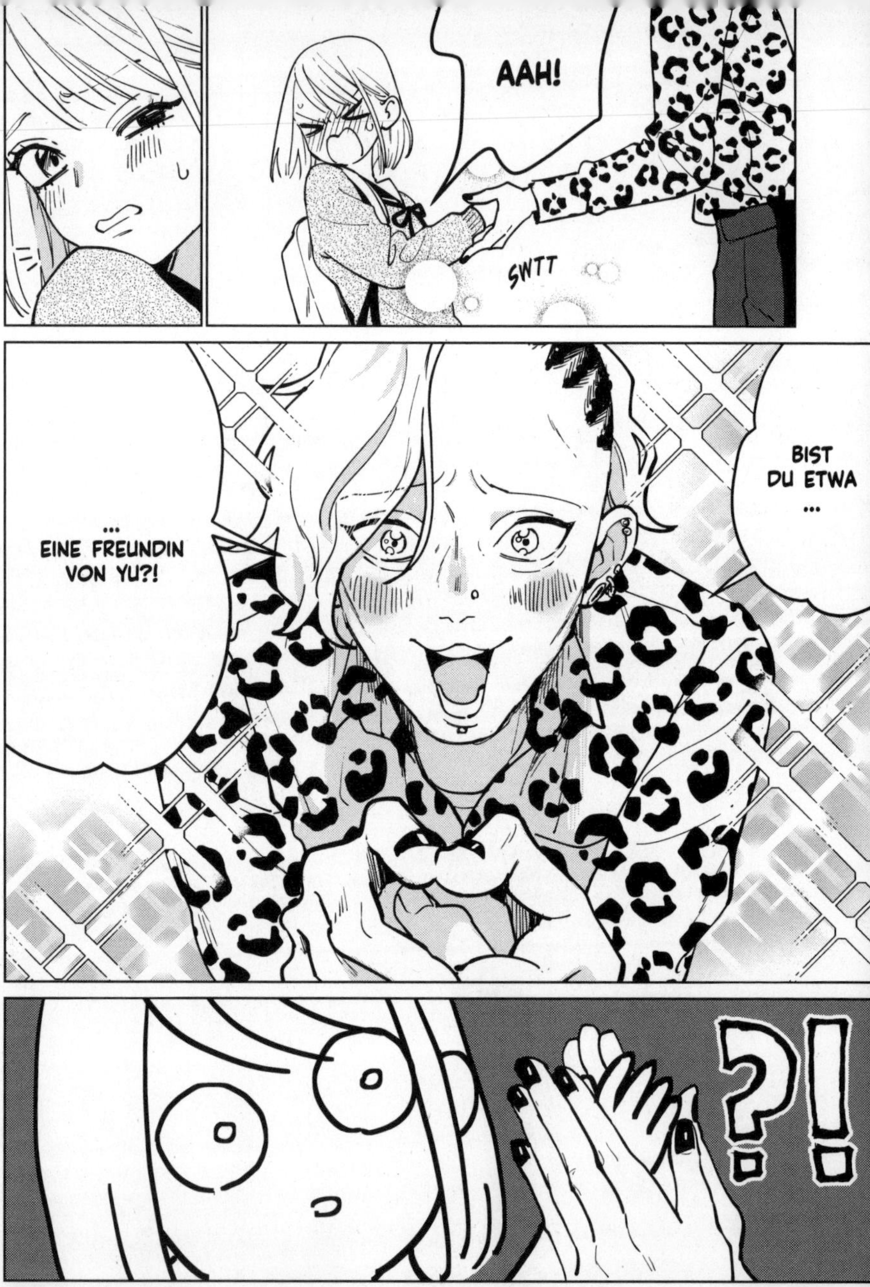
AAH!
SWTT
BIST DU ETWA ...
... EINE FREUNDIN VON YU?!
?!

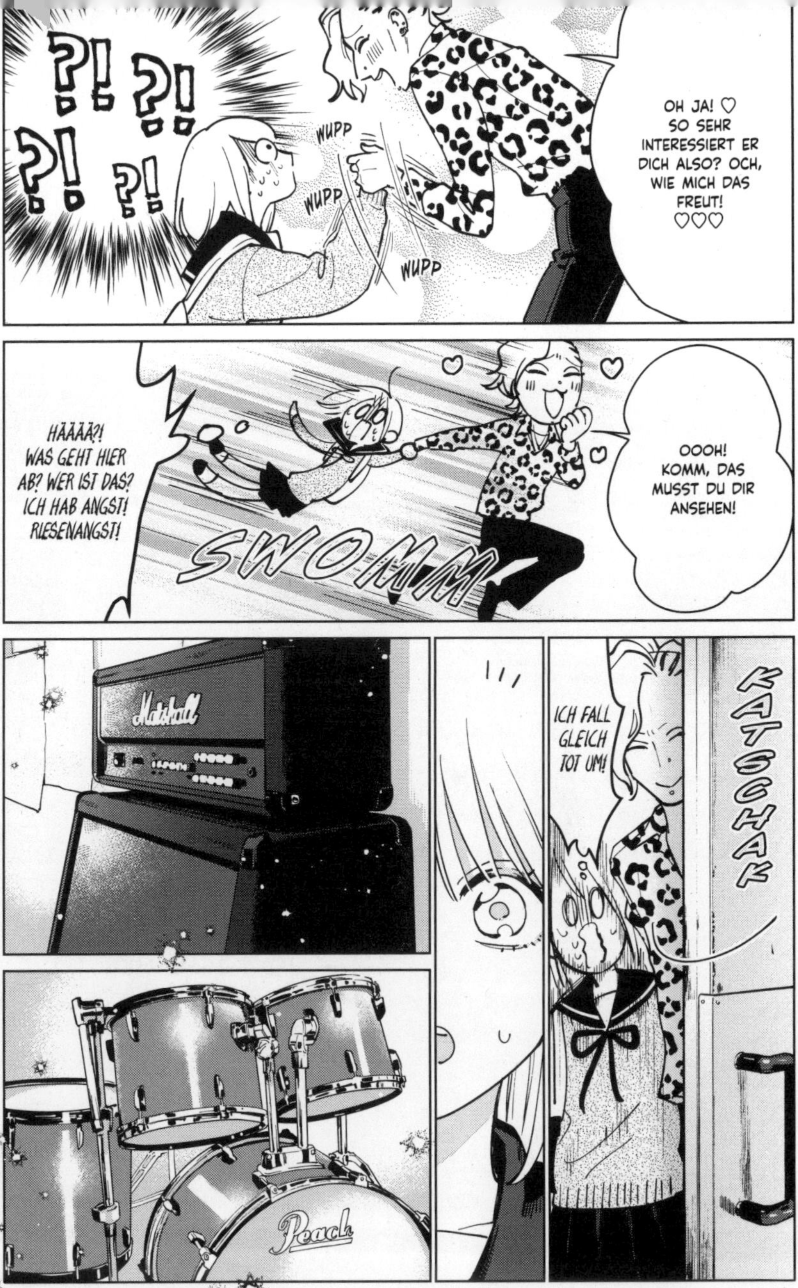
?! ?! ?! ?!
OH JA! ♡ SO SEHR INTERESSIERT ER DICH ALSO? OCH, WIE MICH DAS FREUT! ♡♡♡
WUPP
WUPP
WUPP
OOOH! KOMM, DAS MUSST DU DIR ANSEHEN!
HÄÄÄÄ?! WAS GEHT HIER AB? WER IST DAS? ICH HAB ANGST! RIESENANGST!
SWOMM
KATSCHAK
ICH FALL GLEICH TOT UM!

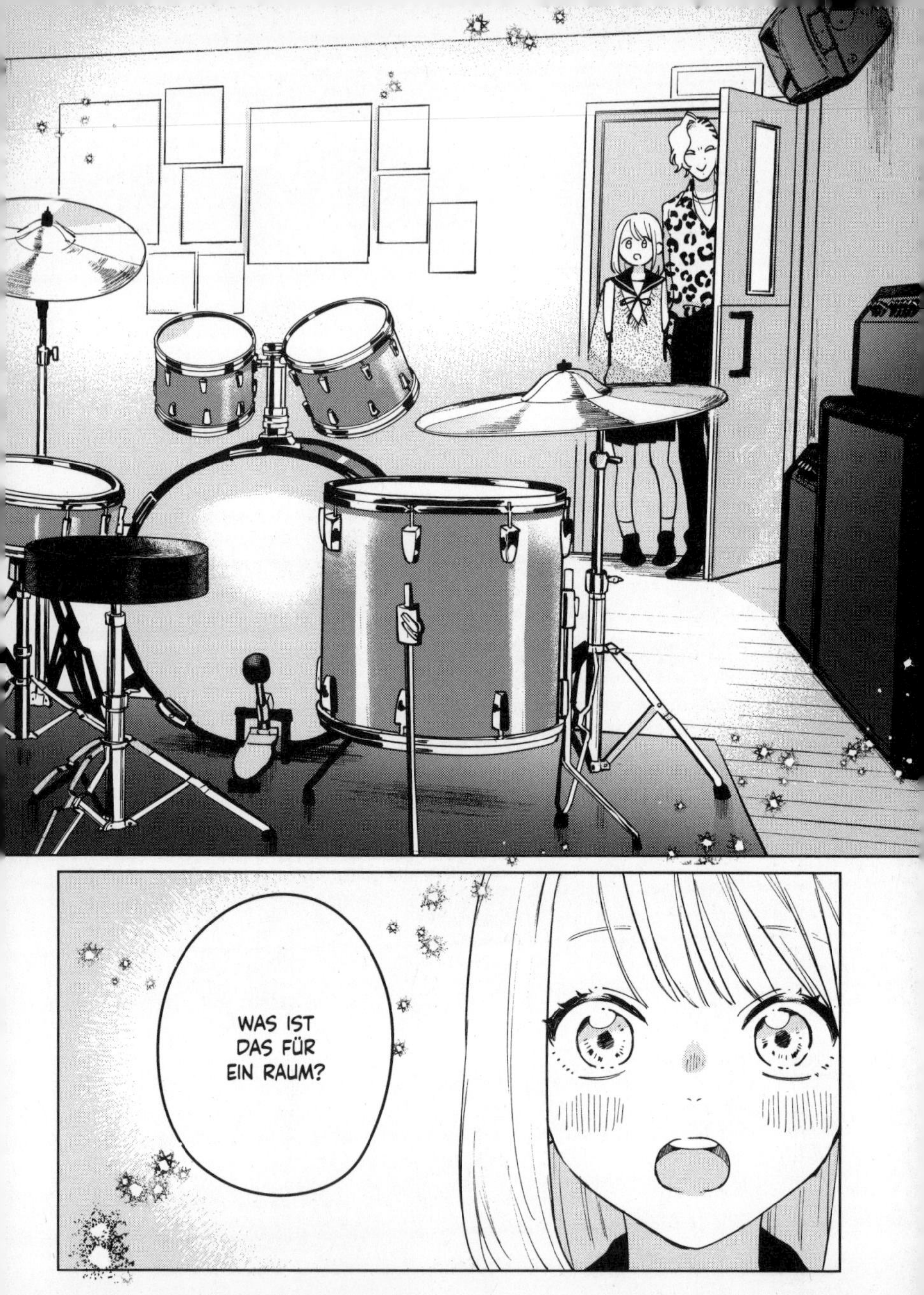
WAS IST DAS FÜR EIN RAUM?

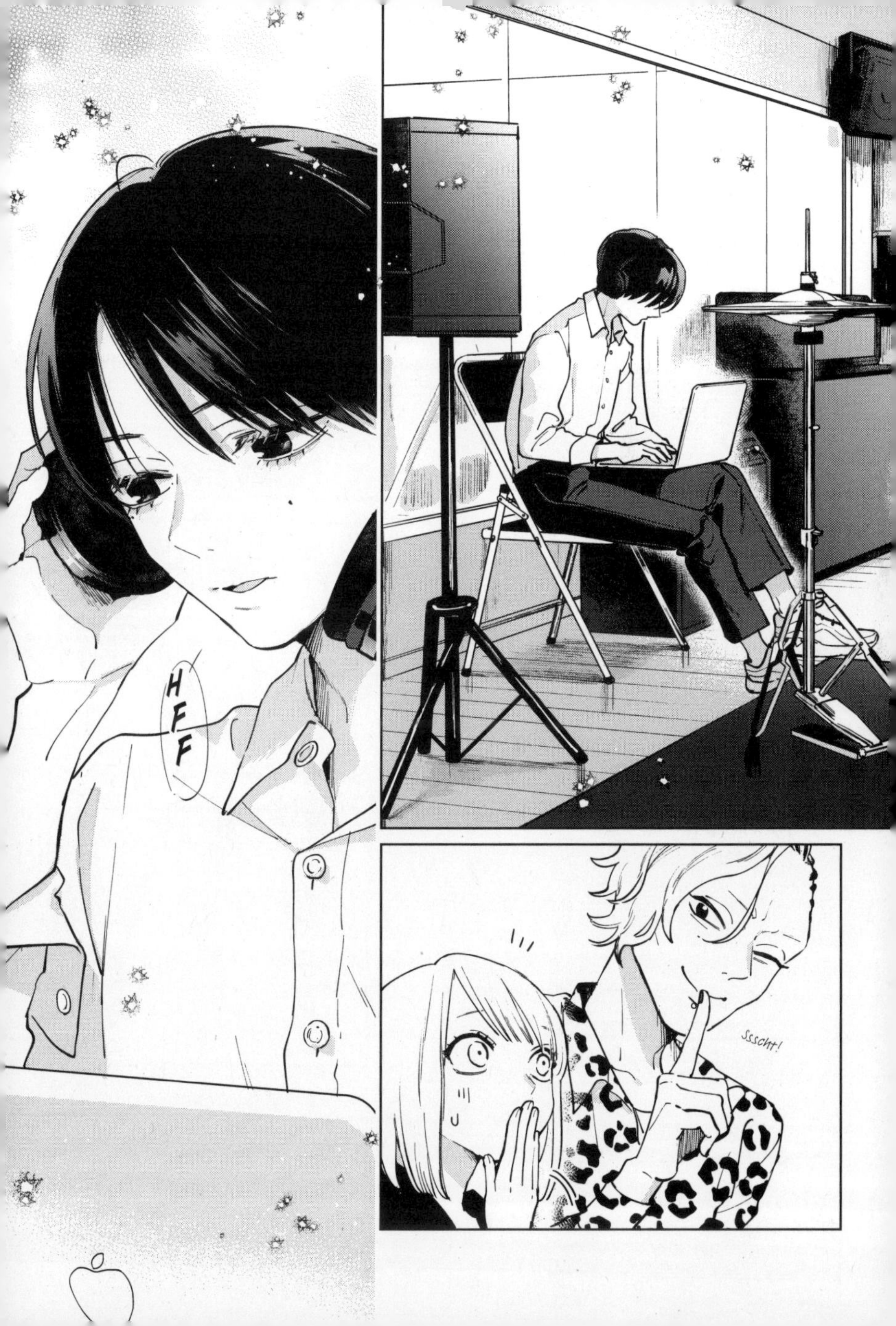
HFF
Ssscht!

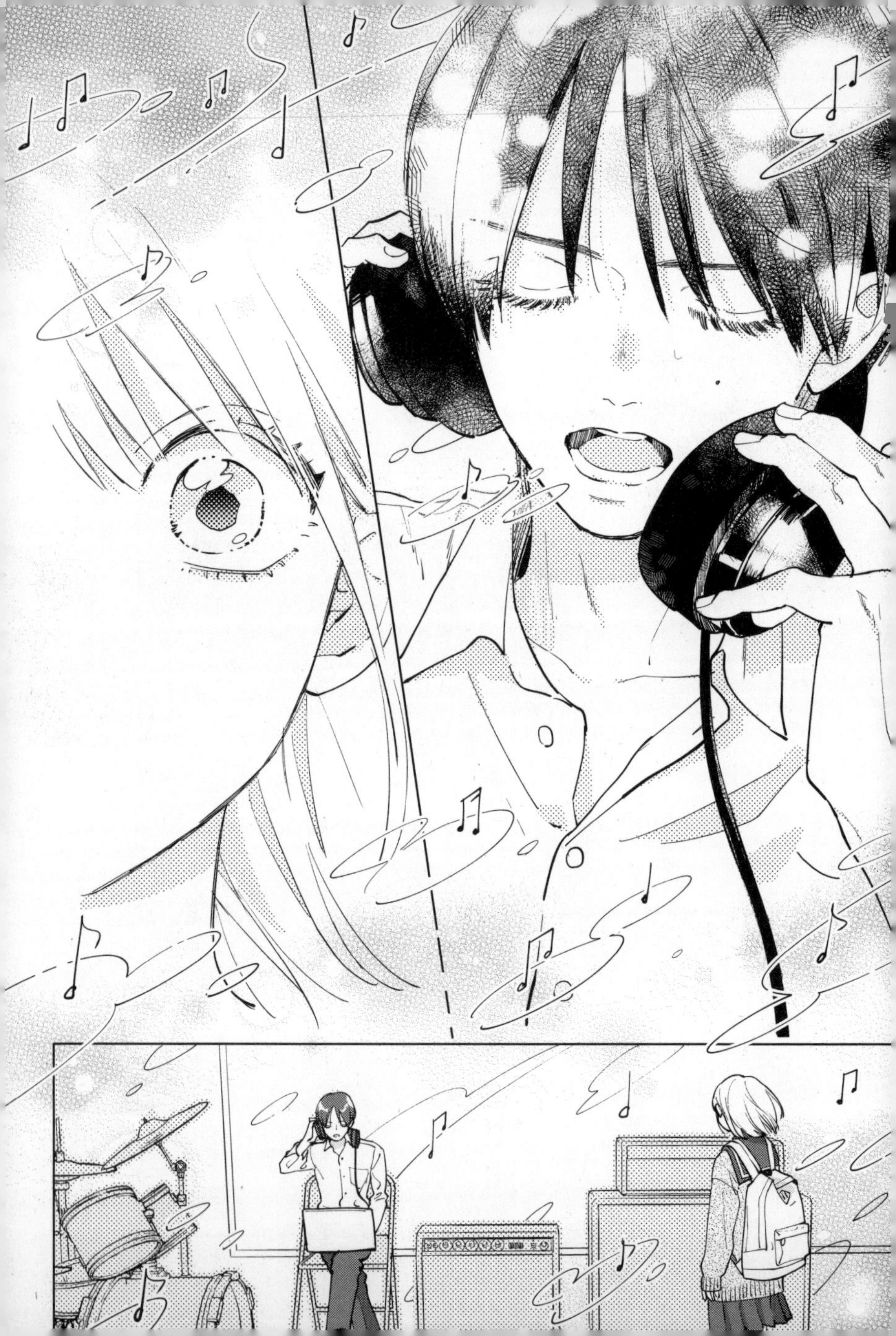

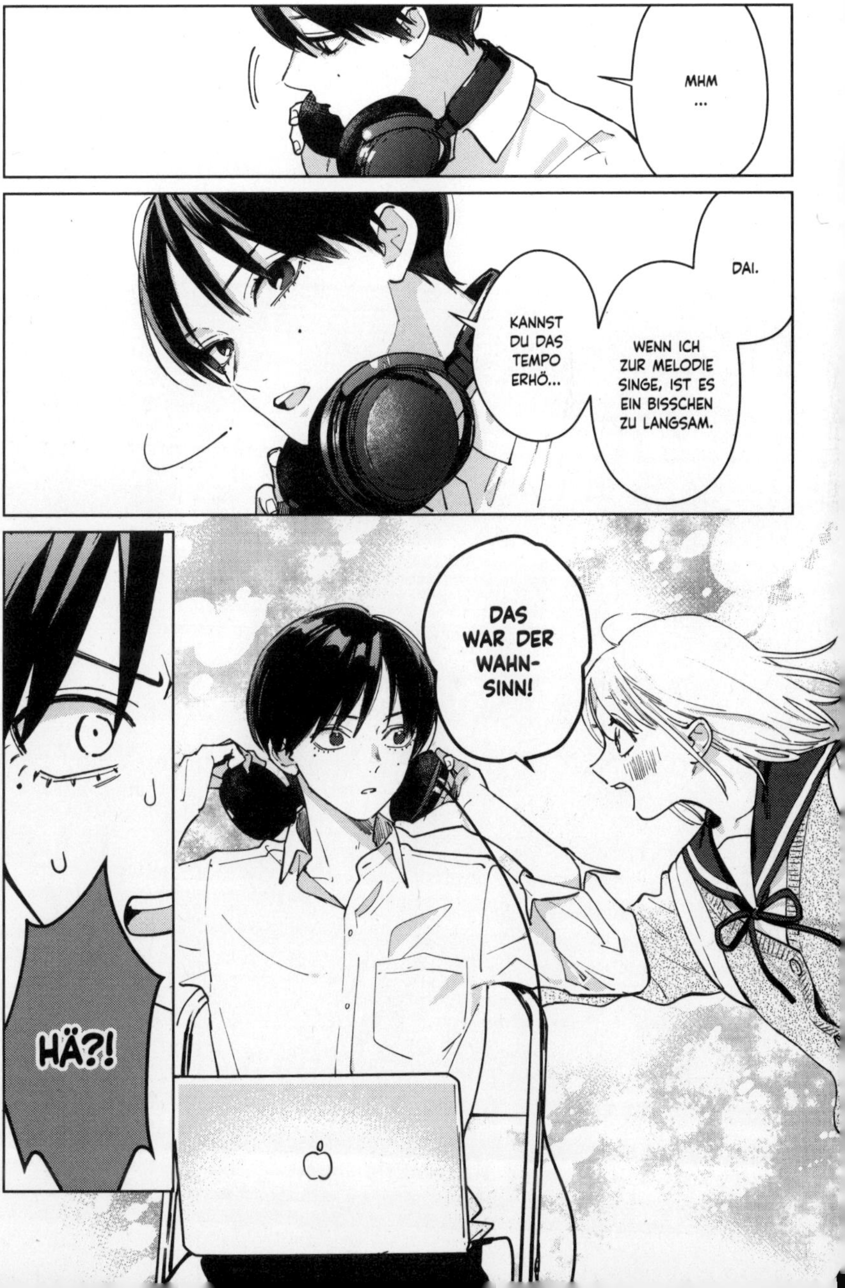
MHM …
DAI.
WENN ICH ZUR MELODIE SINGE, IST ES EIN BISSCHEN ZU LANGSAM.
KANNST DU DAS TEMPO ERHÖ…
DAS WAR DER WAHN-SINN!
HÄ?!

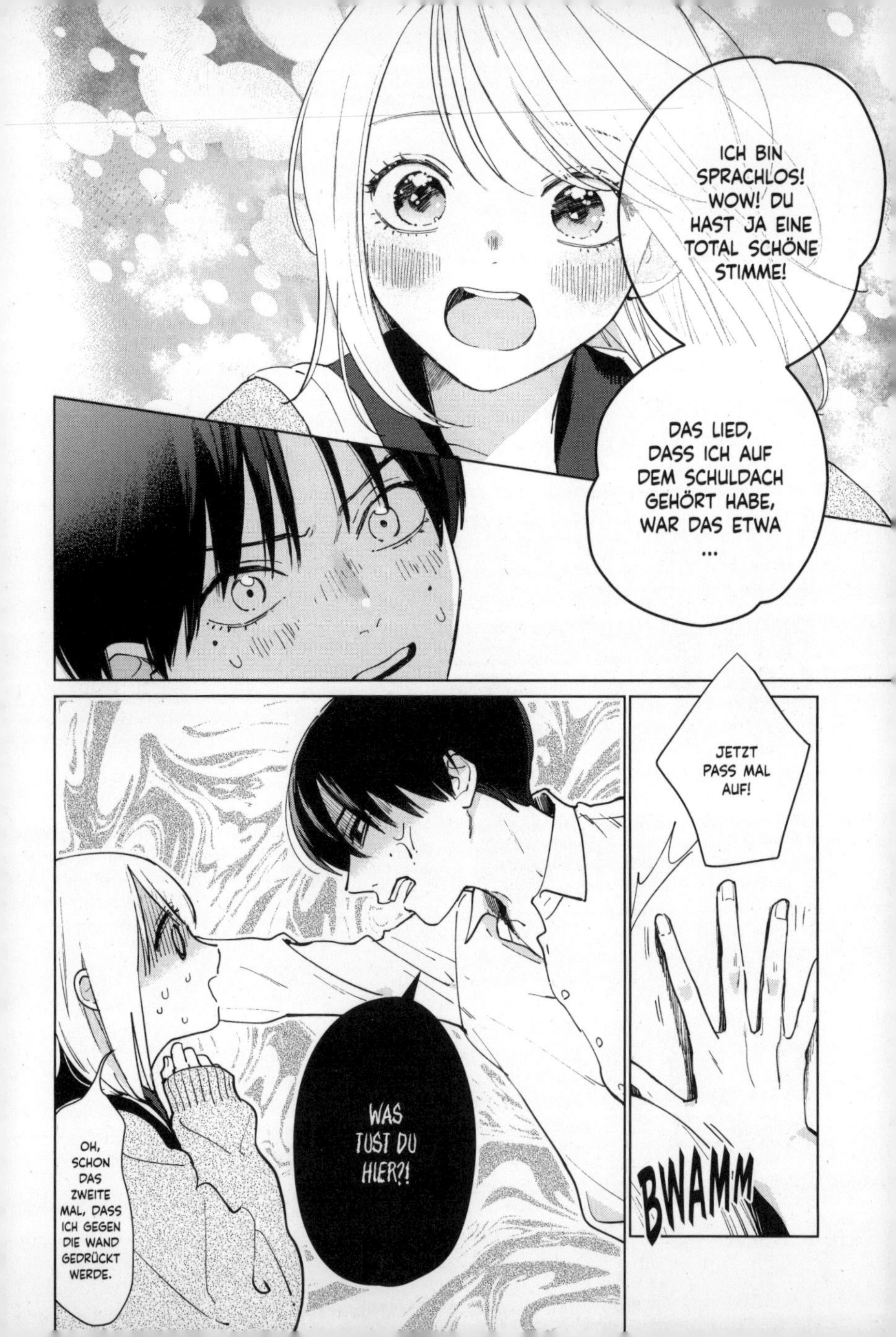
ICH BIN SPRACHLOS! WOW! DU HAST JA EINE TOTAL SCHÖNE STIMME!
DAS LIED, DASS ICH AUF DEM SCHULDACH GEHÖRT HABE, WAR DAS ETWA ...
JETZT PASS MAL AUF!
BWAMM
WAS TUST DU HIER?!
OH, SCHON DAS ZWEITE MAL, DASS ICH GEGEN DIE WAND GEDRÜCKT WERDE.

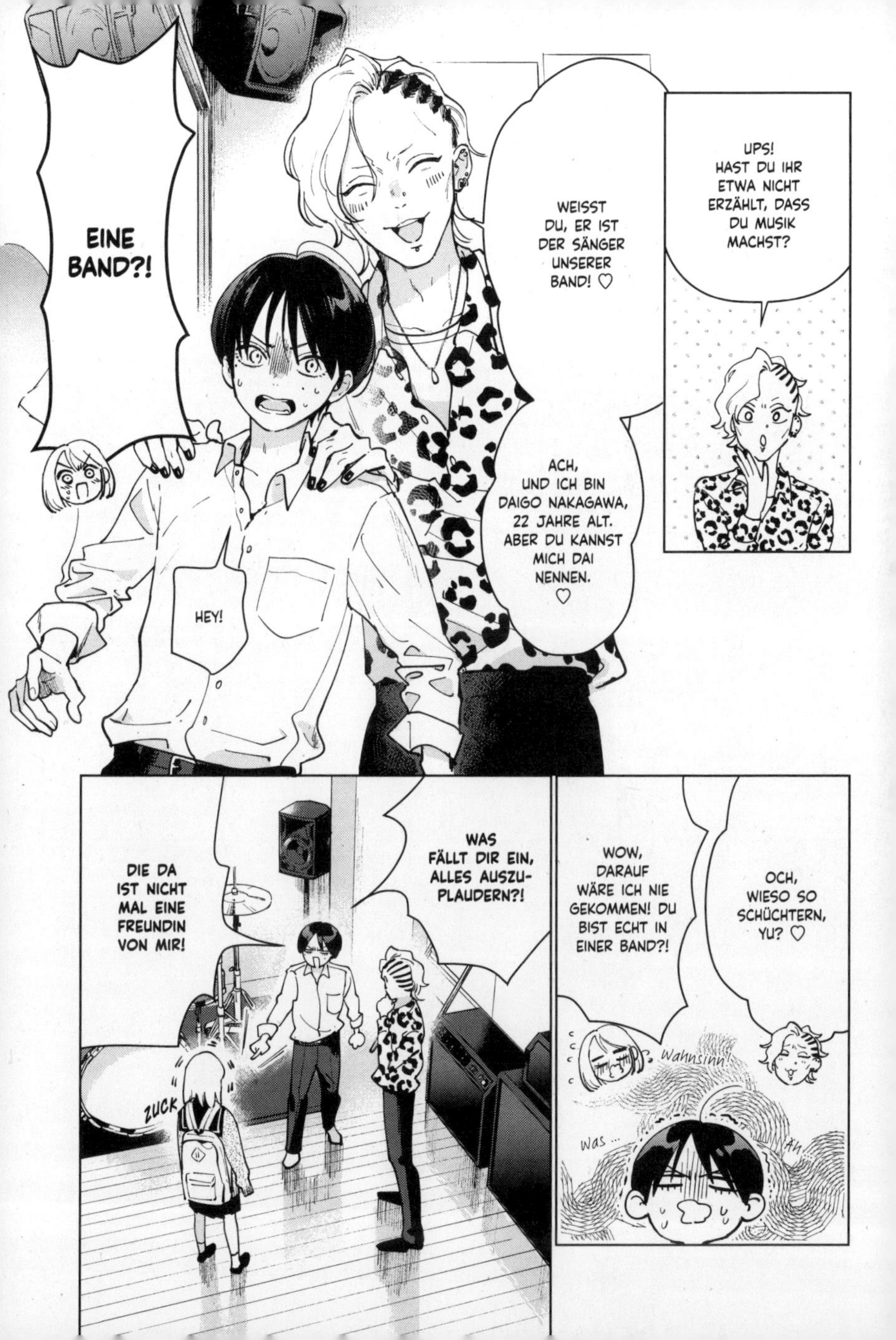
WEISST DU, ER IST DER SÄNGER UNSERER BAND! ♡
EINE BAND?!
UPS! HAST DU IHR ETWA NICHT ERZÄHLT, DASS DU MUSIK MACHST?
ACH, UND ICH BIN DAIGO NAKAGAWA, 22 JAHRE ALT. ABER DU KANNST MICH DAI NENNEN. ♡
HEY!
OCH, WIESO SO SCHÜCHTERN, YU? ♡
WOW, DARAUF WÄRE ICH NIE GEKOMMEN! DU BIST ECHT IN EINER BAND?!
Wahnsinn!
Was ...
Äh
WAS FÄLLT DIR EIN, ALLES AUSZUPLAUDERN?!
DIE DA IST NICHT MAL EINE FREUNDIN VON MIR!
ZUCK

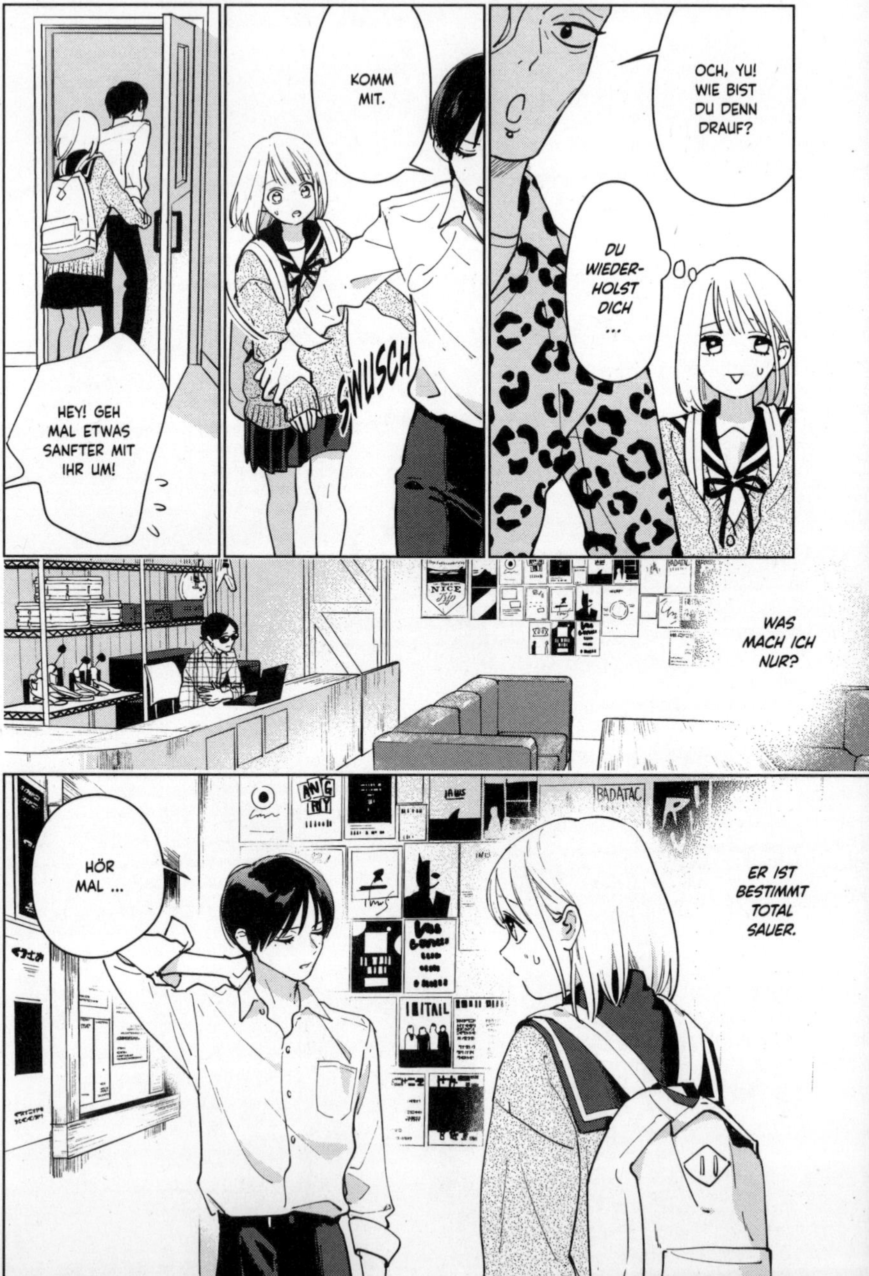
OCH, YU! WIE BIST DU DENN DRAUF?
DU WIEDER-HOLST DICH ...
KOMM MIT.
SWUSCH
HEY! GEH MAL ETWAS SANFTER MIT IHR UM!
WAS MACH ICH NUR?
ER IST BESTIMMT TOTAL SAUER.
HÖR MAL ...

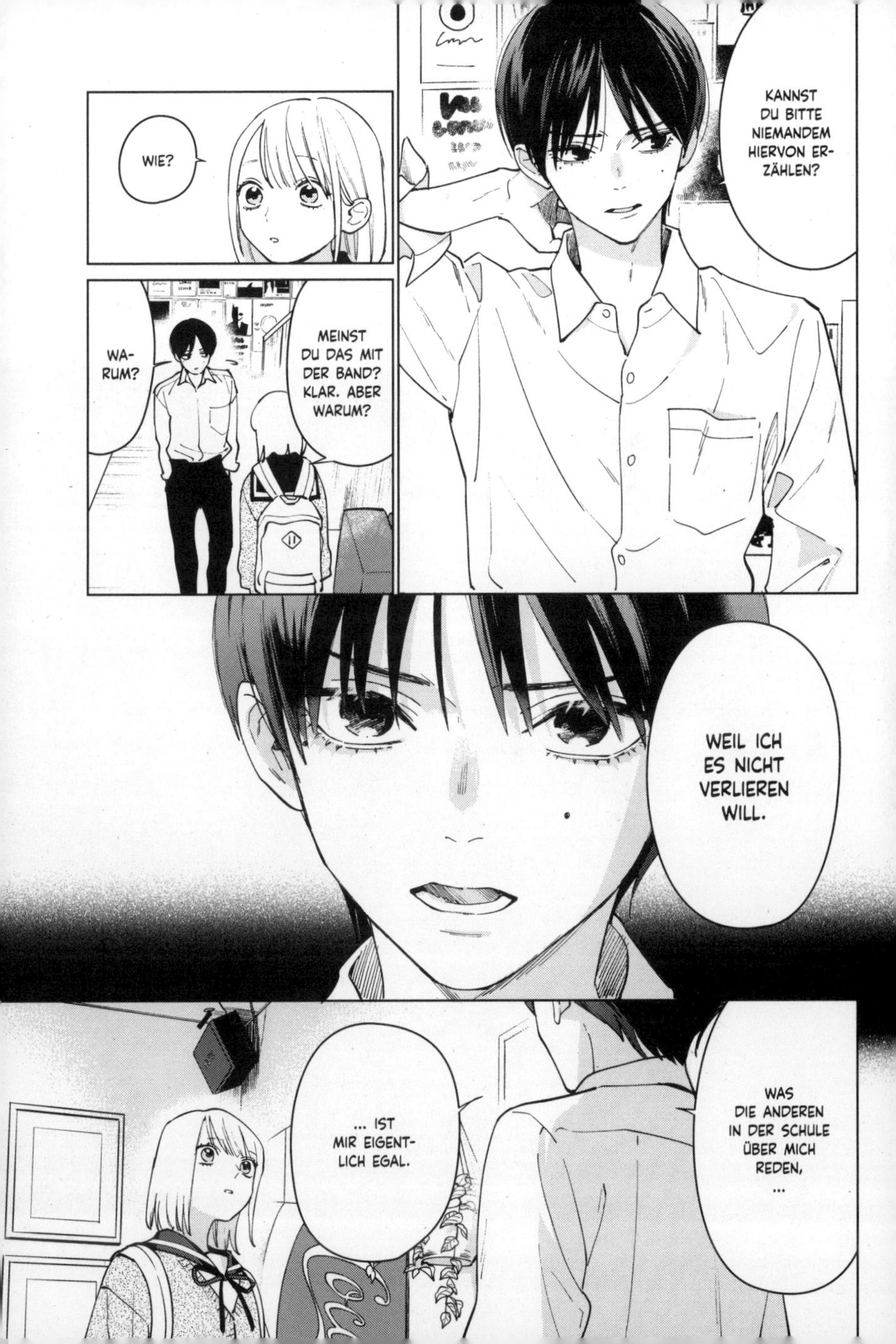
KANNST DU BITTE NIEMANDEM HIERVON ERZÄHLEN?
WIE?
MEINST DU DAS MIT DER BAND? KLAR. ABER WARUM?
WARUM?
WEIL ICH ES NICHT VERLIEREN WILL.
WAS DIE ANDEREN IN DER SCHULE ÜBER MICH REDEN, ...
... IST MIR EIGENTLICH EGAL.

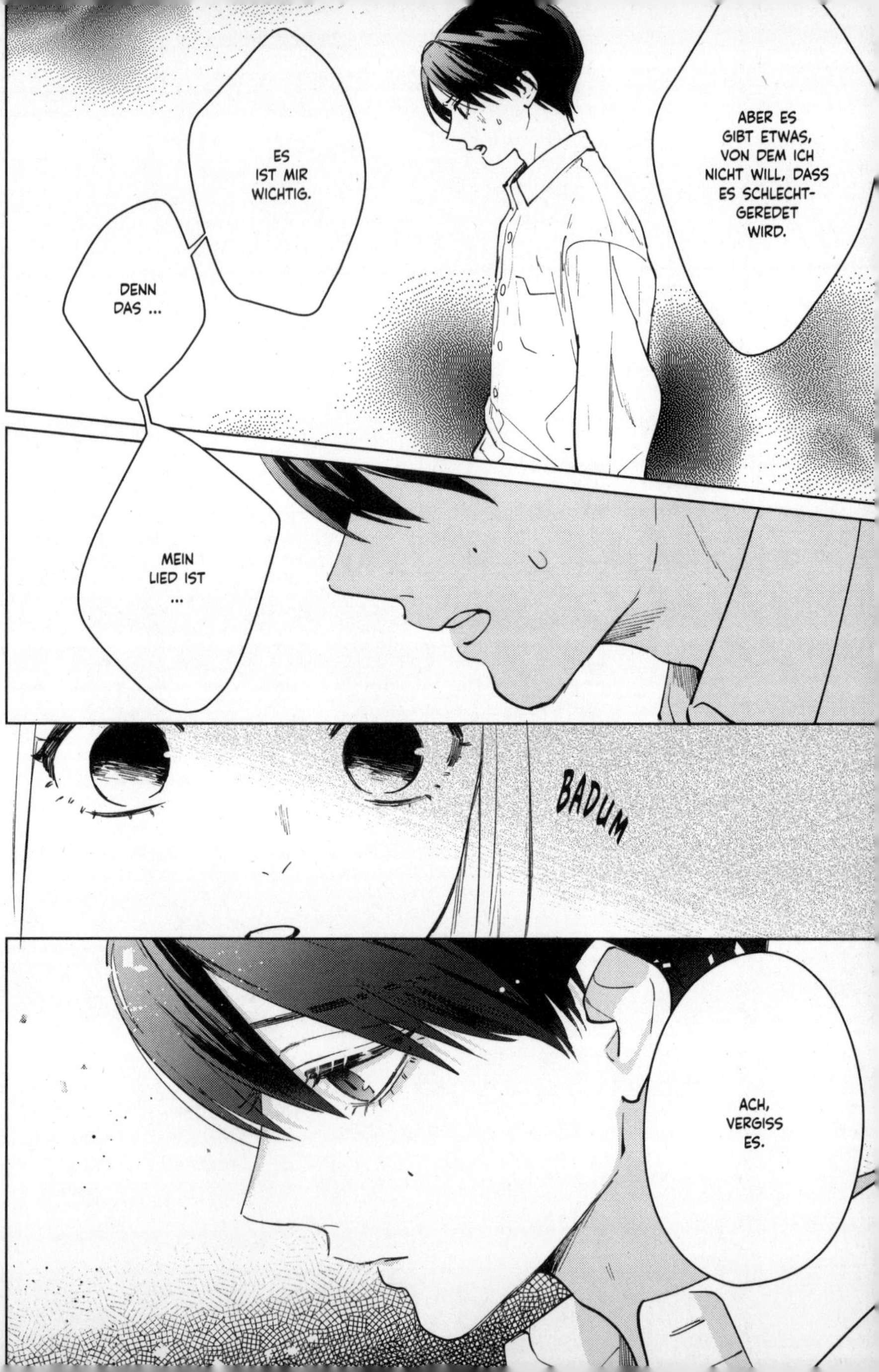
ABER ES GIBT ETWAS, VON DEM ICH NICHT WILL, DASS ES SCHLECHT-GEREDET WIRD.
ES IST MIR WICHTIG.
DENN DAS ...
MEIN LIED IST ...
BADUM
ACH, VERGISS ES.

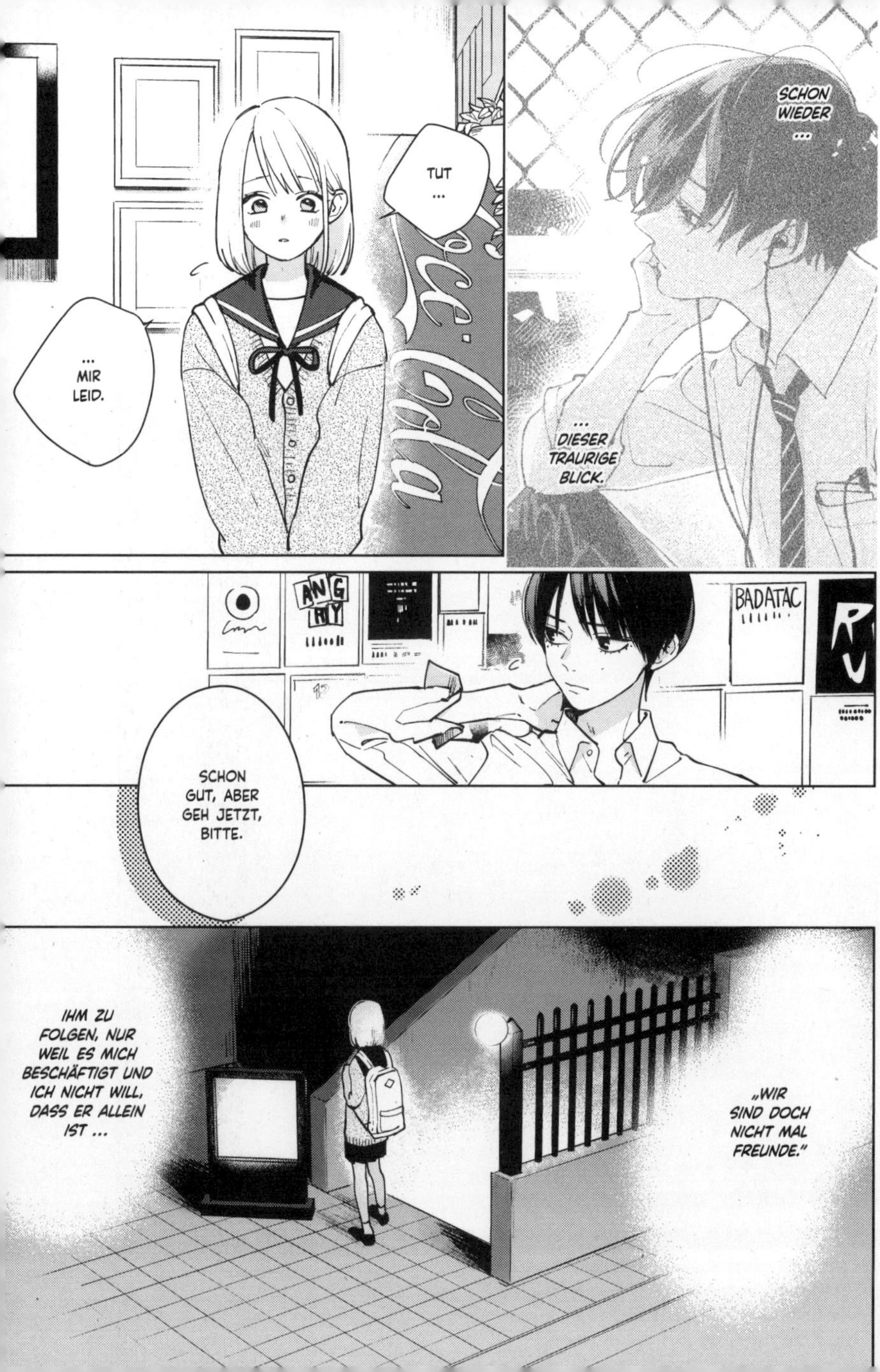
SCHON WIEDER …
… DIESER TRAURIGE BLICK.
TUT …
… MIR LEID.
SCHON GUT, ABER GEH JETZT, BITTE.
„WIR SIND DOCH NICHT MAL FREUNDE."
IHM ZU FOLGEN, NUR WEIL ES MICH BESCHÄFTIGT UND ICH NICHT WILL, DASS ER ALLEIN IST …

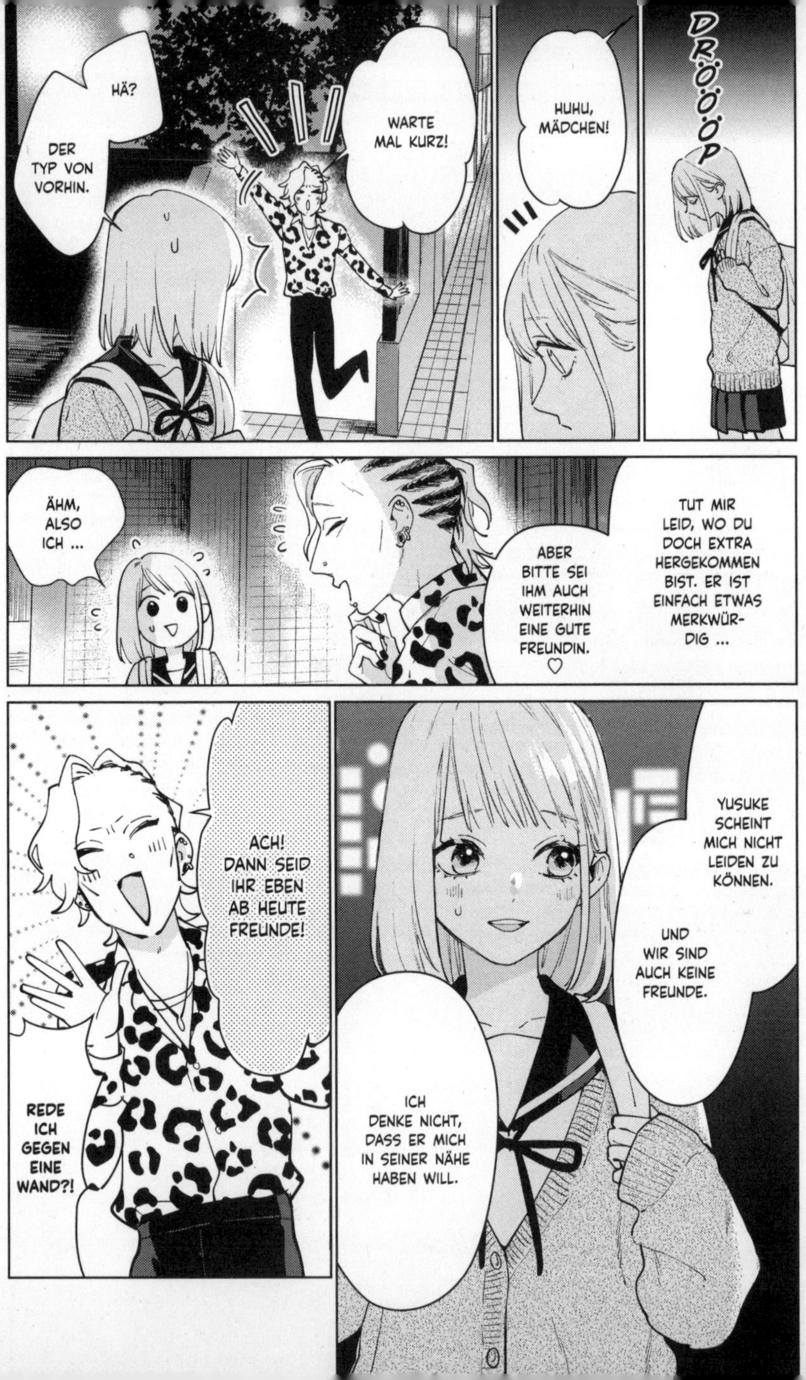
DRÖÖÖP
HUHU, MÄDCHEN!
WARTE MAL KURZ!
HÄ?
DER TYP VON VORHIN.
TUT MIR LEID, WO DU DOCH EXTRA HERGEKOMMEN BIST. ER IST EINFACH ETWAS MERKWÜRDIG ...
ABER BITTE SEI IHM AUCH WEITERHIN EINE GUTE FREUNDIN. ♡
ÄHM, ALSO ICH ...
YUSUKE SCHEINT MICH NICHT LEIDEN ZU KÖNNEN.
UND WIR SIND AUCH KEINE FREUNDE.
ICH DENKE NICHT, DASS ER MICH IN SEINER NÄHE HABEN WILL.
ACH! DANN SEID IHR EBEN AB HEUTE FREUNDE!
REDE ICH GEGEN EINE WAND?!

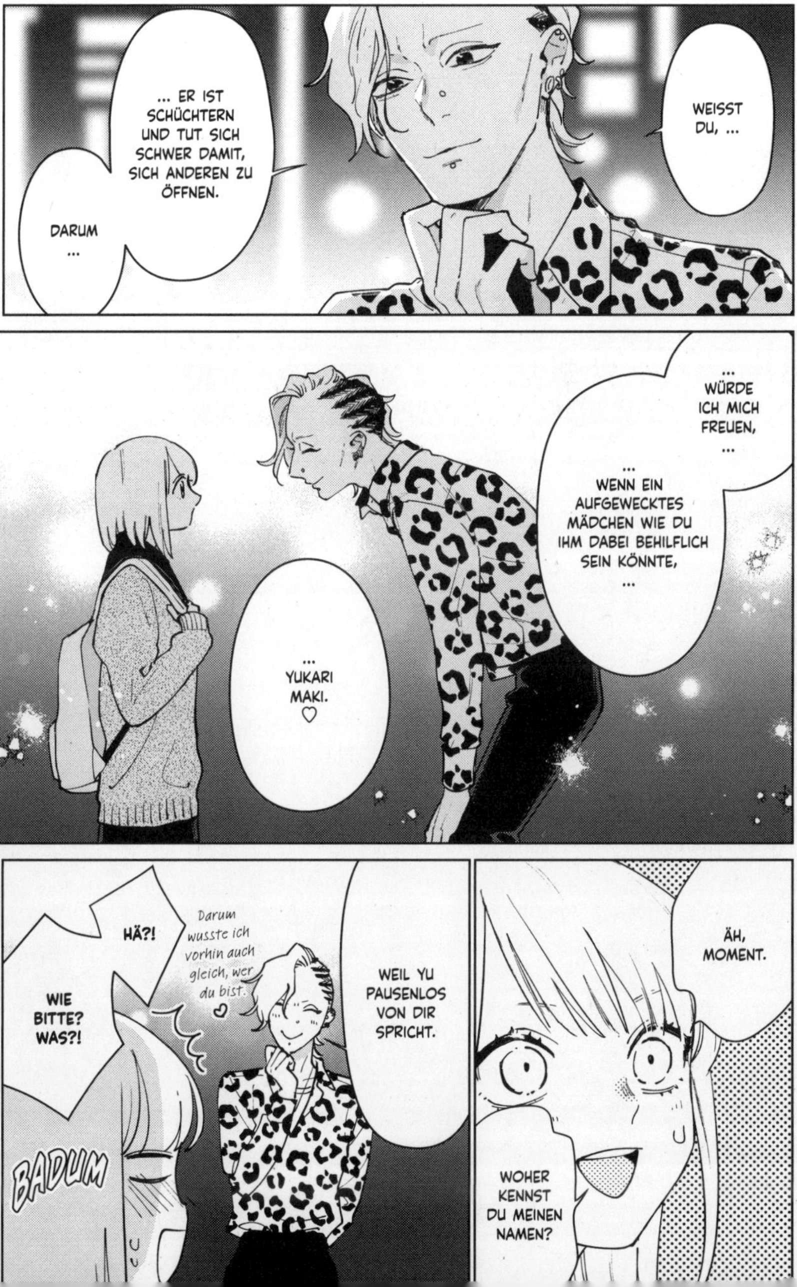
WEISST DU, ...
... ER IST SCHÜCHTERN UND TUT SICH SCHWER DAMIT, SICH ANDEREN ZU ÖFFNEN.
DARUM ...
... WÜRDE ICH MICH FREUEN, ...
... WENN EIN AUFGEWECKTES MÄDCHEN WIE DU IHM DABEI BEHILFLICH SEIN KÖNNTE, ...
... YUKARI MAKI. ♡
ÄH, MOMENT.
WOHER KENNST DU MEINEN NAMEN?
WEIL YU PAUSENLOS VON DIR SPRICHT.
Darum wusste ich vorhin auch gleich, wer du bist. ♡
HÄ?!
WIE BITTE? WAS?!
BADUM

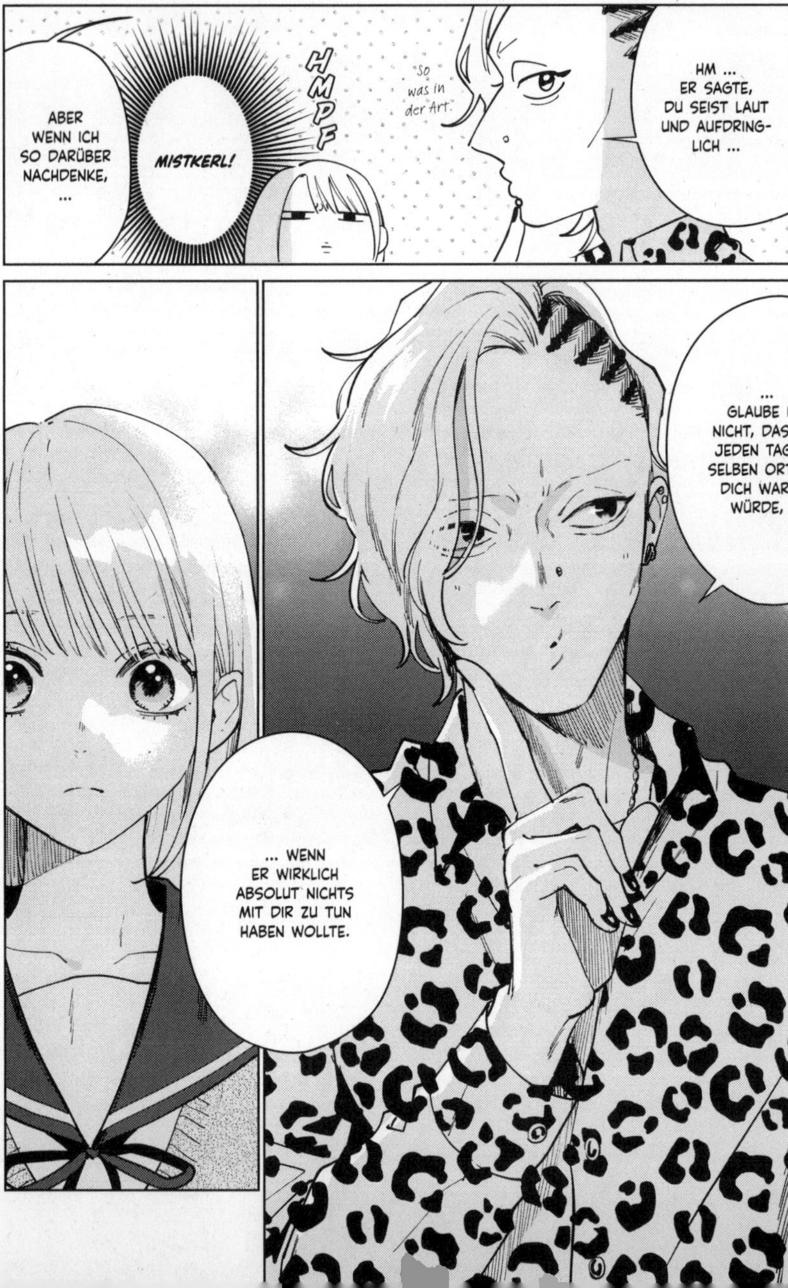
HM ... ER SAGTE, DU SEIST LAUT UND AUFDRING-LICH ...
So was in der Art.
HMPF
MISTKERL!
ABER WENN ICH SO DARÜBER NACHDENKE, ...
... GLAUBE ICH NICHT, DASS ER JEDEN TAG AM SELBEN ORT AUF DICH WARTEN WÜRDE, ...
... WENN ER WIRKLICH ABSOLUT NICHTS MIT DIR ZU TUN HABEN WOLLTE.

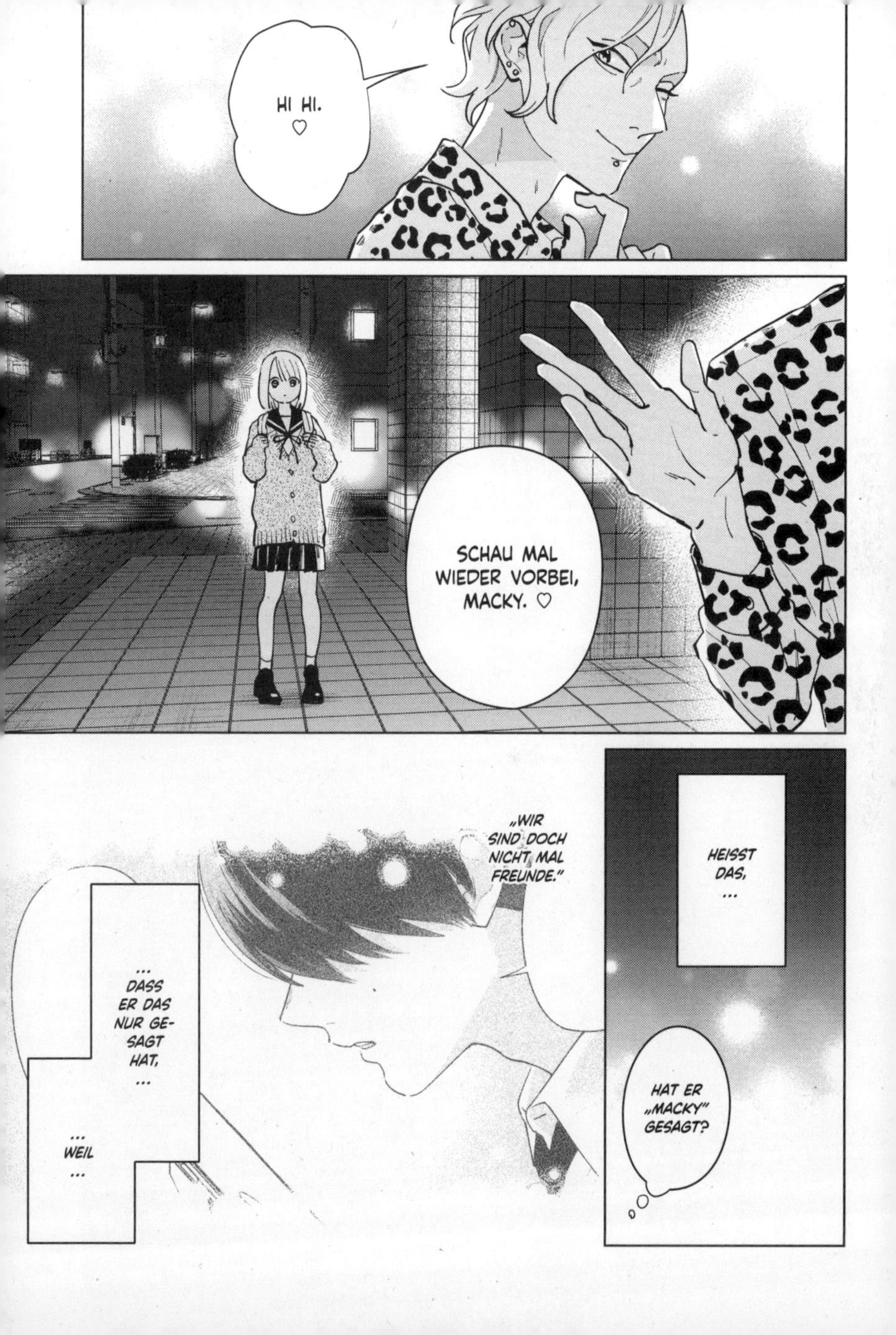
HI HI. ♡
SCHAU MAL WIEDER VORBEI, MACKY. ♡
HEISST DAS, …
HAT ER „MACKY" GESAGT?
„WIR SIND DOCH NICHT MAL FREUNDE."
… DASS ER DAS NUR GESAGT HAT, …
… WEIL …

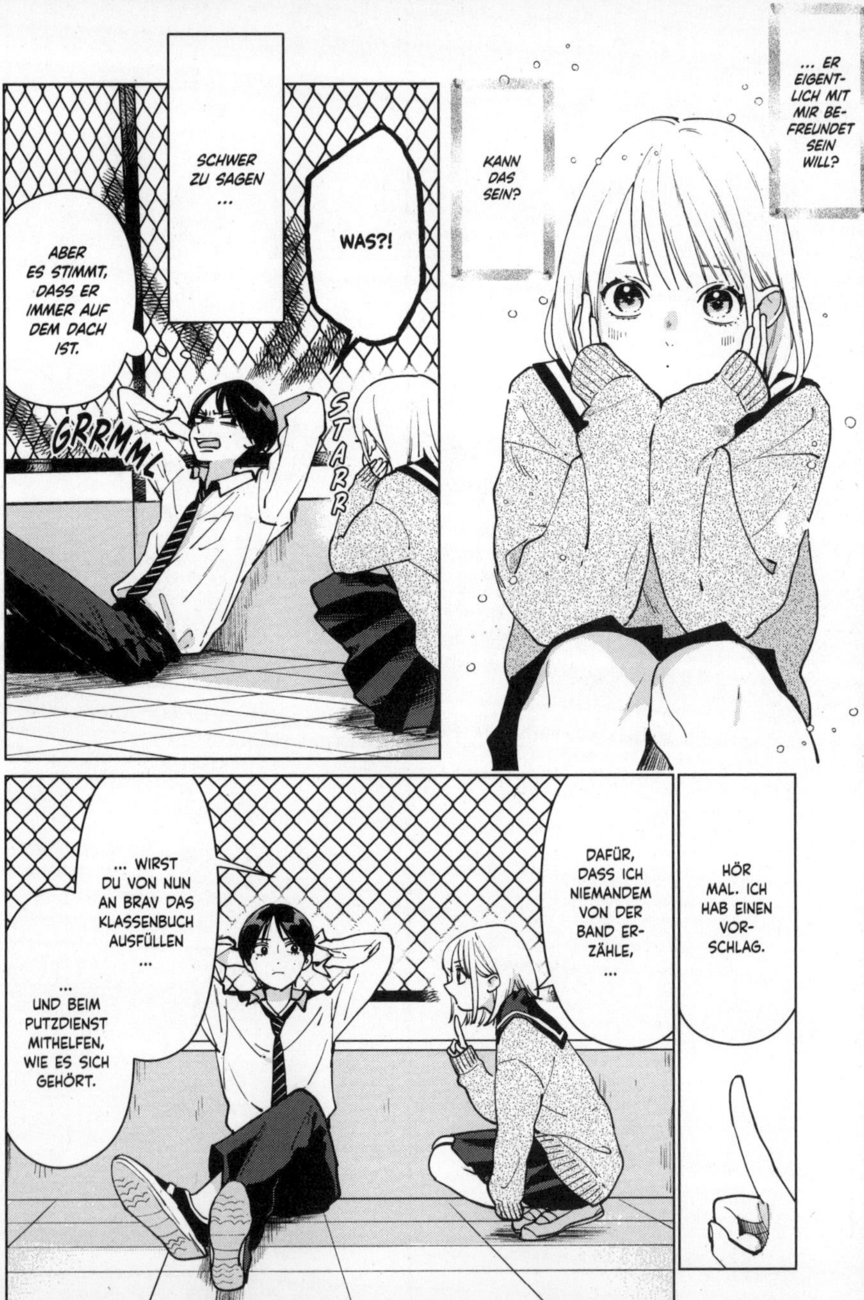

... ER EIGENT-
LICH MIT
MIR BE-
FREUNDET
SEIN
WILL?
KANN
DAS
SEIN?
WAS?!
SCHWER
ZU SAGEN
...
ABER
ES STIMMT,
DASS ER
IMMER AUF
DEM DACH
IST.
STARR
GRRMMML
HÖR
MAL. ICH
HAB EINEN
VOR-
SCHLAG.
DAFÜR,
DASS ICH
NIEMANDEM
VON DER
BAND ER-
ZÄHLE,
...
... WIRST
DU VON NUN
AN BRAV DAS
KLASSENBUCH
AUSFÜLLEN
...
...
UND BEIM
PUTZDIENST
MITHELFEN,
WIE ES SICH
GEHÖRT.

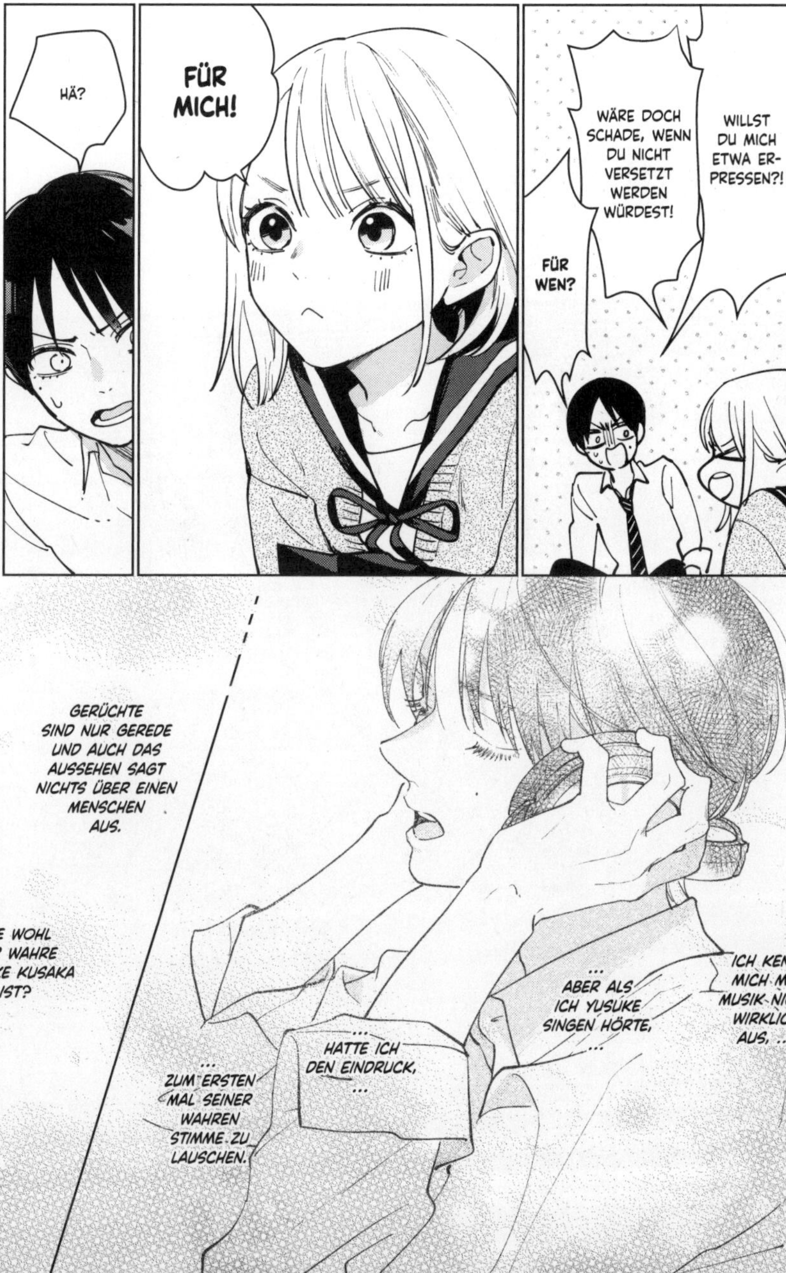
WILLST DU MICH ETWA ERPRESSEN?!
WÄRE DOCH SCHADE, WENN DU NICHT VERSETZT WERDEN WÜRDEST!
FÜR WEN?
FÜR MICH!
HÄ?
ICH KENN MICH MIT MUSIK NICHT WIRKLICH AUS, ...
... ABER ALS ICH YUSUKE SINGEN HÖRTE, ...
... HATTE ICH DEN EINDRUCK, ...
... ZUM ERSTEN MAL SEINER WAHREN STIMME ZU LAUSCHEN.
GERÜCHTE SIND NUR GEREDE UND AUCH DAS AUSSEHEN SAGT NICHTS ÜBER EINEN MENSCHEN AUS.
WIE WOHL DER WAHRE YUSUKE KUSAKA IST?

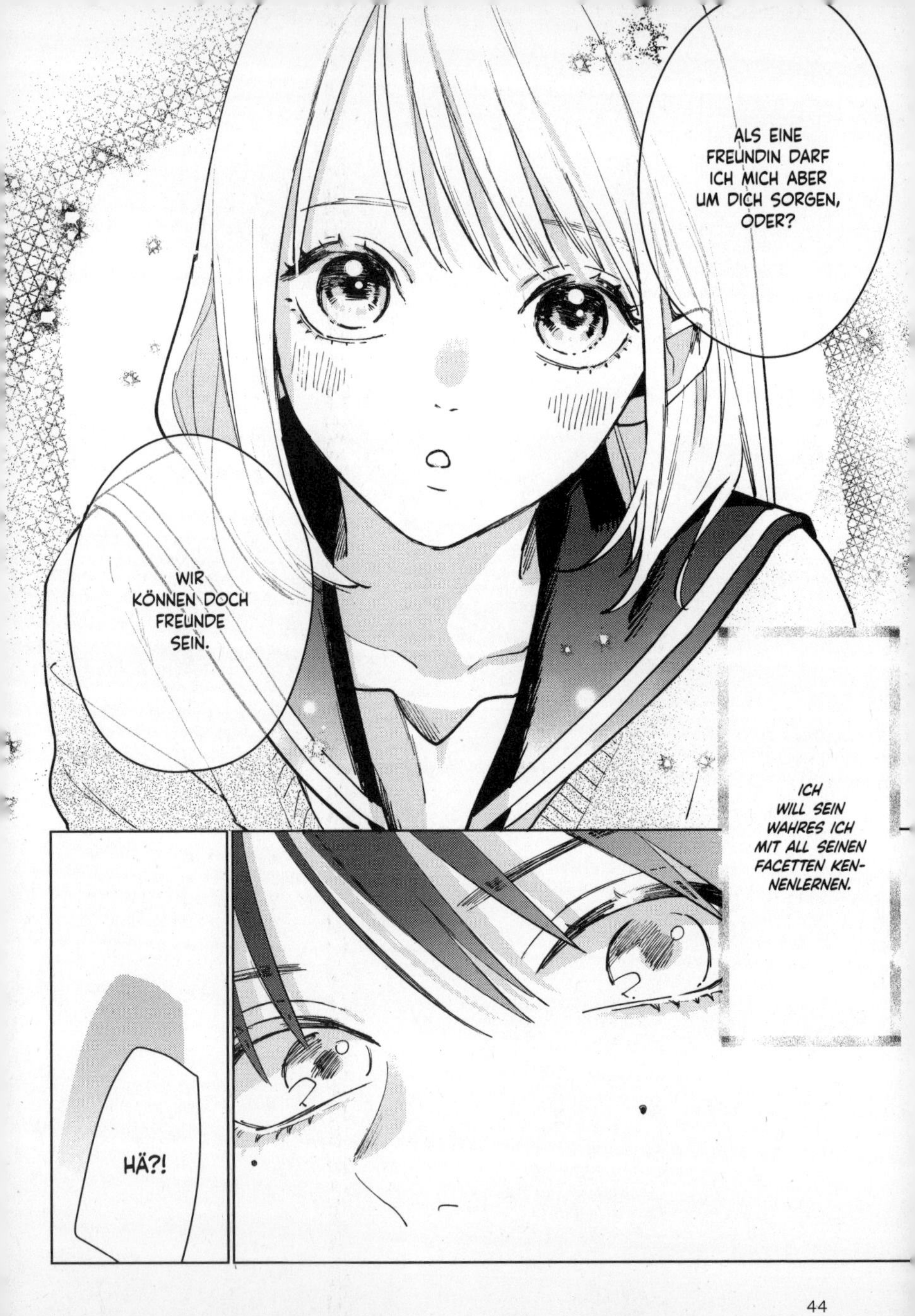
ALS EINE FREUNDIN DARF ICH MICH ABER UM DICH SORGEN, ODER?
WIR KÖNNEN DOCH FREUNDE SEIN.
ICH WILL SEIN WAHRES ICH MIT ALL SEINEN FACETTEN KEN-NENLERNEN.
HÄ?!

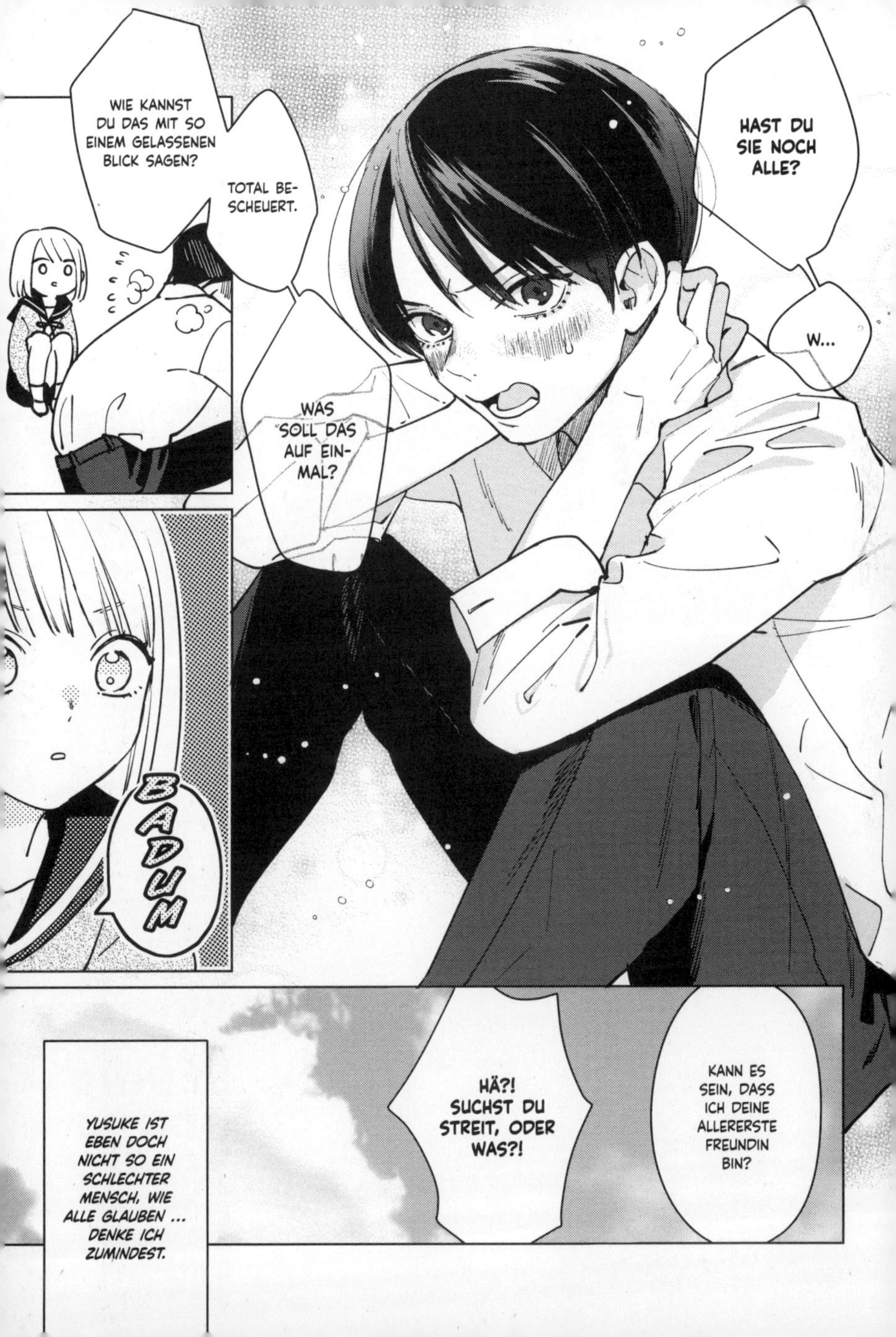

HAST DU SIE NOCH ALLE?
W...
WAS SOLL DAS AUF EIN-MAL?
TOTAL BE-SCHEUERT.
WIE KANNST DU DAS MIT SO EINEM GELASSENEN BLICK SAGEN?
BADUM
KANN ES SEIN, DASS ICH DEINE ALLERERSTE FREUNDIN BIN?
HÄ?! SUCHST DU STREIT, ODER WAS?!
YUSUKE IST EBEN DOCH NICHT SO EIN SCHLECHTER MENSCH, WIE ALLE GLAUBEN ... DENKE ICH ZUMINDEST.

Studio Cabana

You appear in my mind all the time
and pull me into a luscious world.
If you don't call it love, I don't know what is.

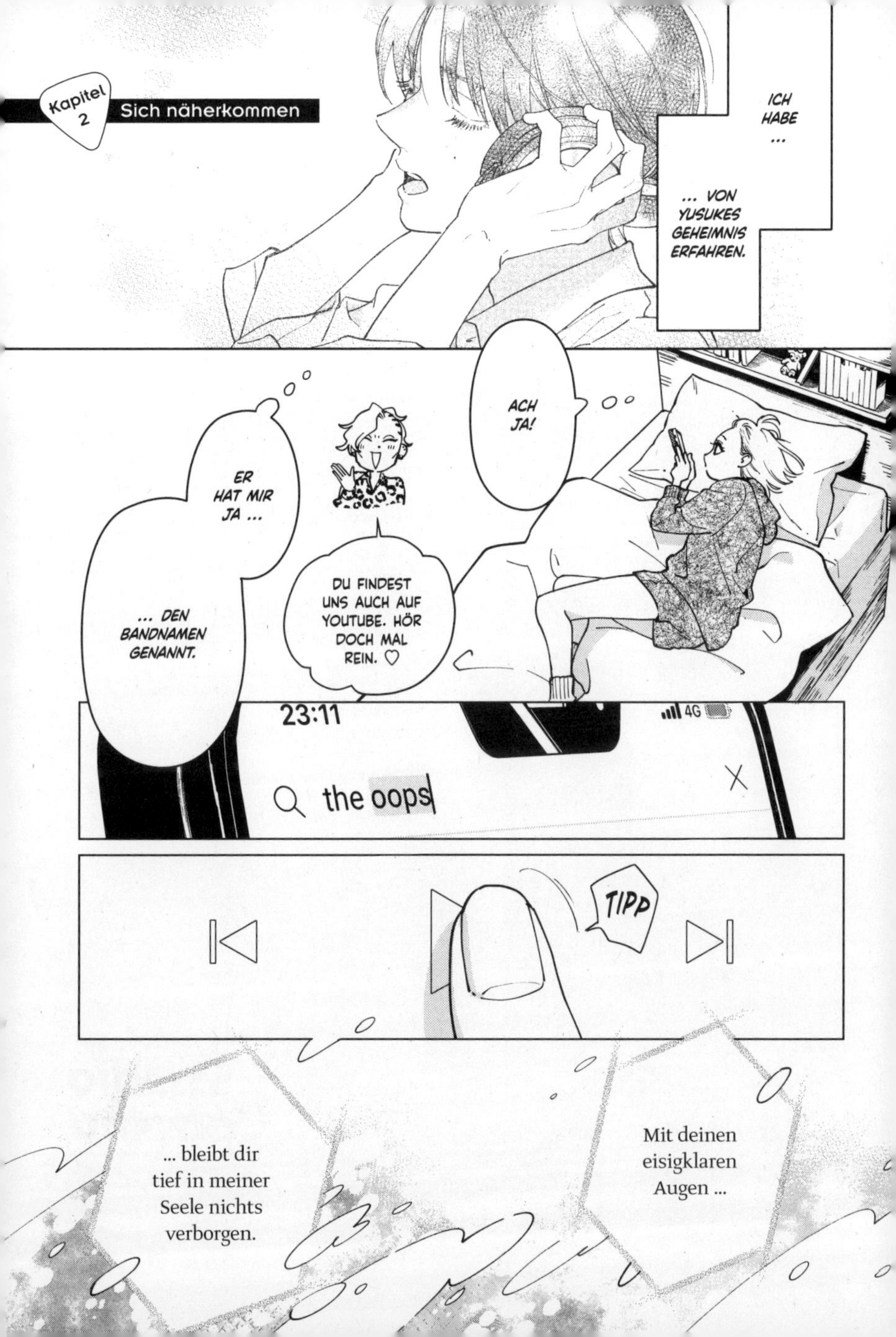
Kapitel 2
Sich näherkommen
ICH HABE …
… VON YUSUKES GEHEIMNIS ERFAHREN.
ACH JA!
ER HAT MIR JA …
… DEN BANDNAMEN GENANNT.
DU FINDEST UNS AUCH AUF YOUTUBE. HÖR DOCH MAL REIN. ♡
23:11
4G
the oops
TIPP
Mit deinen eisigklaren Augen …
… bleibt dir tief in meiner Seele nichts verborgen.

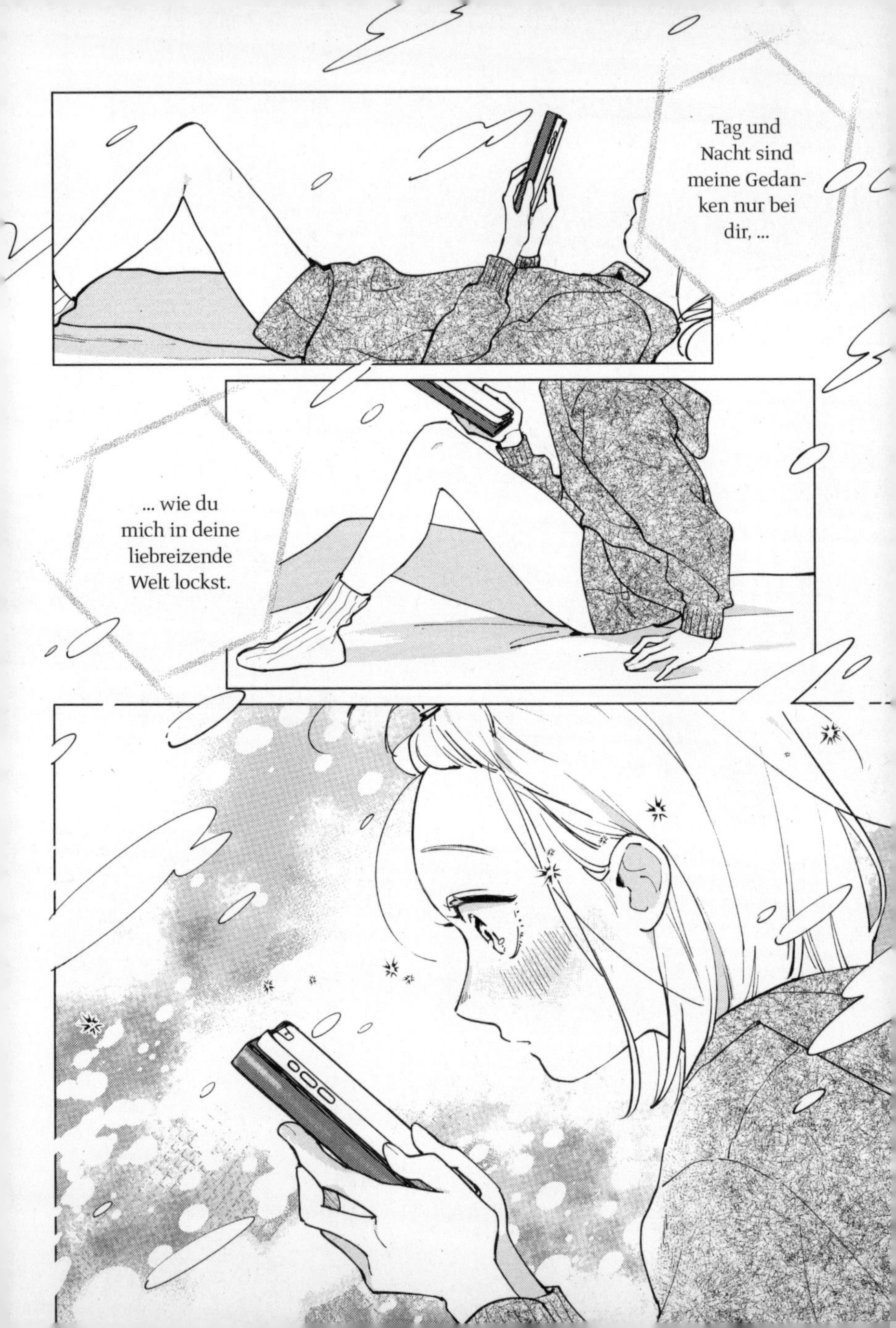
Tag und Nacht sind meine Gedanken nur bei dir, ...
... wie du mich in deine liebreizende Welt lockst.

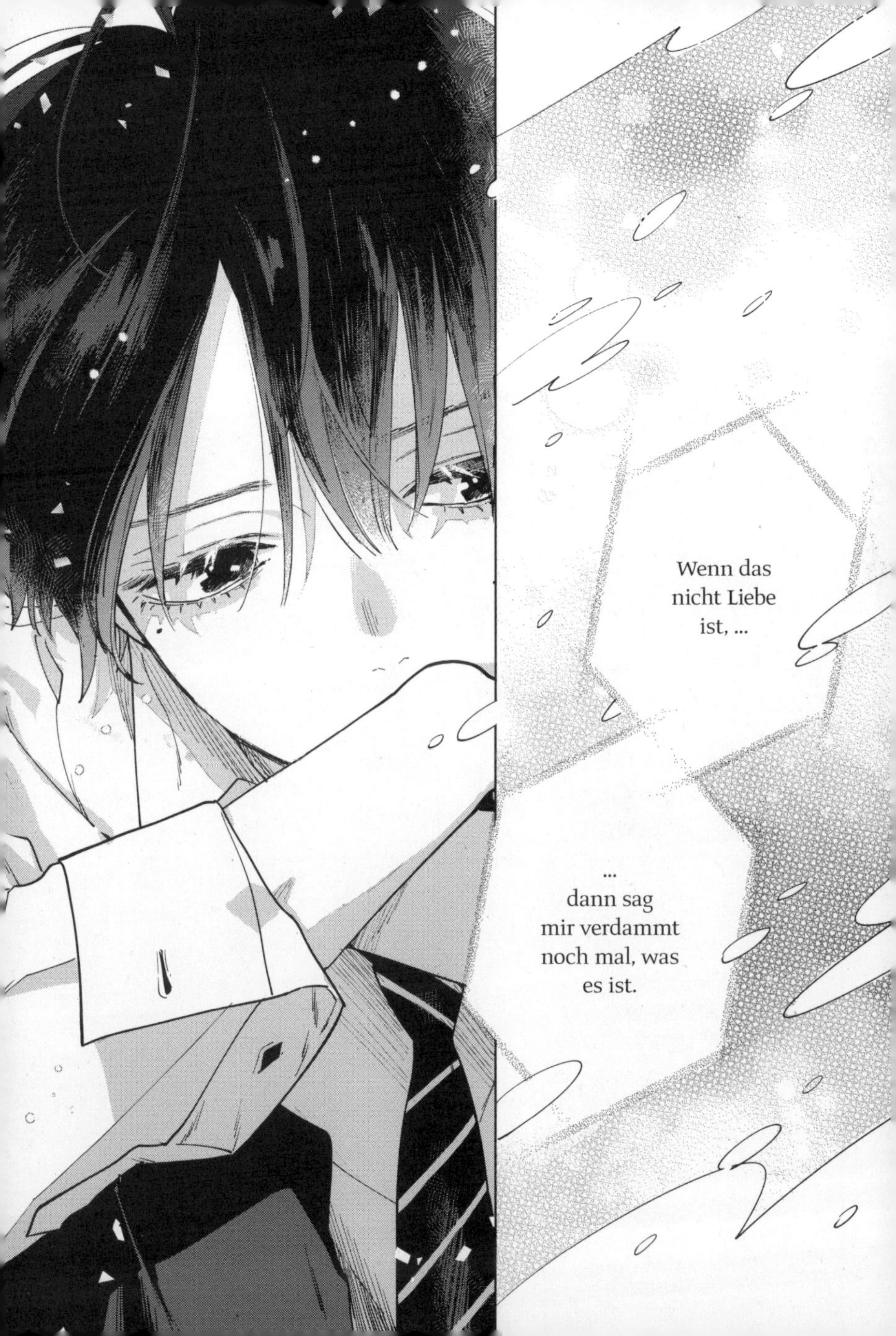
Wenn das nicht Liebe ist, ...
... dann sag mir verdammt noch mal, was es ist.

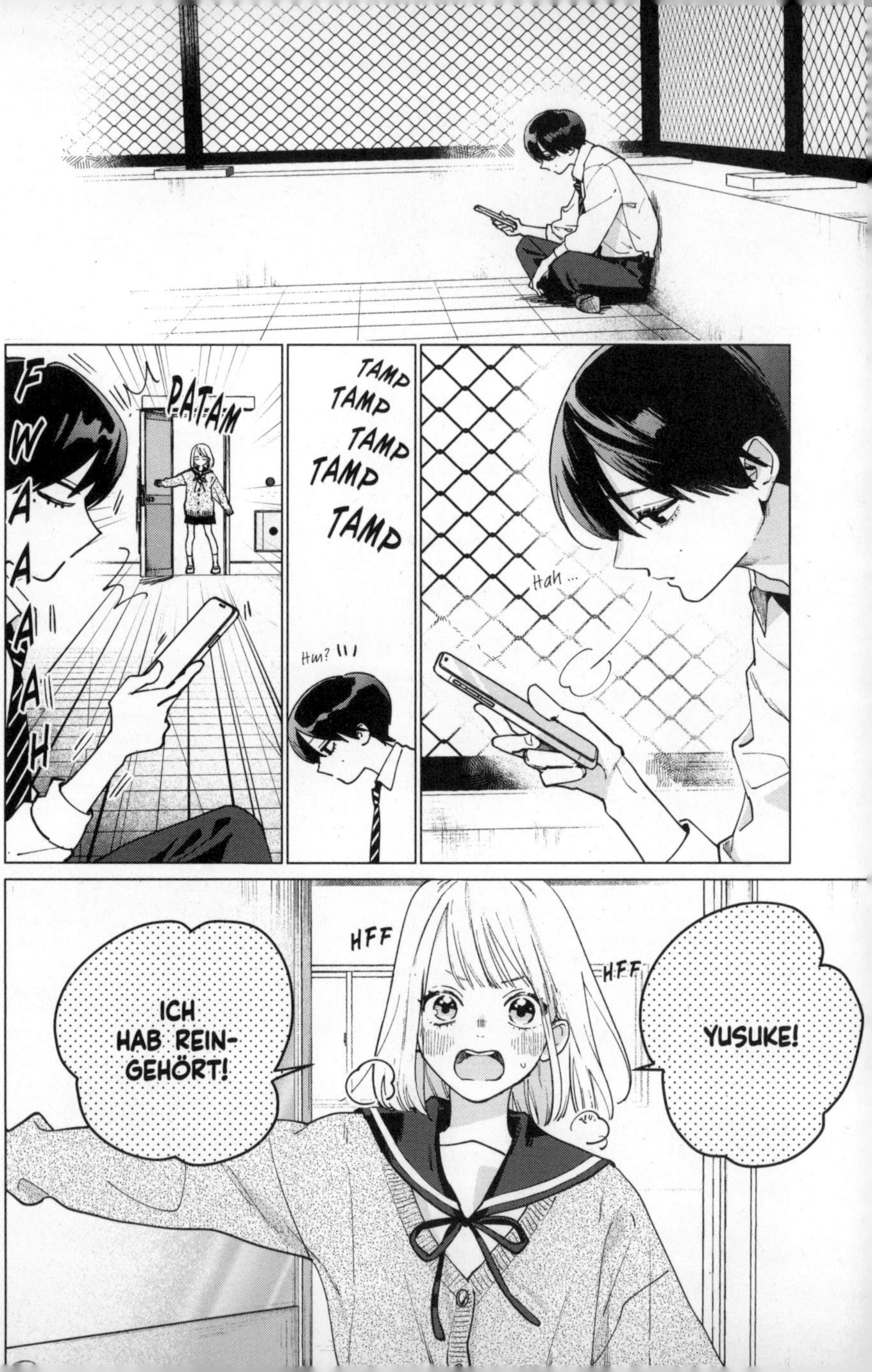
Hah ...
TAMP TAMP TAMP TAMP TAMP
Hm?
PATAM
FWAAAAAH
HFF
HFF
YUSUKE!
ICH HAB REIN-GEHÖRT!

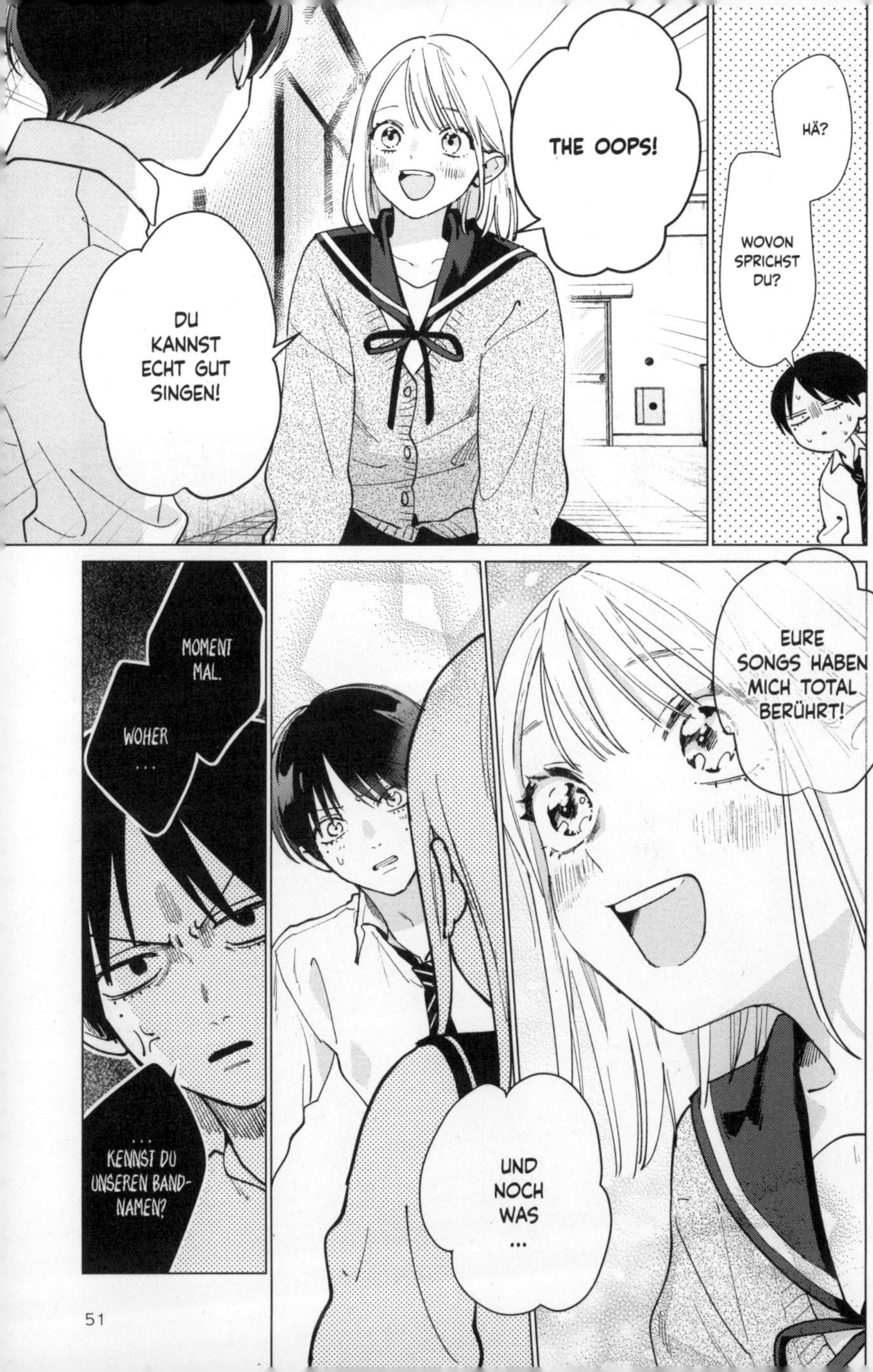
THE OOPS!
DU KANNST ECHT GUT SINGEN!
HÄ?
WOVON SPRICHST DU?
EURE SONGS HABEN MICH TOTAL BERÜHRT!
UND NOCH WAS ...
MOMENT MAL.
WOHER ...
... KENNST DU UNSEREN BAND-NAMEN?

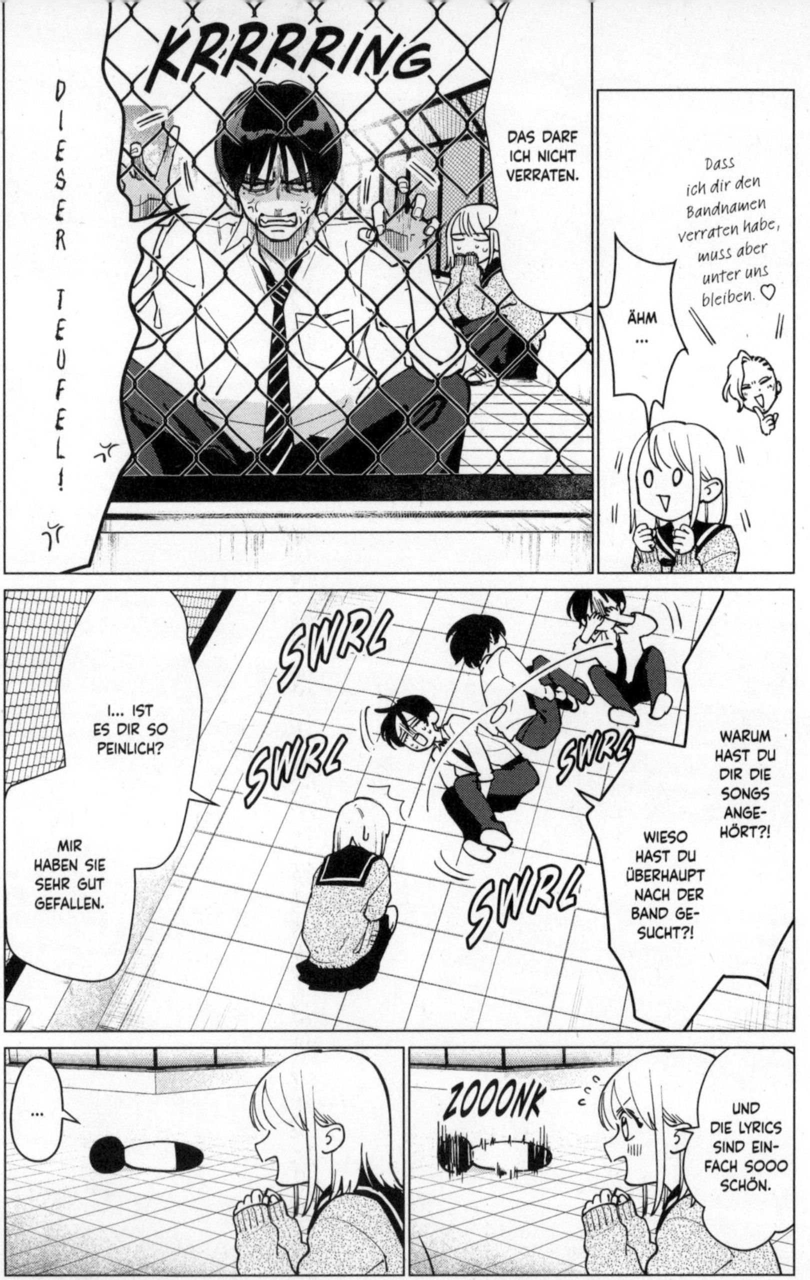
Dass ich dir den Bandnamen verraten habe, muss aber unter uns bleiben. ♡
ÄHM ...
KRRRRING
DAS DARF ICH NICHT VERRATEN.
DIESER TEUFEL!
WARUM HAST DU DIR DIE SONGS ANGE-HÖRT?!
WIESO HAST DU ÜBERHAUPT NACH DER BAND GE-SUCHT?!
SWRL
SWRL
SWRL
SWRL
I... IST ES DIR SO PEINLICH?
MIR HABEN SIE SEHR GUT GEFALLEN.
UND DIE LYRICS SIND EIN-FACH SOOO SCHÖN.
ZOOONK
...

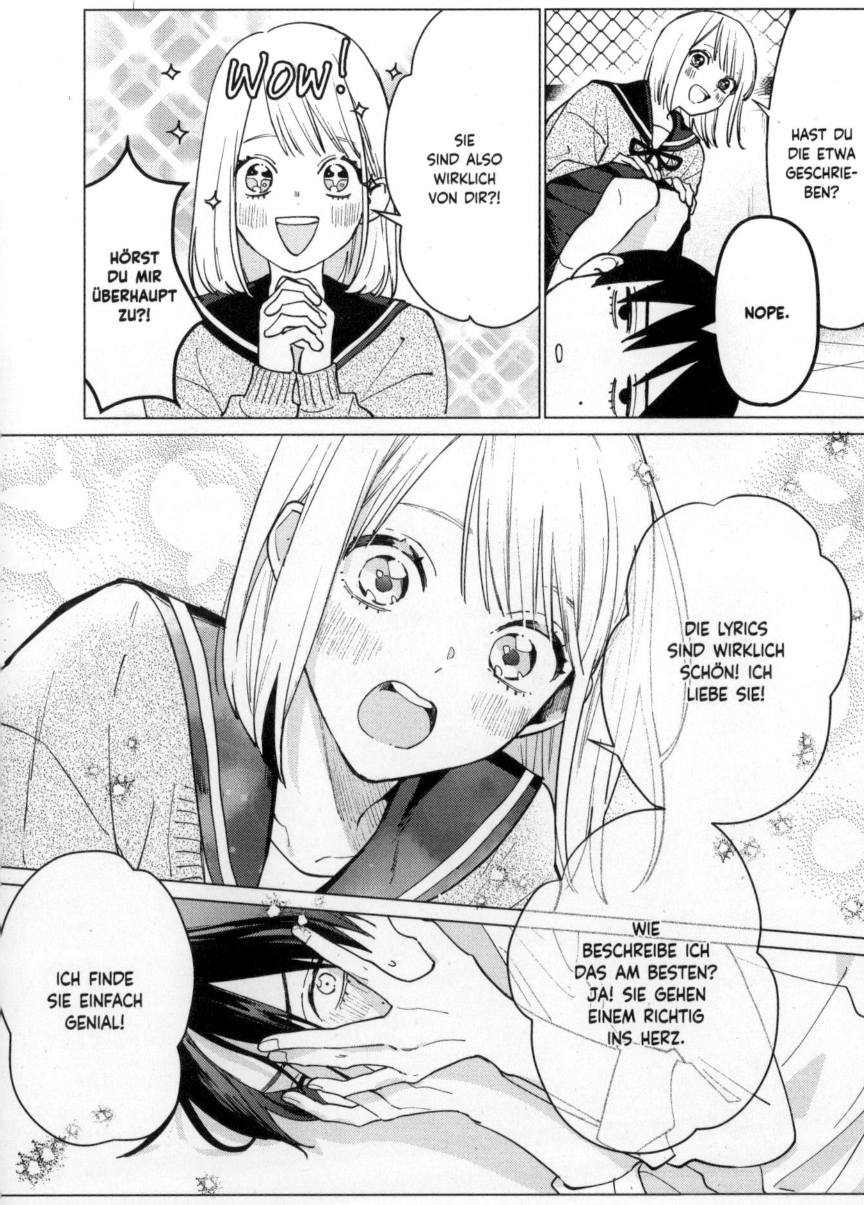
HAST DU DIE ETWA GESCHRIEBEN?
NOPE.
WOW!
SIE SIND ALSO WIRKLICH VON DIR?!
HÖRST DU MIR ÜBERHAUPT ZU?!
DIE LYRICS SIND WIRKLICH SCHÖN! ICH LIEBE SIE!
WIE BESCHREIBE ICH DAS AM BESTEN? JA! SIE GEHEN EINEM RICHTIG INS HERZ.
ICH FINDE SIE EINFACH GENIAL!

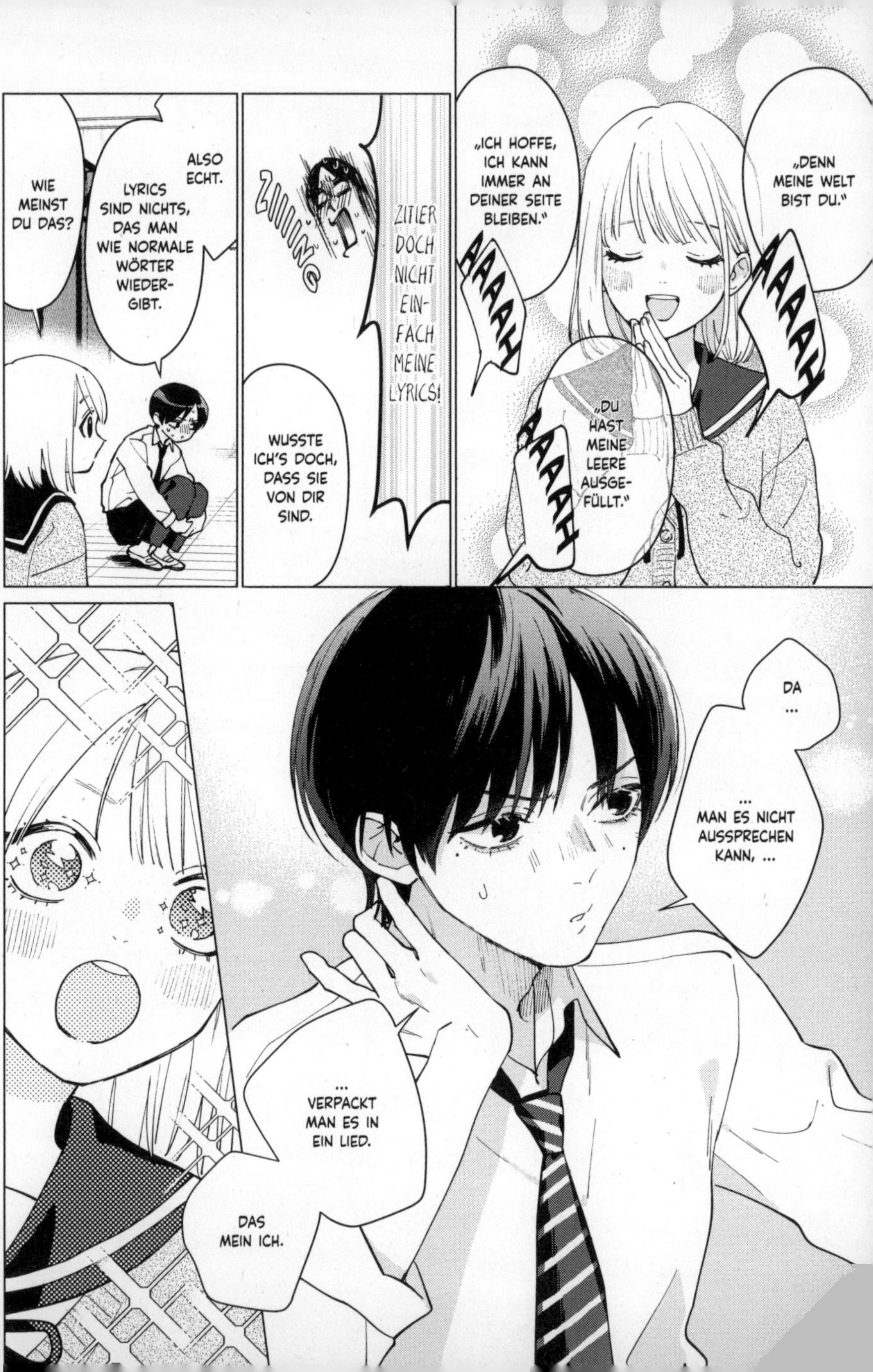
„DENN MEINE WELT BIST DU."
AAAAAH
„ICH HOFFE, ICH KANN IMMER AN DEINER SEITE BLEIBEN."
AAAAAH
„DU HAST MEINE LEERE AUSGE-FÜLLT."
AAAAAH
ZITIER DOCH NICHT EIN-FACH MEINE LYRICS!
ZIIIING
WUSSTE ICH'S DOCH, DASS SIE VON DIR SIND.
ALSO ECHT.
LYRICS SIND NICHTS, DAS MAN WIE NORMALE WÖRTER WIEDER-GIBT.
WIE MEINST DU DAS?
DA ...
... MAN ES NICHT AUSSPRECHEN KANN, ...
... VERPACKT MAN ES IN EIN LIED.
DAS MEIN ICH.

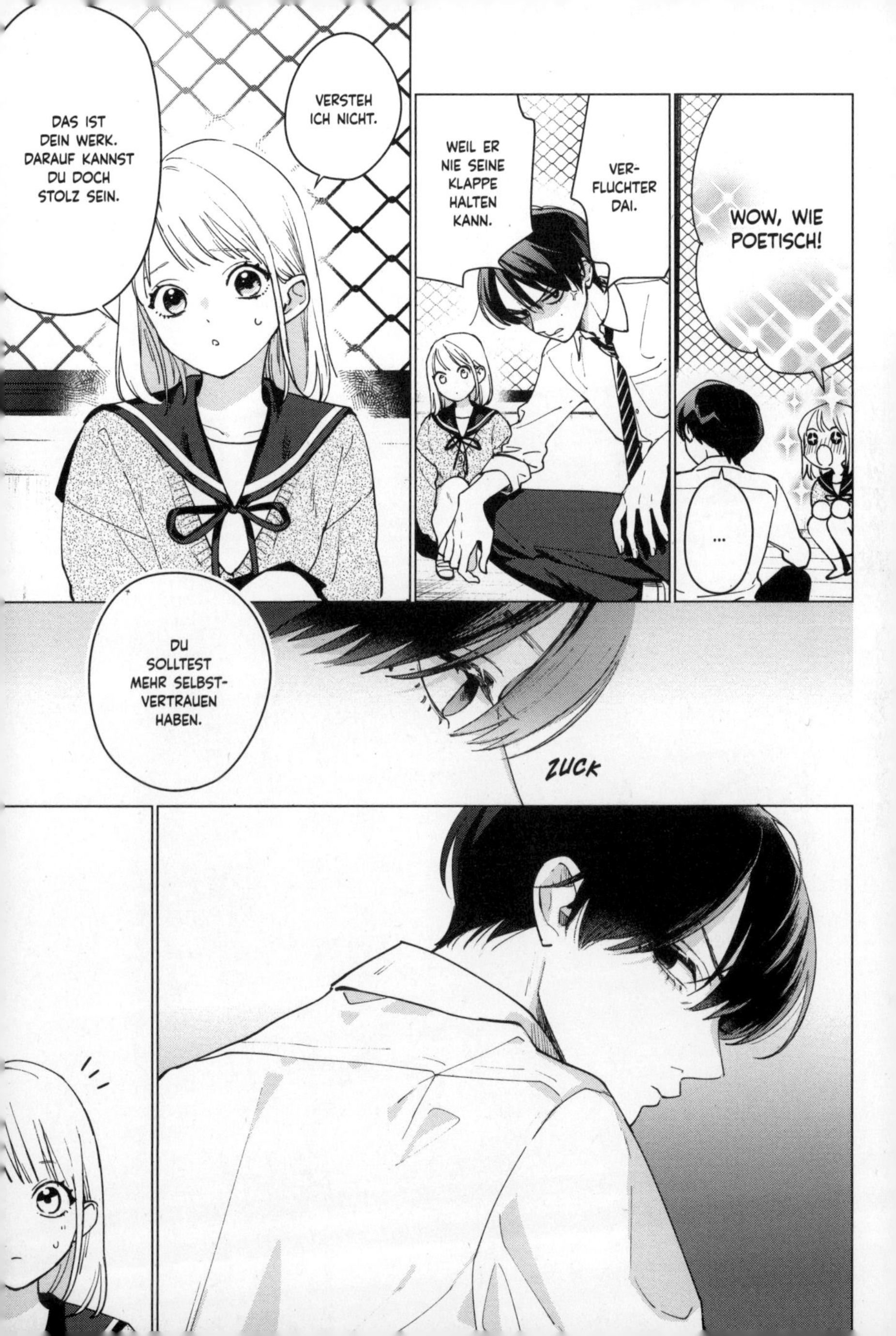
WOW, WIE POETISCH!
…
VER-FLUCHTER DAI.
WEIL ER NIE SEINE KLAPPE HALTEN KANN.
VERSTEH ICH NICHT.
DAS IST DEIN WERK. DARAUF KANNST DU DOCH STOLZ SEIN.
DU SOLLTEST MEHR SELBST-VERTRAUEN HABEN.
ZUCK

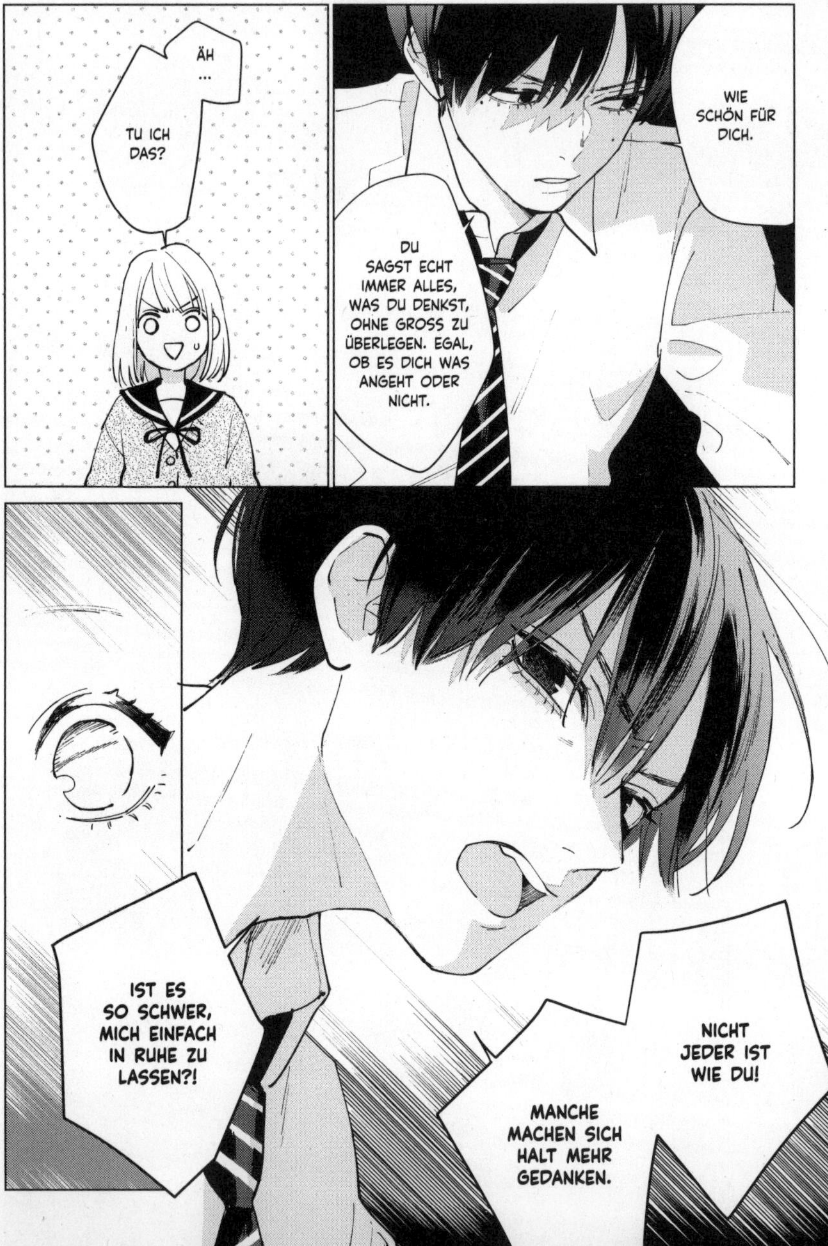
WIE SCHÖN FÜR DICH.
DU SAGST ECHT IMMER ALLES, WAS DU DENKST, OHNE GROSS ZU ÜBERLEGEN. EGAL, OB ES DICH WAS ANGEHT ODER NICHT.
ÄH ...
TU ICH DAS?
NICHT JEDER IST WIE DU!
MANCHE MACHEN SICH HALT MEHR GEDANKEN.
IST ES SO SCHWER, MICH EINFACH IN RUHE ZU LASSEN?!

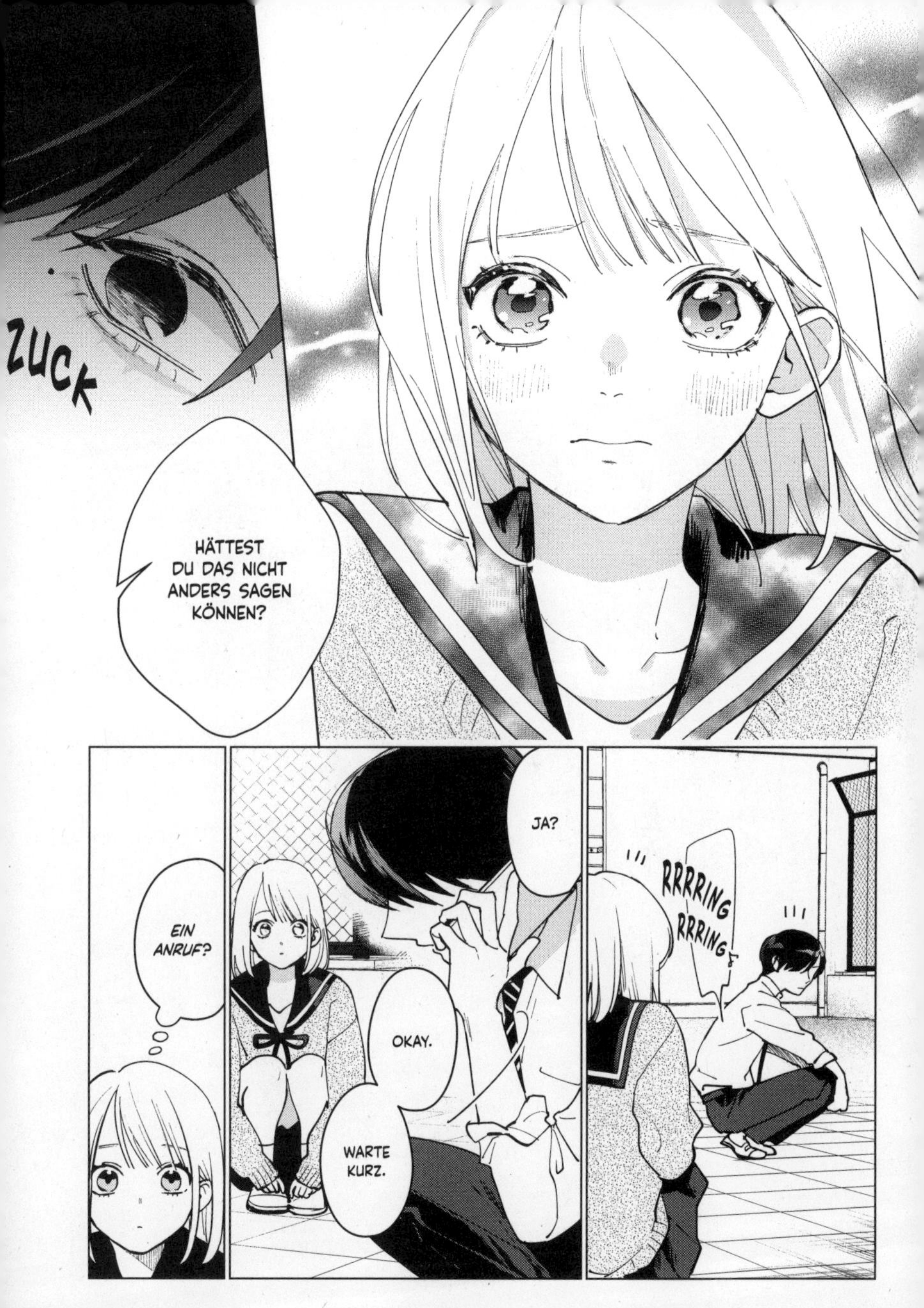
ZUCK
HÄTTEST DU DAS NICHT ANDERS SAGEN KÖNNEN?
RRRRING
RRRRING
JA?
OKAY.
WARTE KURZ.
EIN ANRUF?

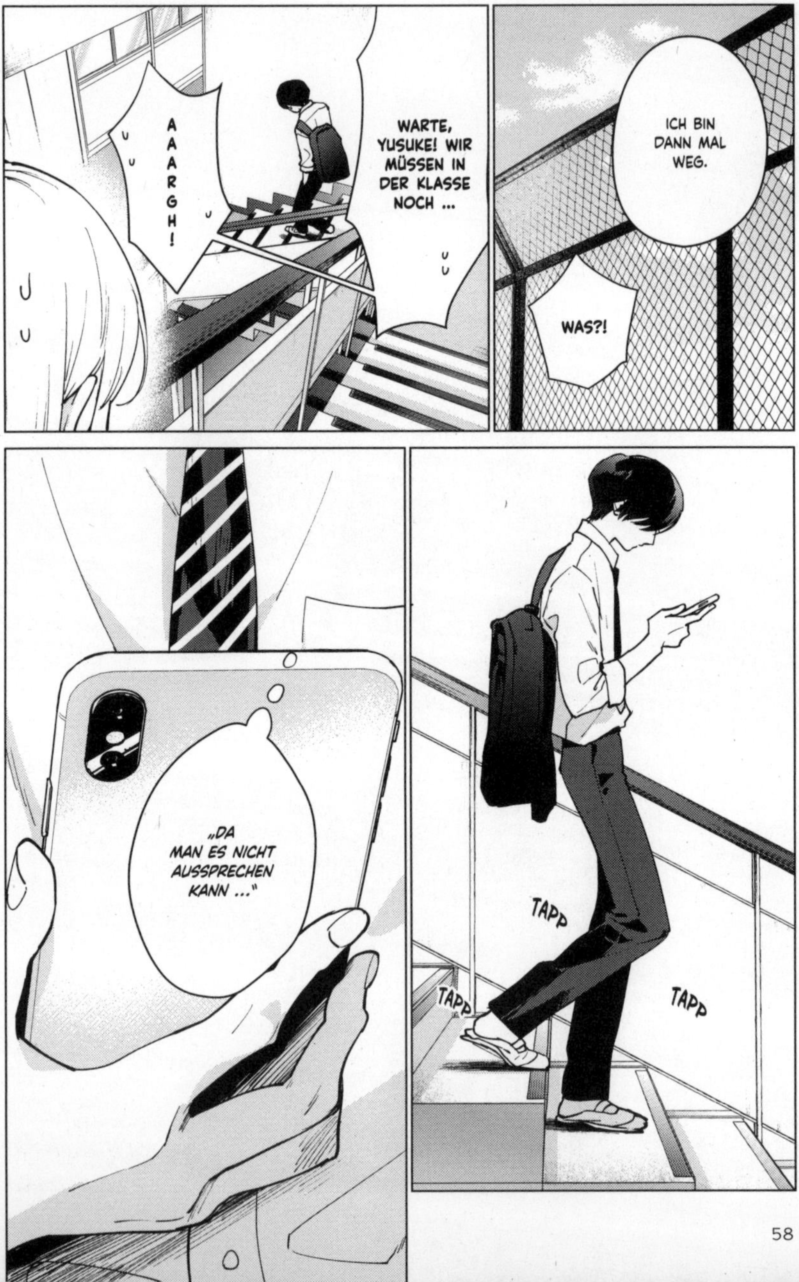
ICH BIN DANN MAL WEG.
WAS?!
WARTE, YUSUKE! WIR MÜSSEN IN DER KLASSE NOCH ...
AAARGH!
TAPP
TAPP
TAPP
„DA MAN ES NICHT AUSSPRECHEN KANN ...“

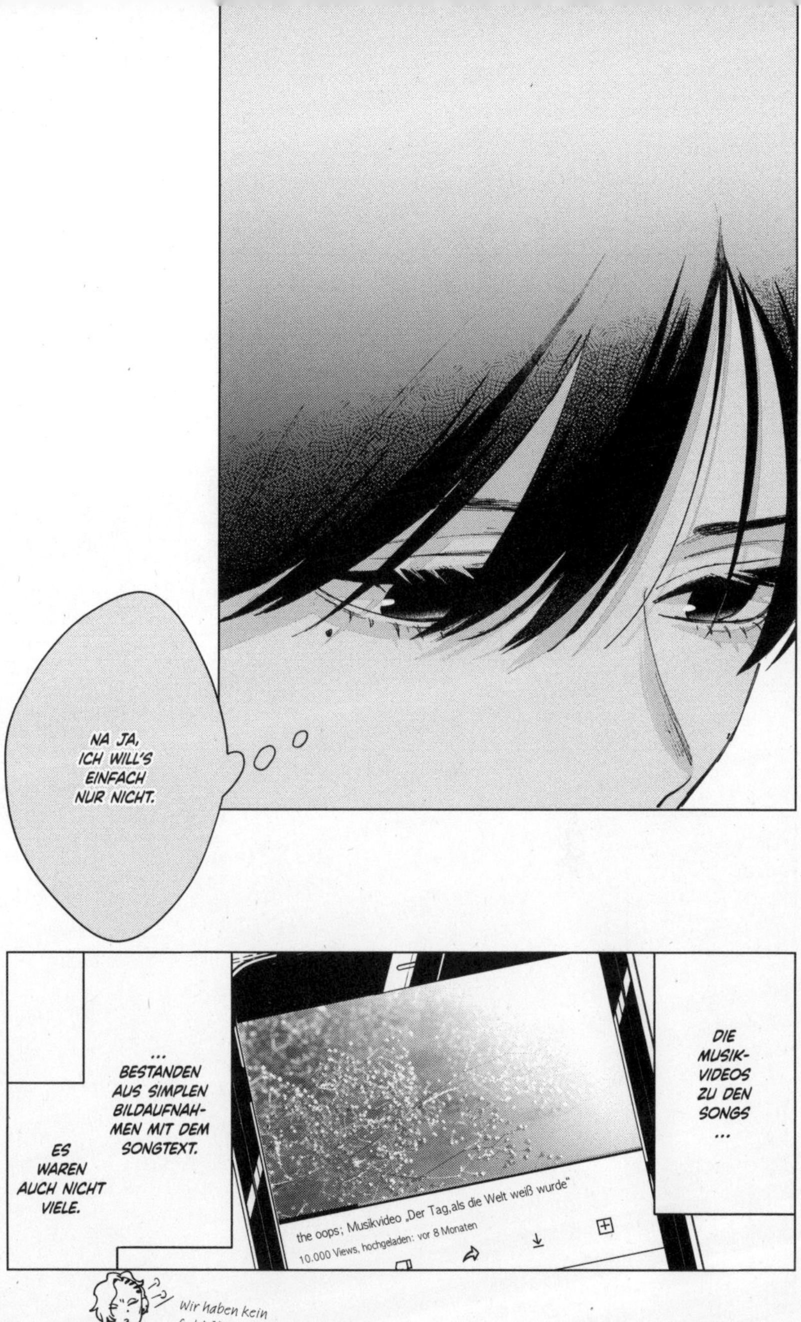
NA JA, ICH WILL'S EINFACH NUR NICHT.
DIE MUSIK-VIDEOS ZU DEN SONGS ...
... BESTANDEN AUS SIMPLEN BILDAUFNAH-MEN MIT DEM SONGTEXT.
ES WAREN AUCH NICHT VIELE.
the oops; Musikvideo „Der Tag,als die Welt weiß wurde"
10.000 Views, hochgeladen: vor 8 Monaten
Wir haben kein Geld für mehr!

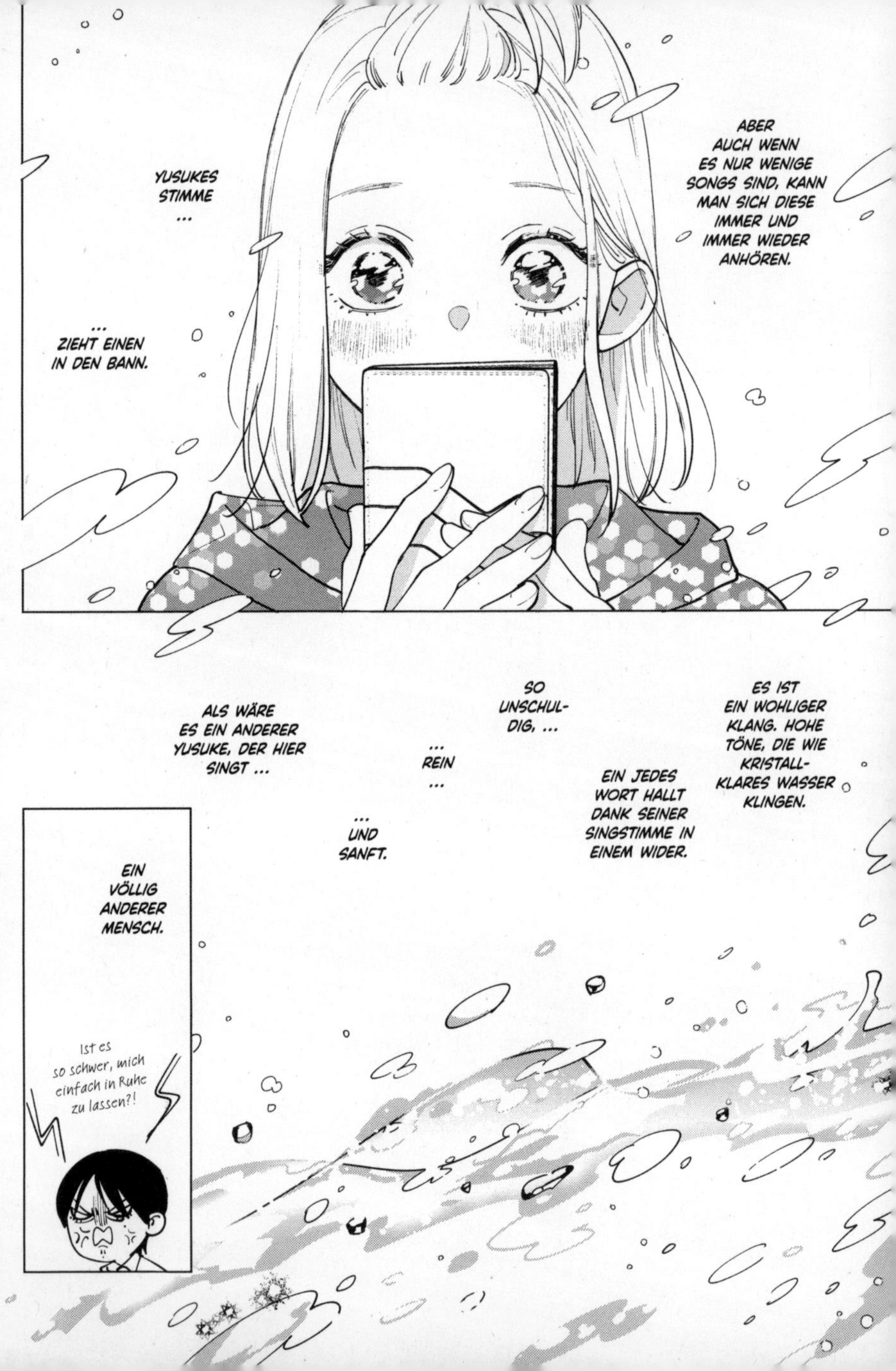
YUSUKES STIMME ...
... ZIEHT EINEN IN DEN BANN.
ABER AUCH WENN ES NUR WENIGE SONGS SIND, KANN MAN SICH DIESE IMMER UND IMMER WIEDER ANHÖREN.
ES IST EIN WOHLIGER KLANG. HOHE TÖNE, DIE WIE KRISTALL-KLARES WASSER KLINGEN.
EIN JEDES WORT HALLT DANK SEINER SINGSTIMME IN EINEM WIDER.
SO UNSCHUL-DIG, ...
... REIN ...
... UND SANFT.
ALS WÄRE ES EIN ANDERER YUSUKE, DER HIER SINGT ...
EIN VÖLLIG ANDERER MENSCH.
Ist es so schwer, mich einfach in Ruhe zu lassen?!

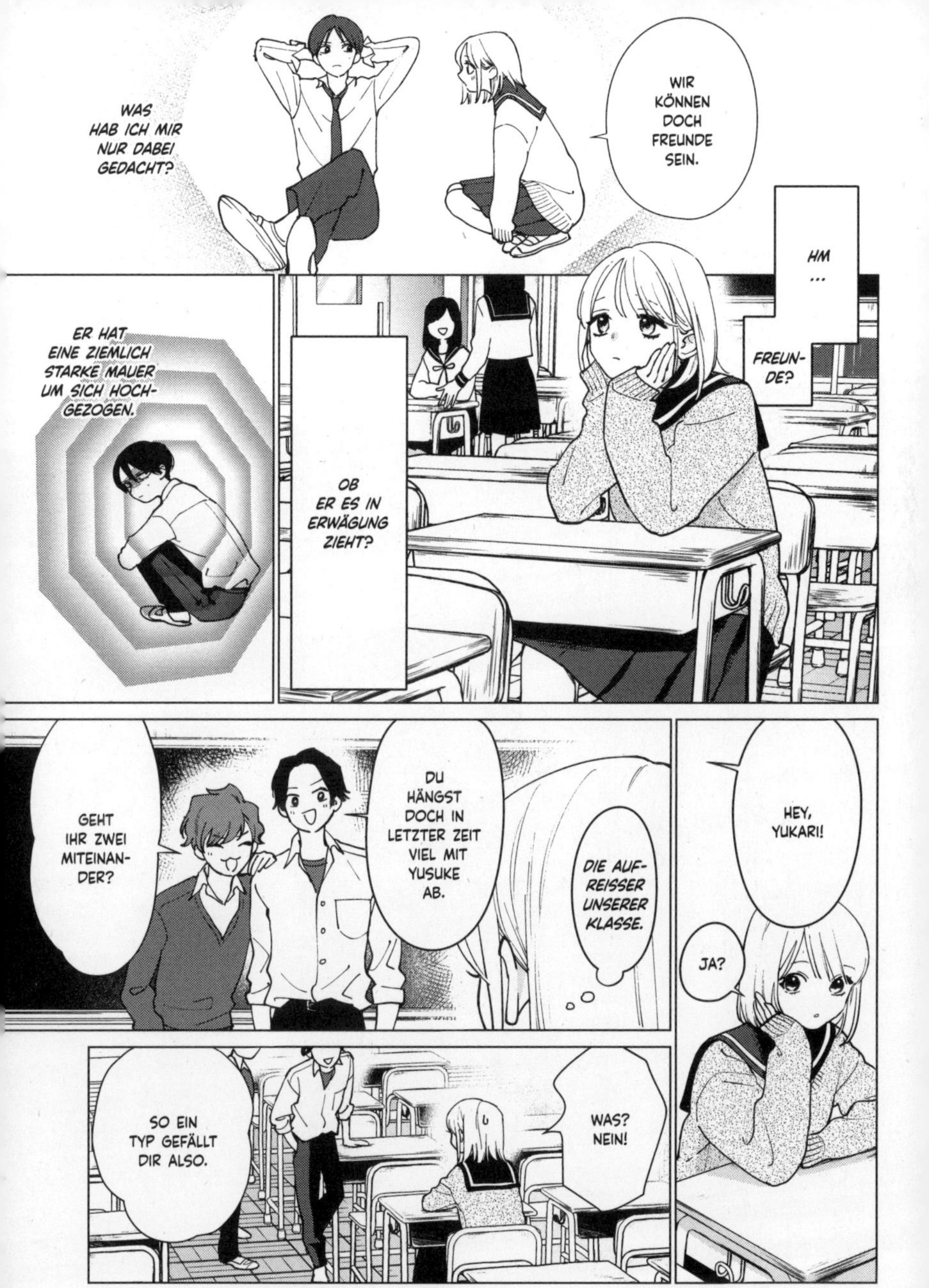
WIR KÖNNEN DOCH FREUNDE SEIN.
WAS HAB ICH MIR NUR DABEI GEDACHT?
HM ...
FREUNDE?
OB ER ES IN ERWÄGUNG ZIEHT?
ER HAT EINE ZIEMLICH STARKE MAUER UM SICH HOCH-GEZOGEN.
HEY, YUKARI!
JA?
DIE AUF-REISSER UNSERER KLASSE.
DU HÄNGST DOCH IN LETZTER ZEIT VIEL MIT YUSUKE AB.
GEHT IHR ZWEI MITEINAN-DER?
WAS? NEIN!
SO EIN TYP GEFÄLLT DIR ALSO.

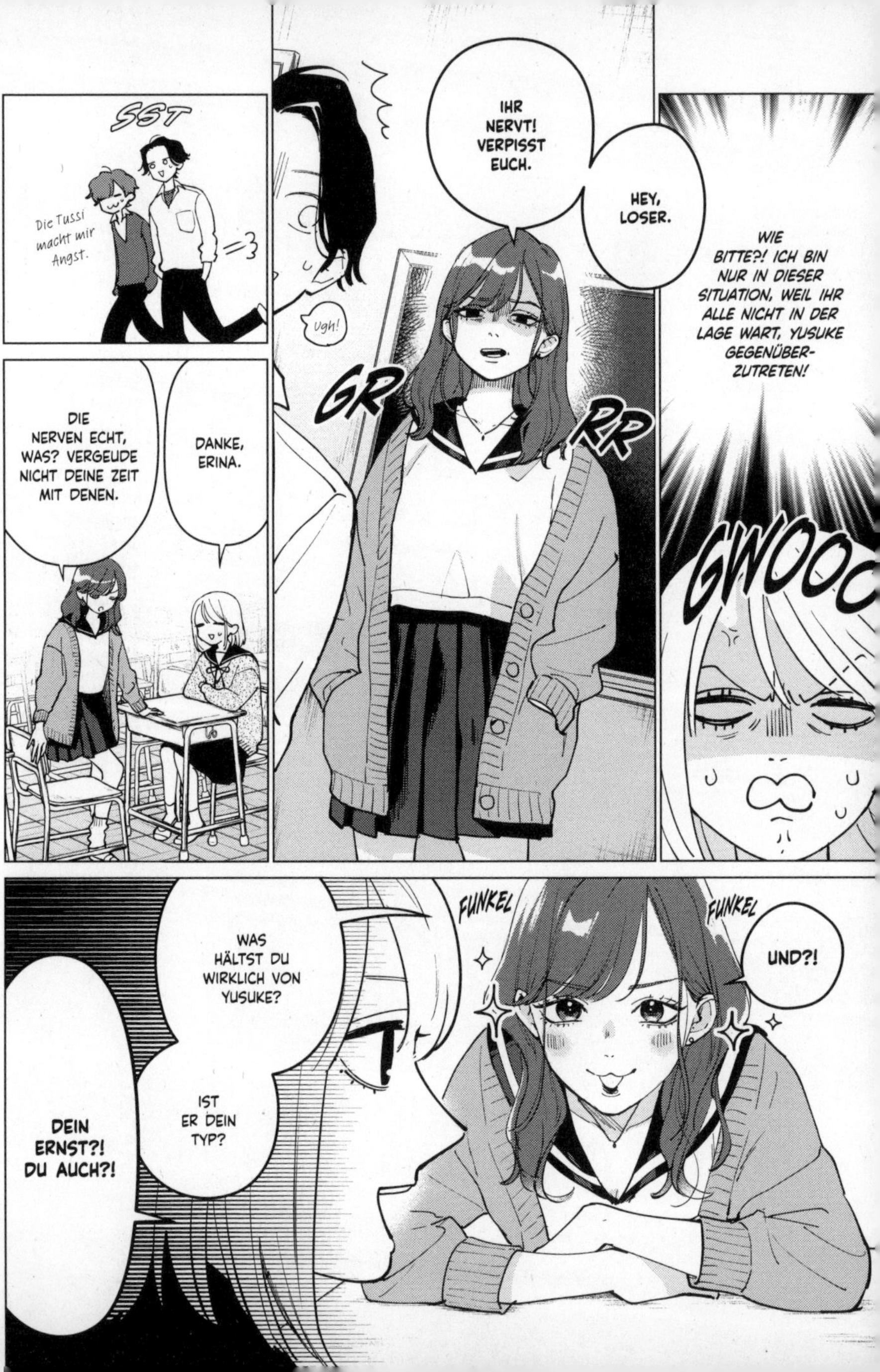

WIE BITTE?! ICH BIN NUR IN DIESER SITUATION, WEIL IHR ALLE NICHT IN DER LAGE WART, YUSUKE GEGENÜBER-ZUTRETEN!
GWOOO
HEY, LOSER.
IHR NERVT! VERPISST EUCH.
GR
RR
Ugh!
SST
Die Tussi macht mir Angst.
DANKE, ERINA.
DIE NERVEN ECHT, WAS? VERGEUDE NICHT DEINE ZEIT MIT DENEN.
UND?!
FUNKEL
FUNKEL
WAS HÄLTST DU WIRKLICH VON YUSUKE?
IST ER DEIN TYP?
DEIN ERNST?! DU AUCH?!

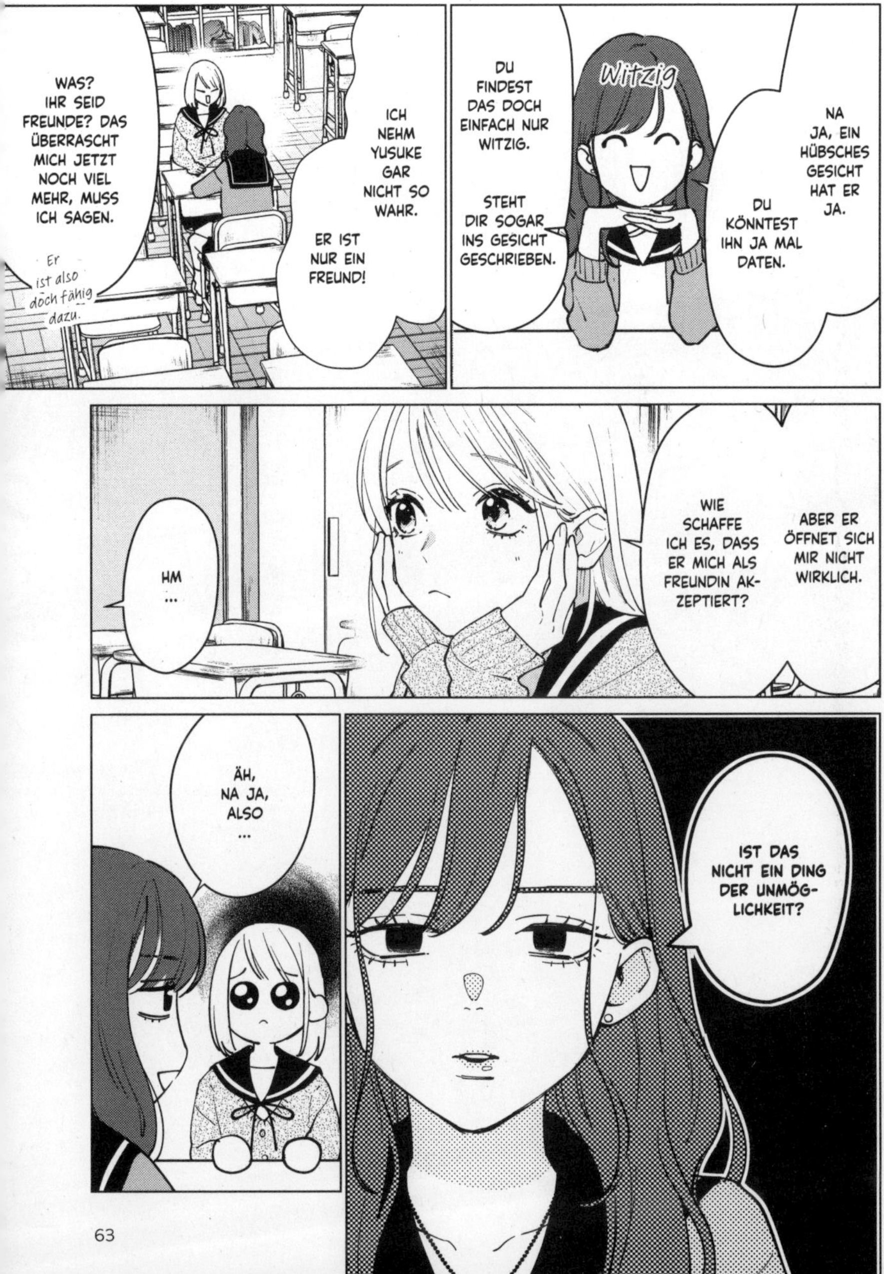
NA JA, EIN HÜBSCHES GESICHT HAT ER JA.
Witzig
DU KÖNNTEST IHN JA MAL DATEN.
DU FINDEST DAS DOCH EINFACH NUR WITZIG.
STEHT DIR SOGAR INS GESICHT GESCHRIEBEN.
ICH NEHM YUSUKE GAR NICHT SO WAHR.
ER IST NUR EIN FREUND!
WAS? IHR SEID FREUNDE? DAS ÜBERRASCHT MICH JETZT NOCH VIEL MEHR, MUSS ICH SAGEN.
Er ist also doch fähig dazu.
ABER ER ÖFFNET SICH MIR NICHT WIRKLICH.
WIE SCHAFFE ICH ES, DASS ER MICH ALS FREUNDIN AKZEPTIERT?
HM ...
IST DAS NICHT EIN DING DER UNMÖGLICHKEIT?
ÄH, NA JA, ALSO ...

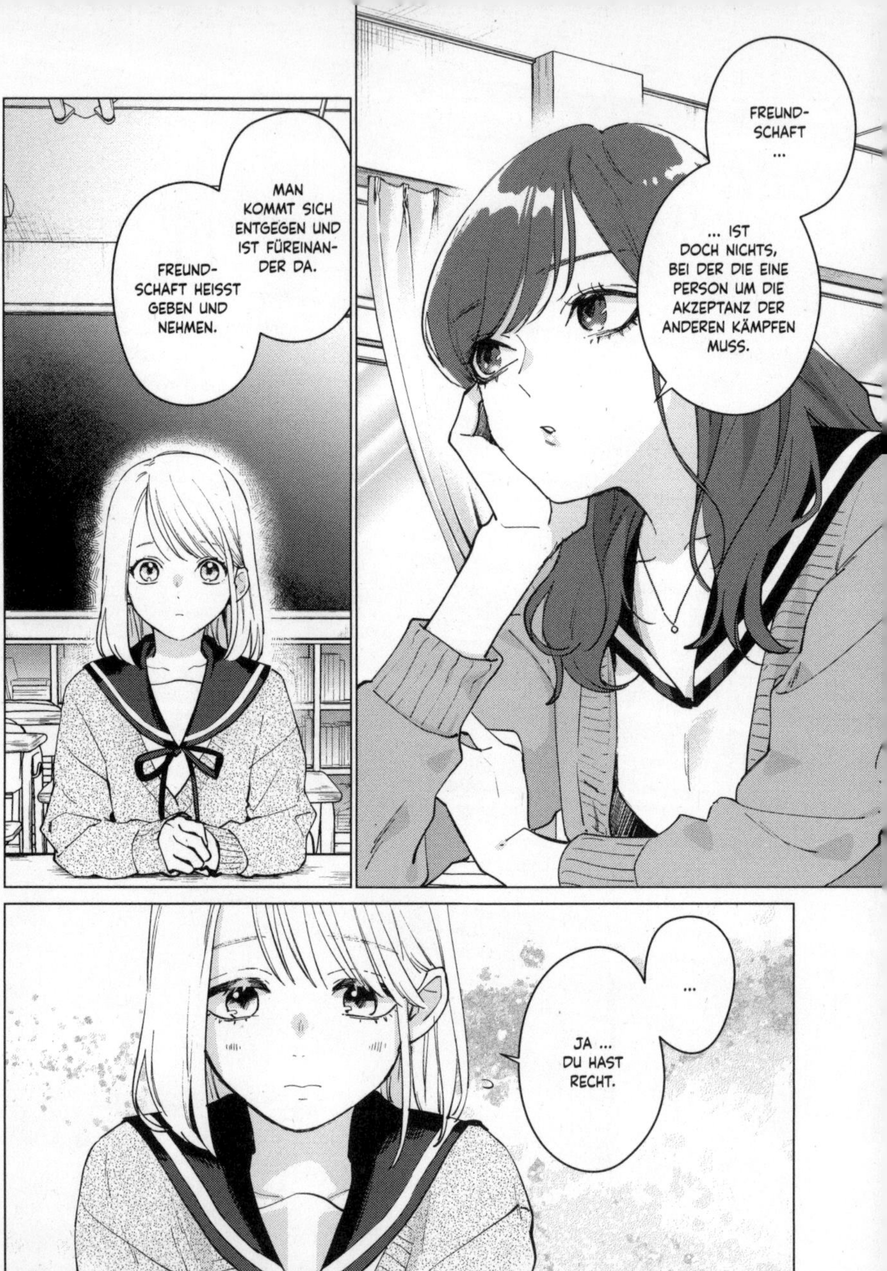
FREUND-SCHAFT …
… IST DOCH NICHTS, BEI DER DIE EINE PERSON UM DIE AKZEPTANZ DER ANDEREN KÄMPFEN MUSS.
MAN KOMMT SICH ENTGEGEN UND IST FÜREINAN-DER DA.
FREUND-SCHAFT HEISST GEBEN UND NEHMEN.
…
JA … DU HAST RECHT.

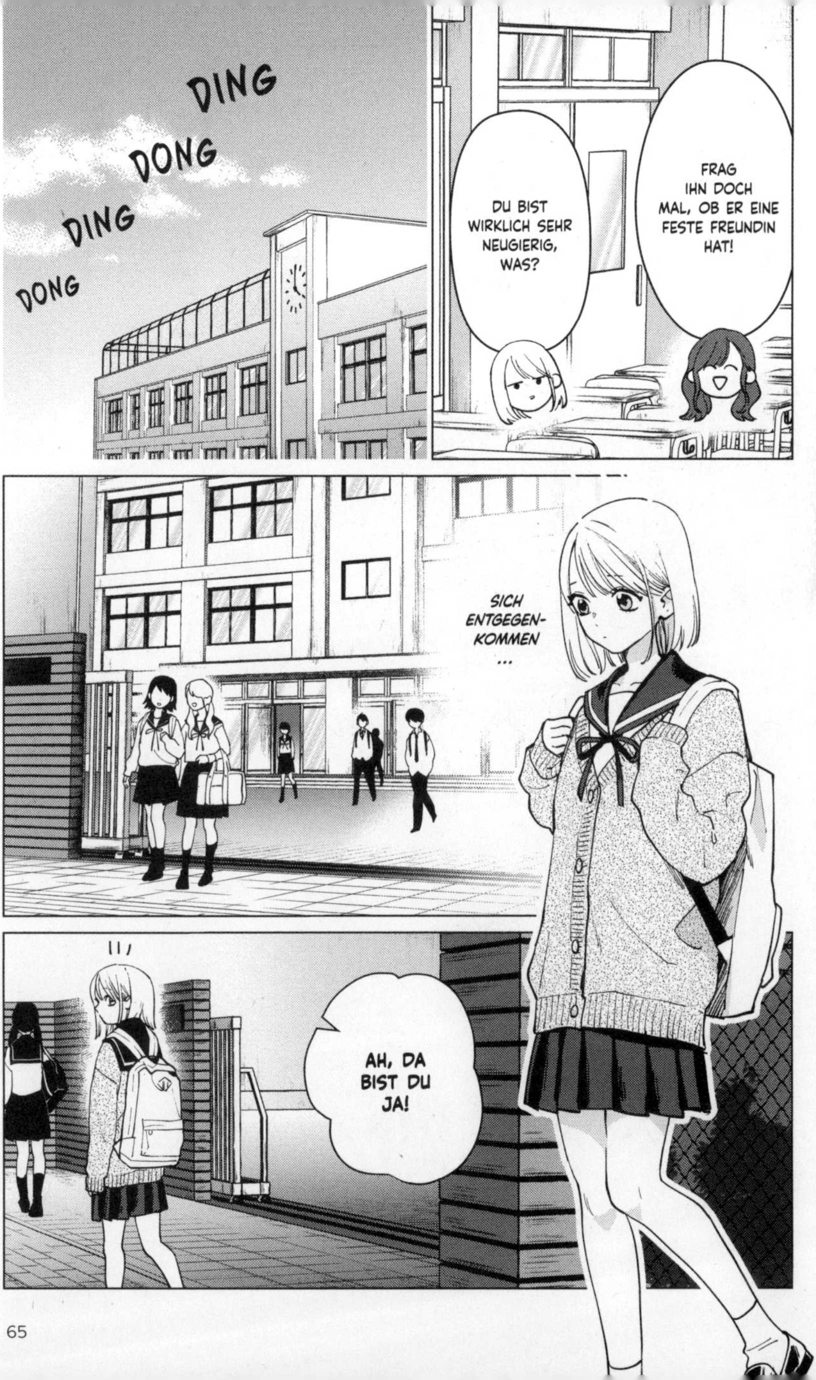
DING
DONG
DING
DONG
FRAG IHN DOCH MAL, OB ER EINE FESTE FREUNDIN HAT!
DU BIST WIRKLICH SEHR NEUGIERIG, WAS?
SICH ENTGEGEN-KOMMEN ...
AH, DA BIST DU JA!

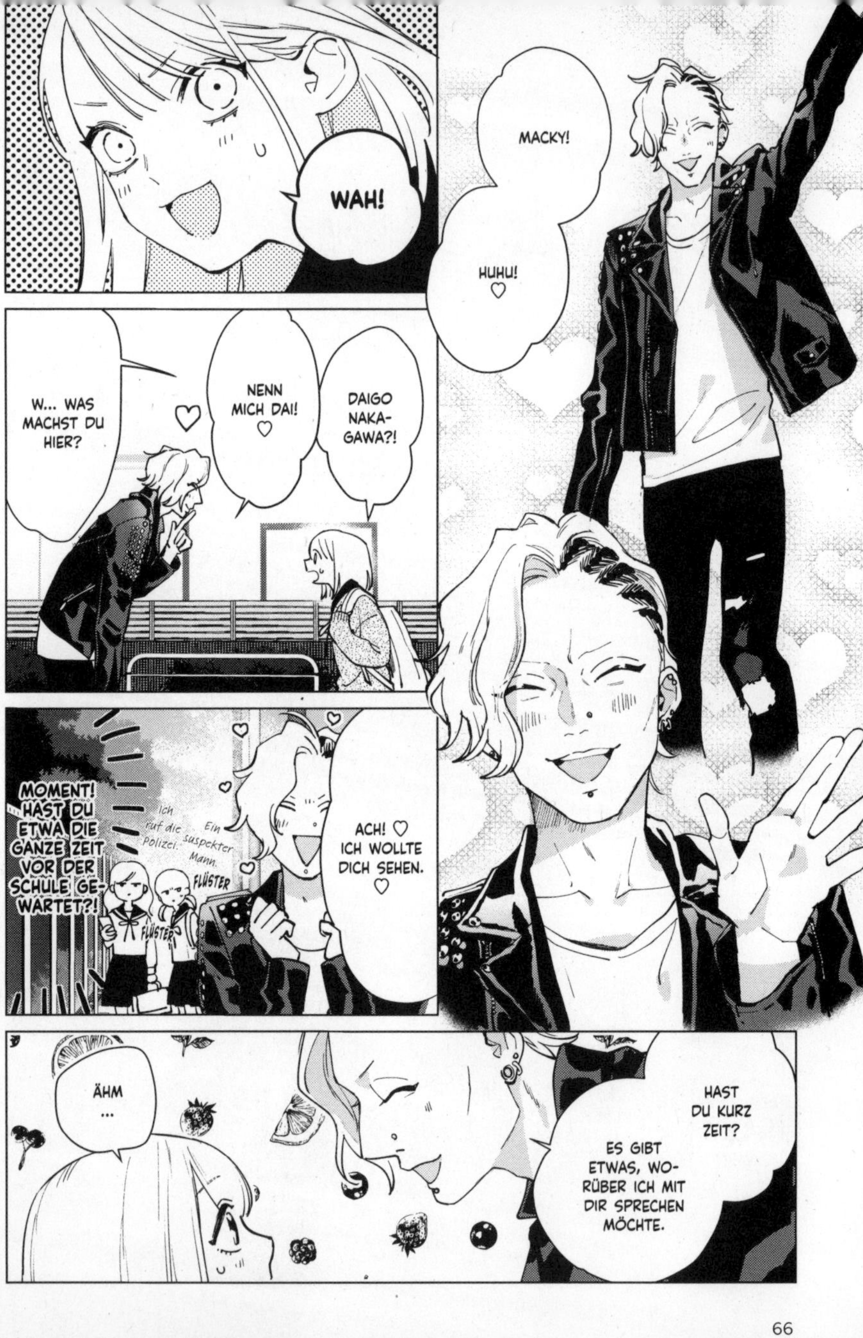
MACKY!
HUHU! ♡
WAH!
DAIGO NAKA-GAWA?!
NENN MICH DAI! ♡
W... WAS MACHST DU HIER?
ACH! ♡ ICH WOLLTE DICH SEHEN. ♡
Ein suspekter Mann.
Ich ruf die Polizei.
FLÜSTER
FLÜSTER
MOMENT! HAST DU ETWA DIE GANZE ZEIT VOR DER SCHULE GE-WARTET?!
HAST DU KURZ ZEIT?
ES GIBT ETWAS, WO-RÜBER ICH MIT DIR SPRECHEN MÖCHTE.
ÄHM ...

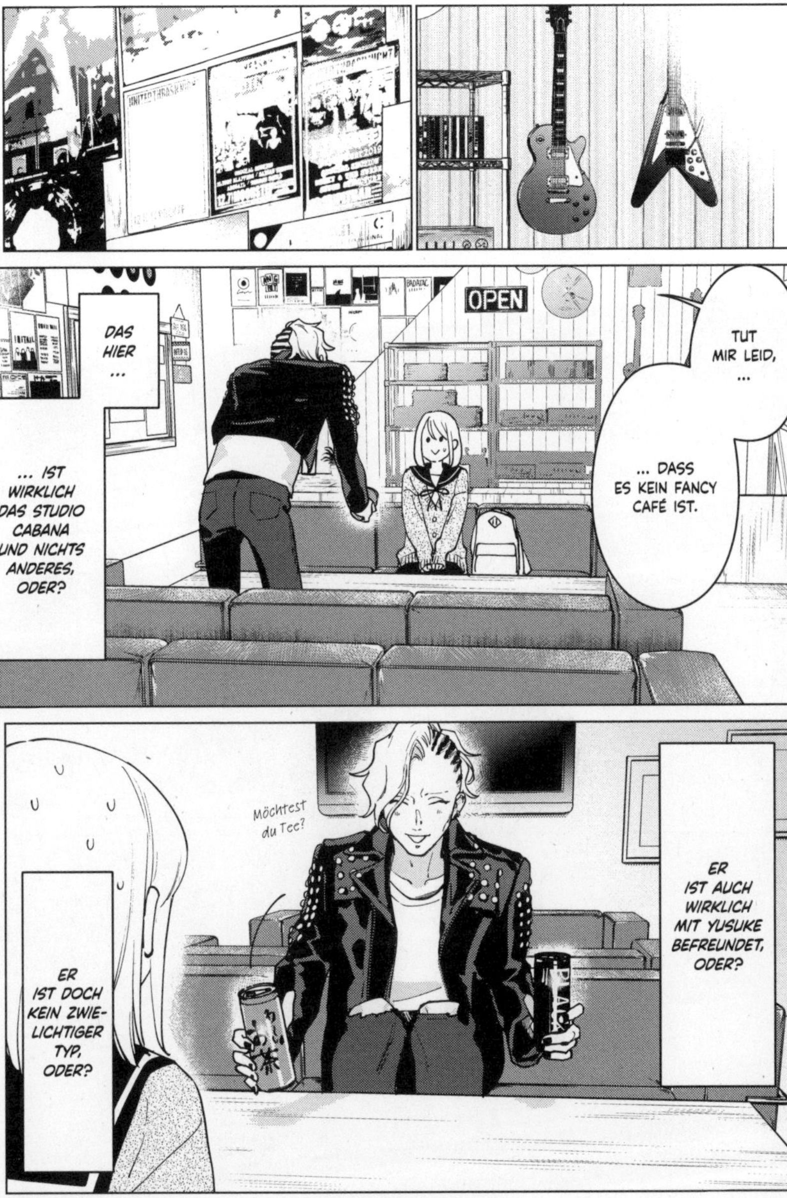
OPEN
TUT MIR LEID, ...
... DASS ES KEIN FANCY CAFÉ IST.
DAS HIER ...
... IST WIRKLICH DAS STUDIO CABANA UND NICHTS ANDERES, ODER?
ER IST AUCH WIRKLICH MIT YUSUKE BEFREUNDET, ODER?
Möchtest du Tee?
ER IST DOCH KEIN ZWIE-LICHTIGER TYP, ODER?

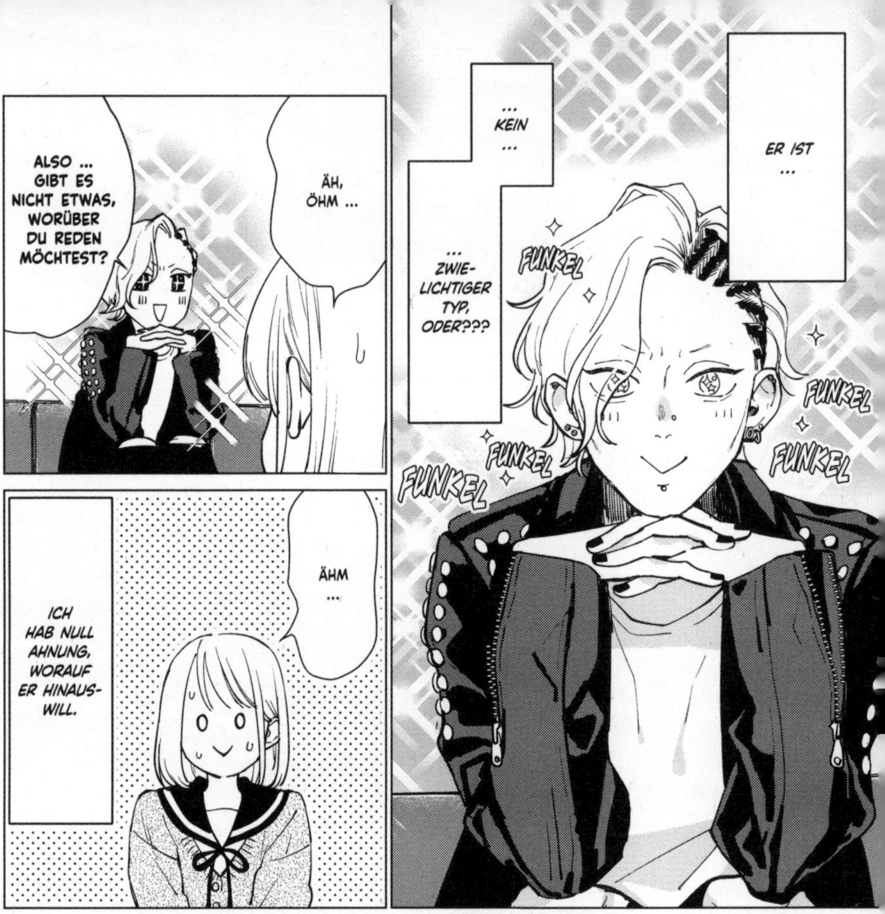

ALSO ... GIBT ES NICHT ETWAS, WORÜBER DU REDEN MÖCHTEST?
ÄH, ÖHM ...
ER IST ...
... KEIN ...
... ZWIE-LICHTIGER TYP, ODER???
FUNKEL
FUNKEL
FUNKEL
FUNKEL
FUNKEL
ÄHM ...
ICH HAB NULL AHNUNG, WORAUF ER HINAUS-WILL.
OH, JA!
ICH HABE MIR DIE SONGS VON „THE OOPS" ANGEHÖRT.
OHO!
WIE SCHÖN! ♡
HABEN SIE DIR GEFALLEN?

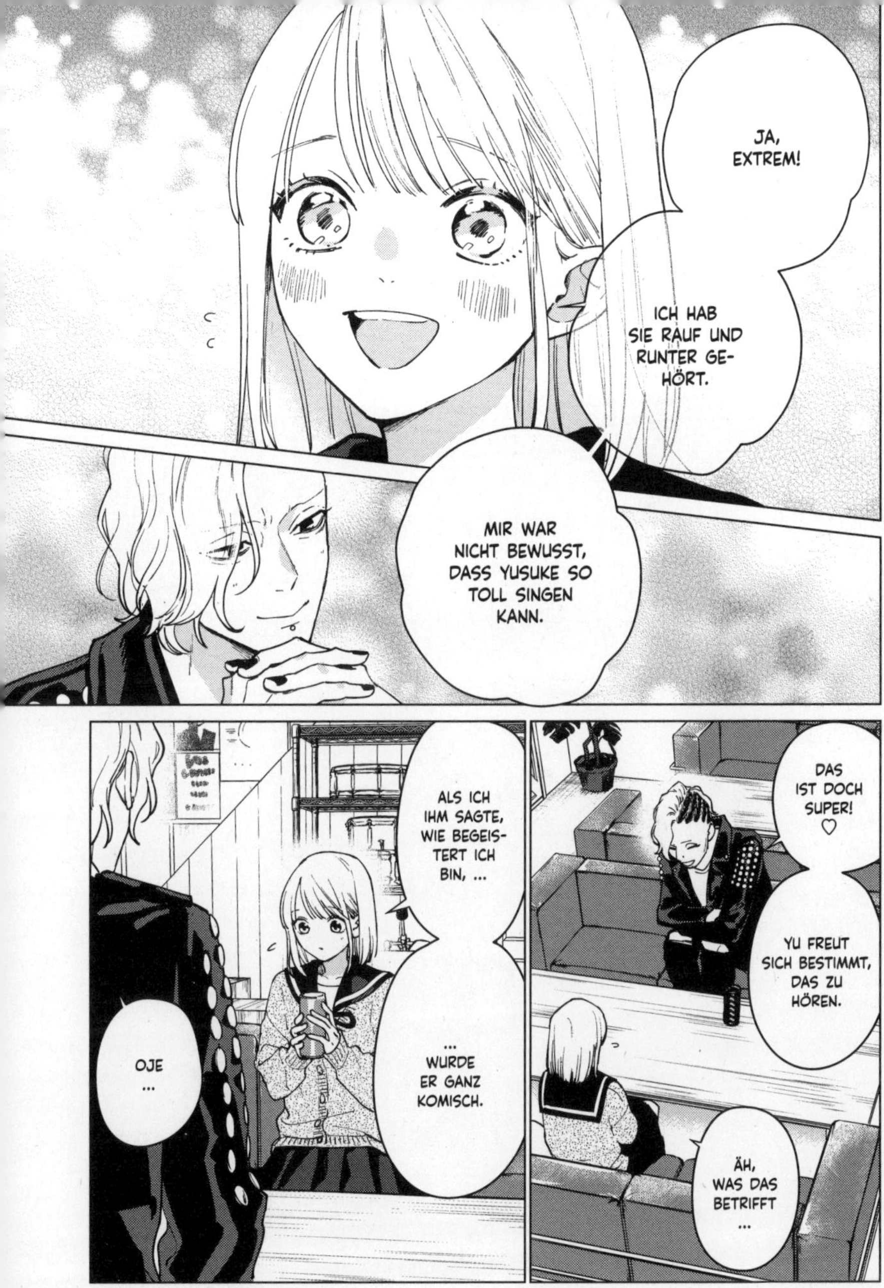
JA, EXTREM!
ICH HAB SIE RAUF UND RUNTER GE-HÖRT.
MIR WAR NICHT BEWUSST, DASS YUSUKE SO TOLL SINGEN KANN.
DAS IST DOCH SUPER! ♡
YU FREUT SICH BESTIMMT, DAS ZU HÖREN.
ÄH, WAS DAS BETRIFFT ...
ALS ICH IHM SAGTE, WIE BEGEISTERT ICH BIN, ...
... WURDE ER GANZ KOMISCH.
OJE ...

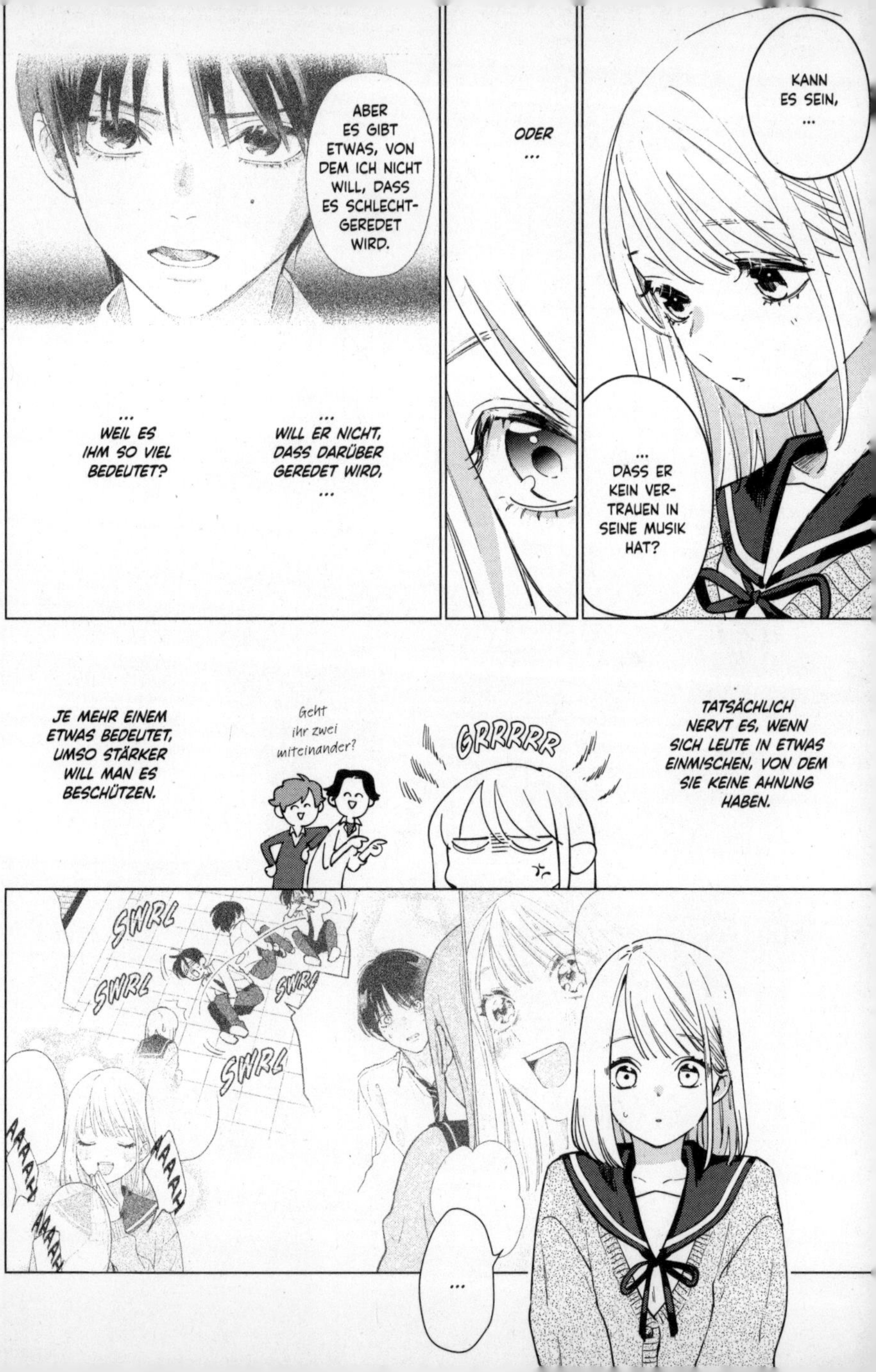
KANN ES SEIN, ...
... DASS ER KEIN VERTRAUEN IN SEINE MUSIK HAT?
ODER ...
ABER ES GIBT ETWAS, VON DEM ICH NICHT WILL, DASS ES SCHLECHTGEREDET WIRD.
... WILL ER NICHT, DASS DARÜBER GEREDET WIRD, ...
... WEIL ES IHM SO VIEL BEDEUTET?
TATSÄCHLICH NERVT ES, WENN SICH LEUTE IN ETWAS EINMISCHEN, VON DEM SIE KEINE AHNUNG HABEN.
GRRRRR
Geht ihr zwei miteinander?
JE MEHR EINEM ETWAS BEDEUTET, UMSO STÄRKER WILL MAN ES BESCHÜTZEN.
...
SWRL
SWRL
SWRL
SWRL
AAAAH
AAAAH
AAAAH

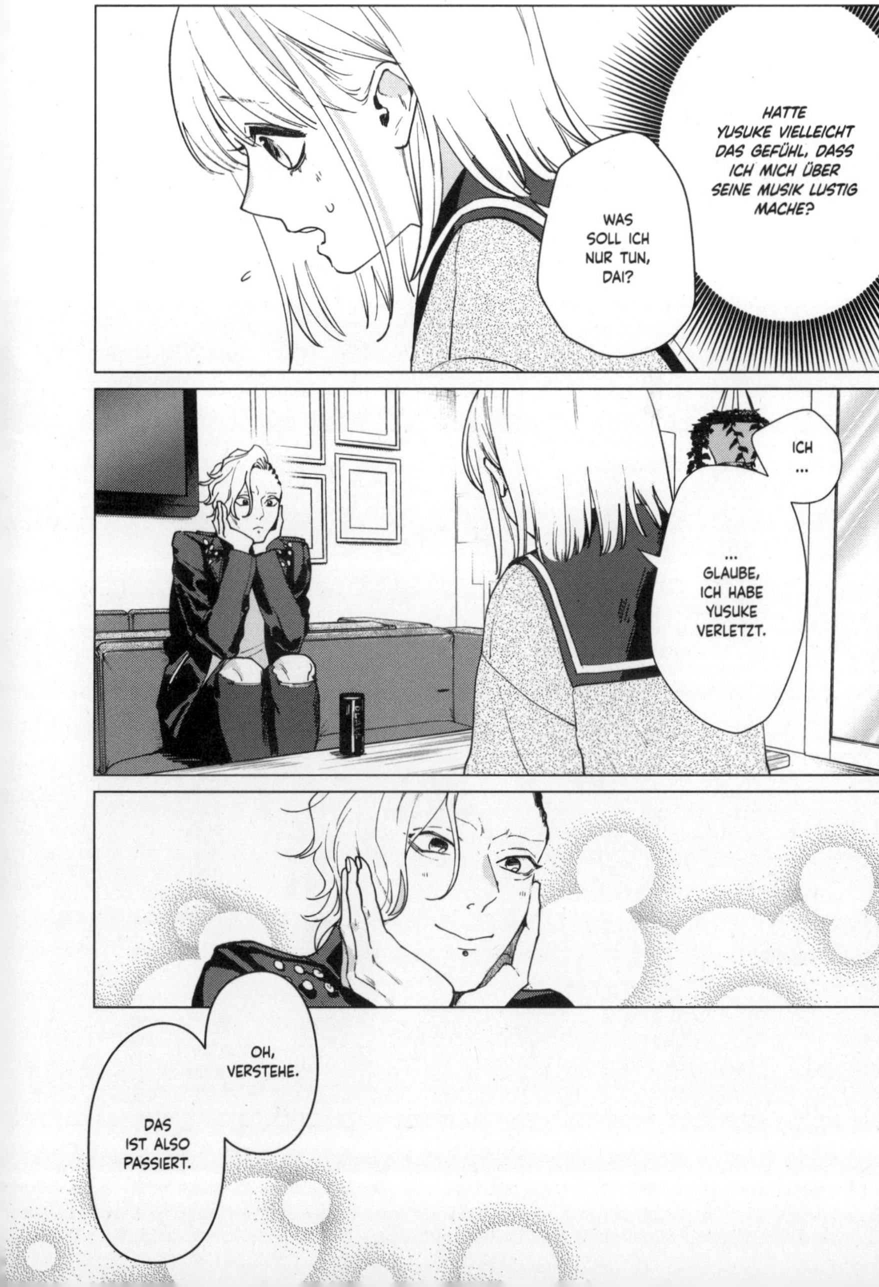
HATTE YUSUKE VIELLEICHT DAS GEFÜHL, DASS ICH MICH ÜBER SEINE MUSIK LUSTIG MACHE?
WAS SOLL ICH NUR TUN, DAI?
ICH ...
... GLAUBE, ICH HABE YUSUKE VERLETZT.
OH, VERSTEHE.
DAS IST ALSO PASSIERT.

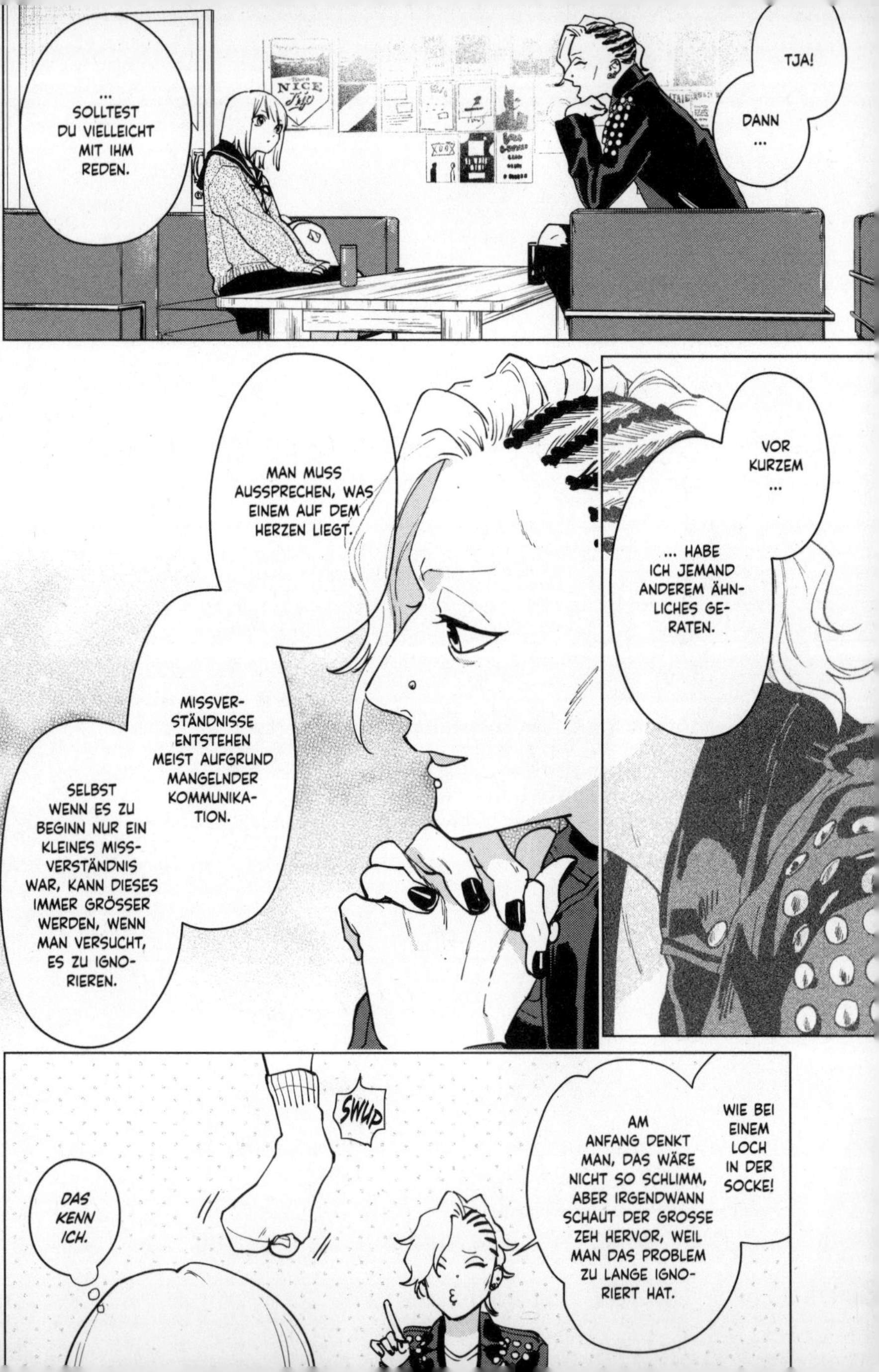
TJA! DANN ...
... SOLLTEST DU VIELLEICHT MIT IHM REDEN.
VOR KURZEM ...
... HABE ICH JEMAND ANDEREM ÄHNLICHES GERATEN.
MAN MUSS AUSSPRECHEN, WAS EINEM AUF DEM HERZEN LIEGT.
MISSVERSTÄNDNISSE ENTSTEHEN MEIST AUFGRUND MANGELNDER KOMMUNIKATION.
SELBST WENN ES ZU BEGINN NUR EIN KLEINES MISSVERSTÄNDNIS WAR, KANN DIESES IMMER GRÖSSER WERDEN, WENN MAN VERSUCHT, ES ZU IGNORIEREN.
WIE BEI EINEM LOCH IN DER SOCKE!
AM ANFANG DENKT MAN, DAS WÄRE NICHT SO SCHLIMM, ABER IRGENDWANN SCHAUT DER GROSSE ZEH HERVOR, WEIL MAN DAS PROBLEM ZU LANGE IGNORIERT HAT.
SWUP
DAS KENN ICH.

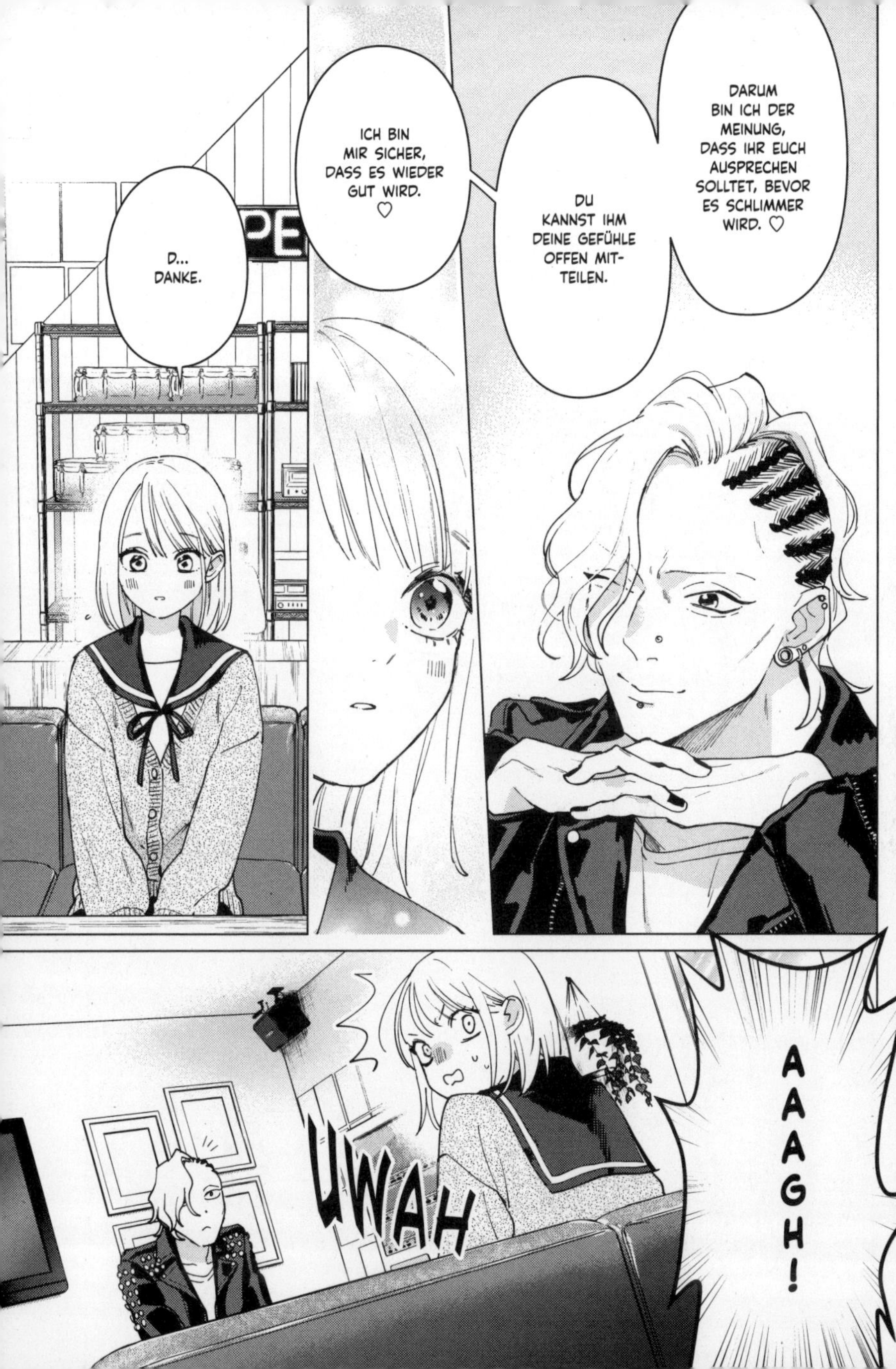
DARUM BIN ICH DER MEINUNG, DASS IHR EUCH AUSPRECHEN SOLLTET, BEVOR ES SCHLIMMER WIRD. ♡
DU KANNST IHM DEINE GEFÜHLE OFFEN MIT-TEILEN.
ICH BIN MIR SICHER, DASS ES WIEDER GUT WIRD. ♡
D... DANKE.
AAAAGH!
UWAH

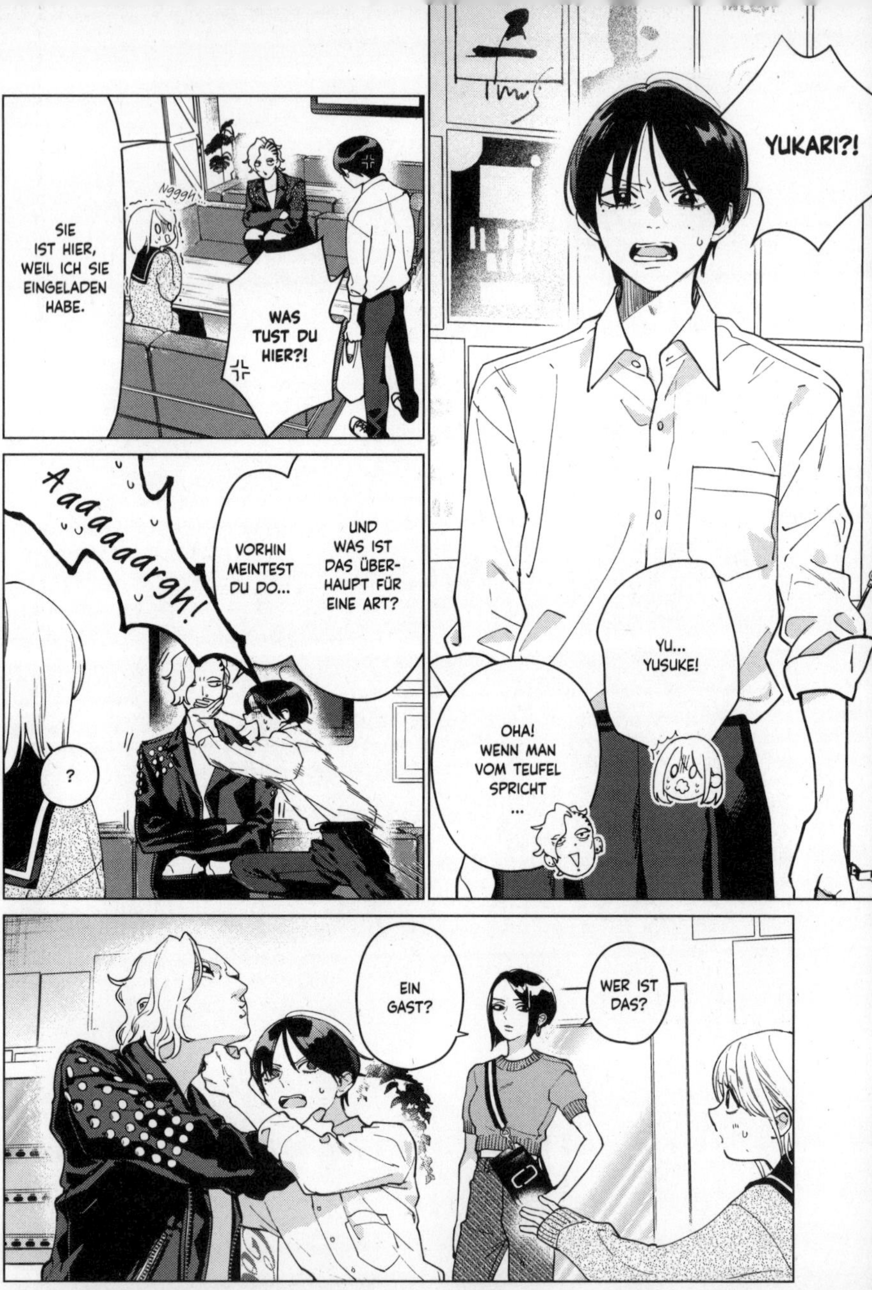

YUKARI?!
YU... YUSUKE!
OHA! WENN MAN VOM TEUFEL SPRICHT ...
WAS TUST DU HIER?!
Ngggh
SIE IST HIER, WEIL ICH SIE EINGELADEN HABE.
UND WAS IST DAS ÜBERHAUPT FÜR EINE ART?
VORHIN MEINTEST DU DO...
Aaaaaaaargh!
?
WER IST DAS?
EIN GAST?

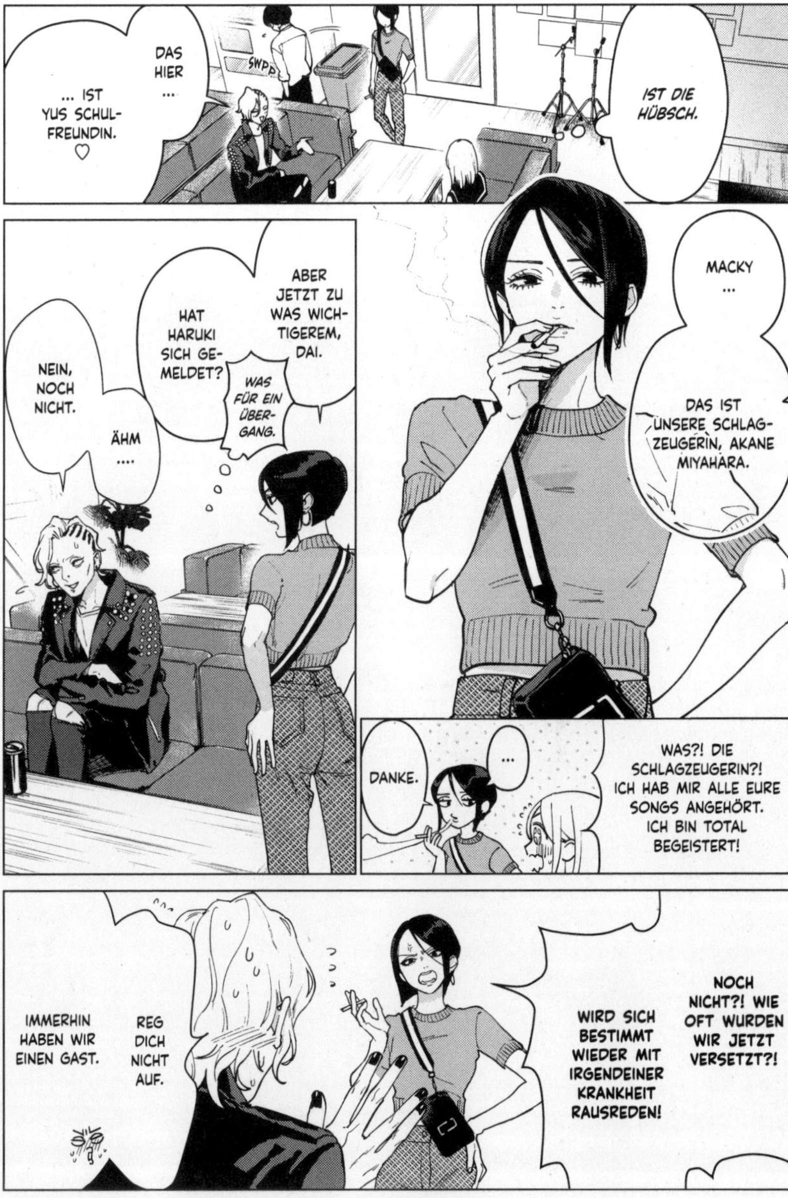

Ist doch peinlich!

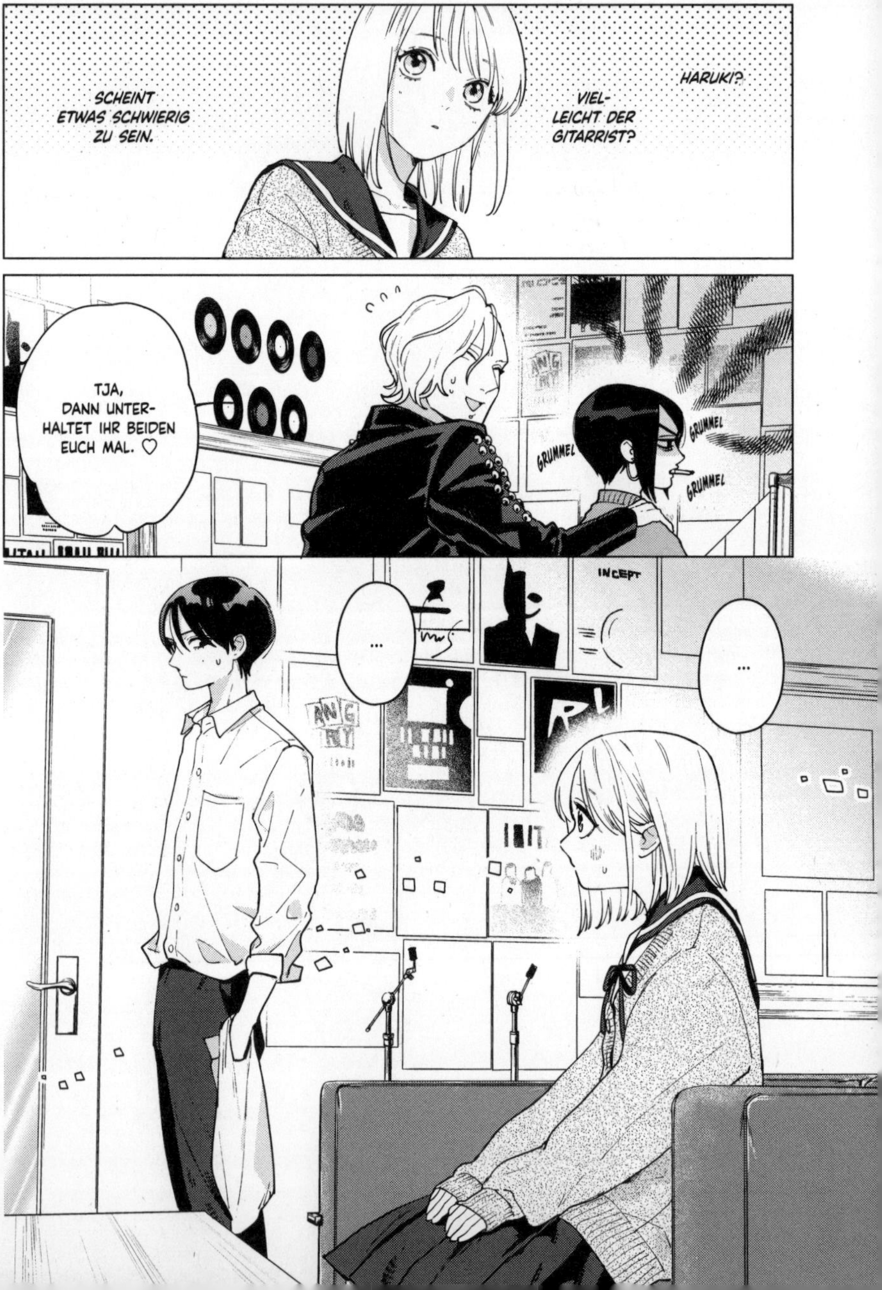
HARUKI?
VIEL-LEICHT DER GITARRIST?
SCHEINT ETWAS SCHWIERIG ZU SEIN.
GRUMMEL
GRUMMEL
GRUMMEL
TJA, DANN UNTER-HALTET IHR BEIDEN EUCH MAL. ♡
...
...

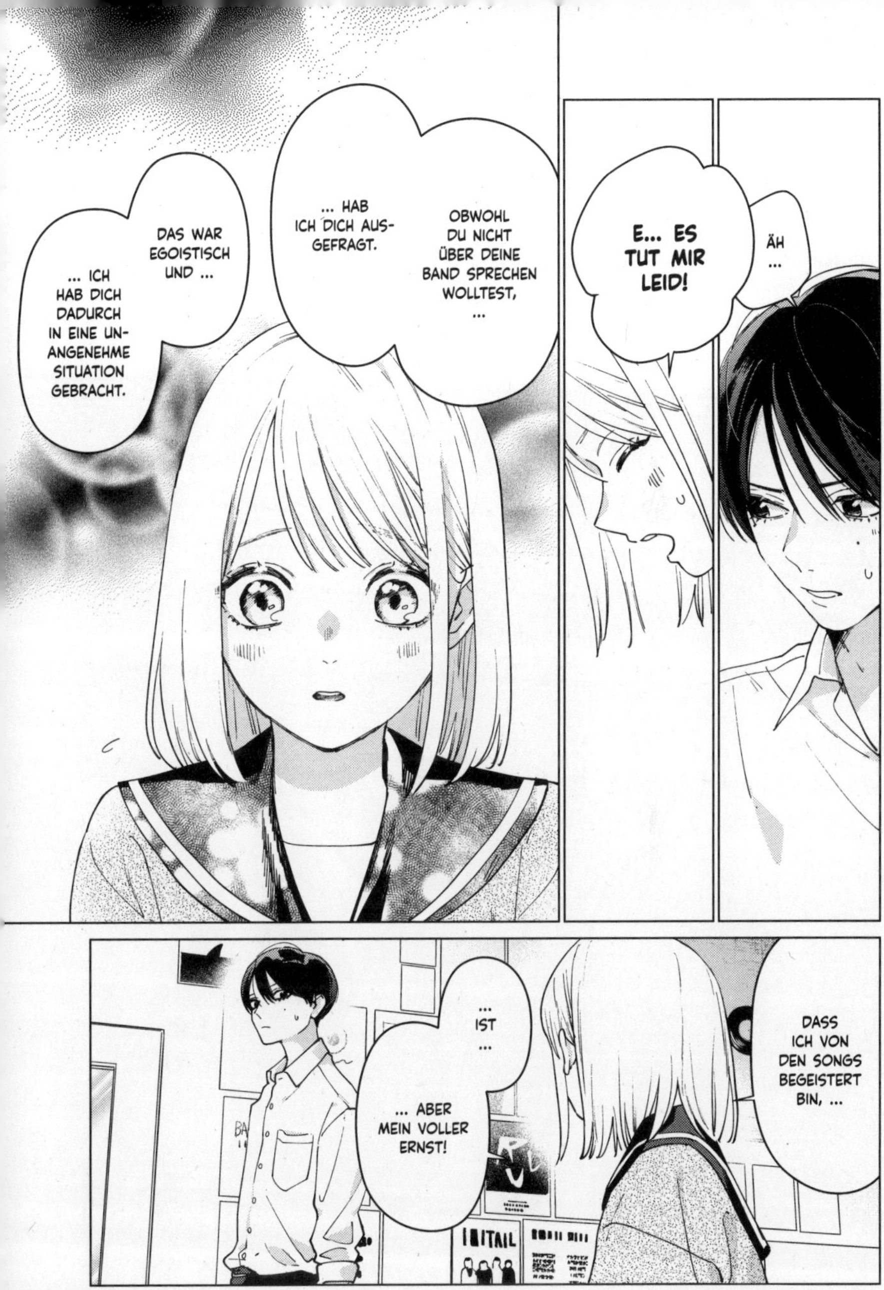
ÄH ...
E... ES TUT MIR LEID!
OBWOHL DU NICHT ÜBER DEINE BAND SPRECHEN WOLLTEST, ...
... HAB ICH DICH AUSGEFRAGT.
DAS WAR EGOISTISCH UND ...
... ICH HAB DICH DADURCH IN EINE UNANGENEHME SITUATION GEBRACHT.
DASS ICH VON DEN SONGS BEGEISTERT BIN, ...
... IST ...
... ABER MEIN VOLLER ERNST!

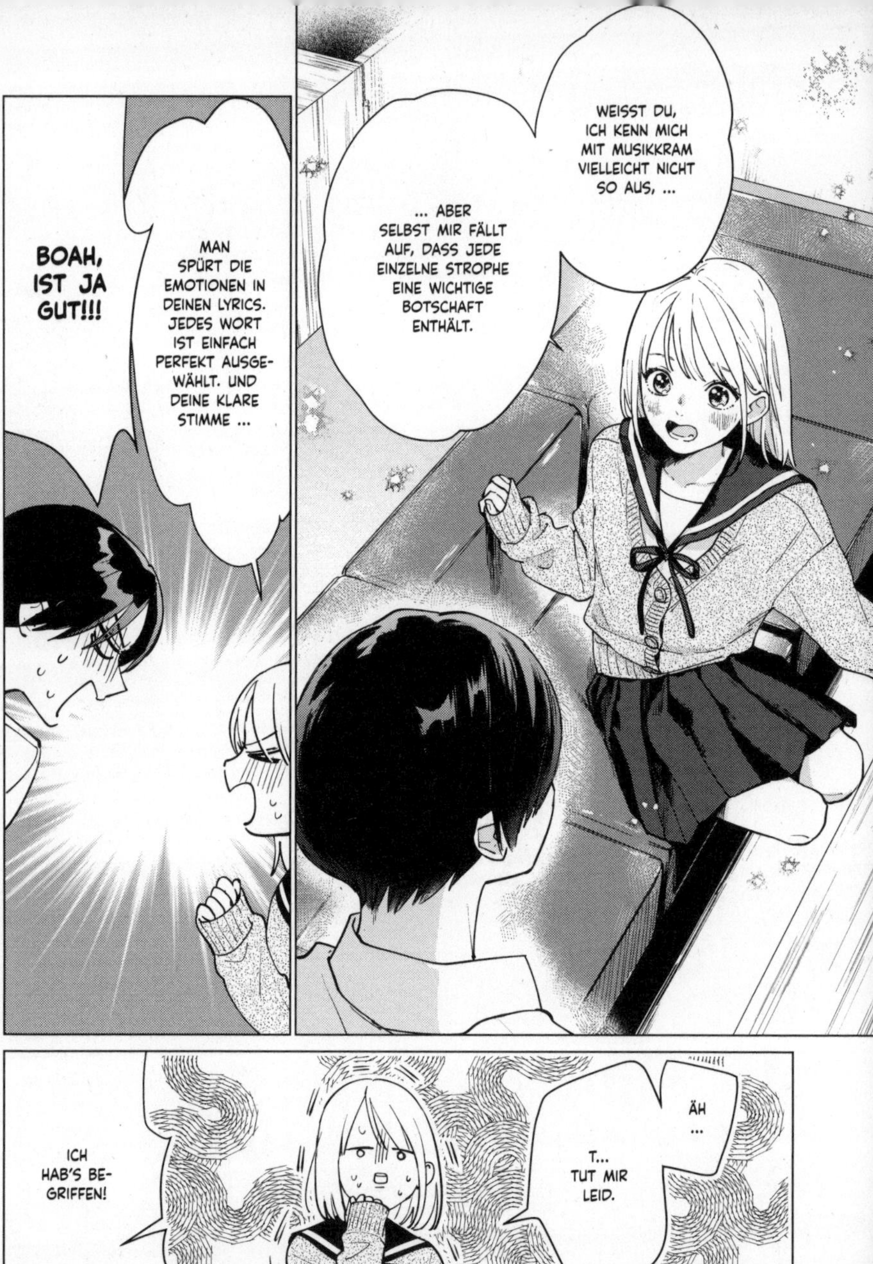
WEISST DU, ICH KENN MICH MIT MUSIKKRAM VIELLEICHT NICHT SO AUS, ...
... ABER SELBST MIR FÄLLT AUF, DASS JEDE EINZELNE STROPHE EINE WICHTIGE BOTSCHAFT ENTHÄLT.
MAN SPÜRT DIE EMOTIONEN IN DEINEN LYRICS. JEDES WORT IST EINFACH PERFEKT AUSGE-WÄHLT. UND DEINE KLARE STIMME ...
BOAH, IST JA GUT!!!
ÄH ...
T... TUT MIR LEID.
ICH HAB'S BE-GRIFFEN!

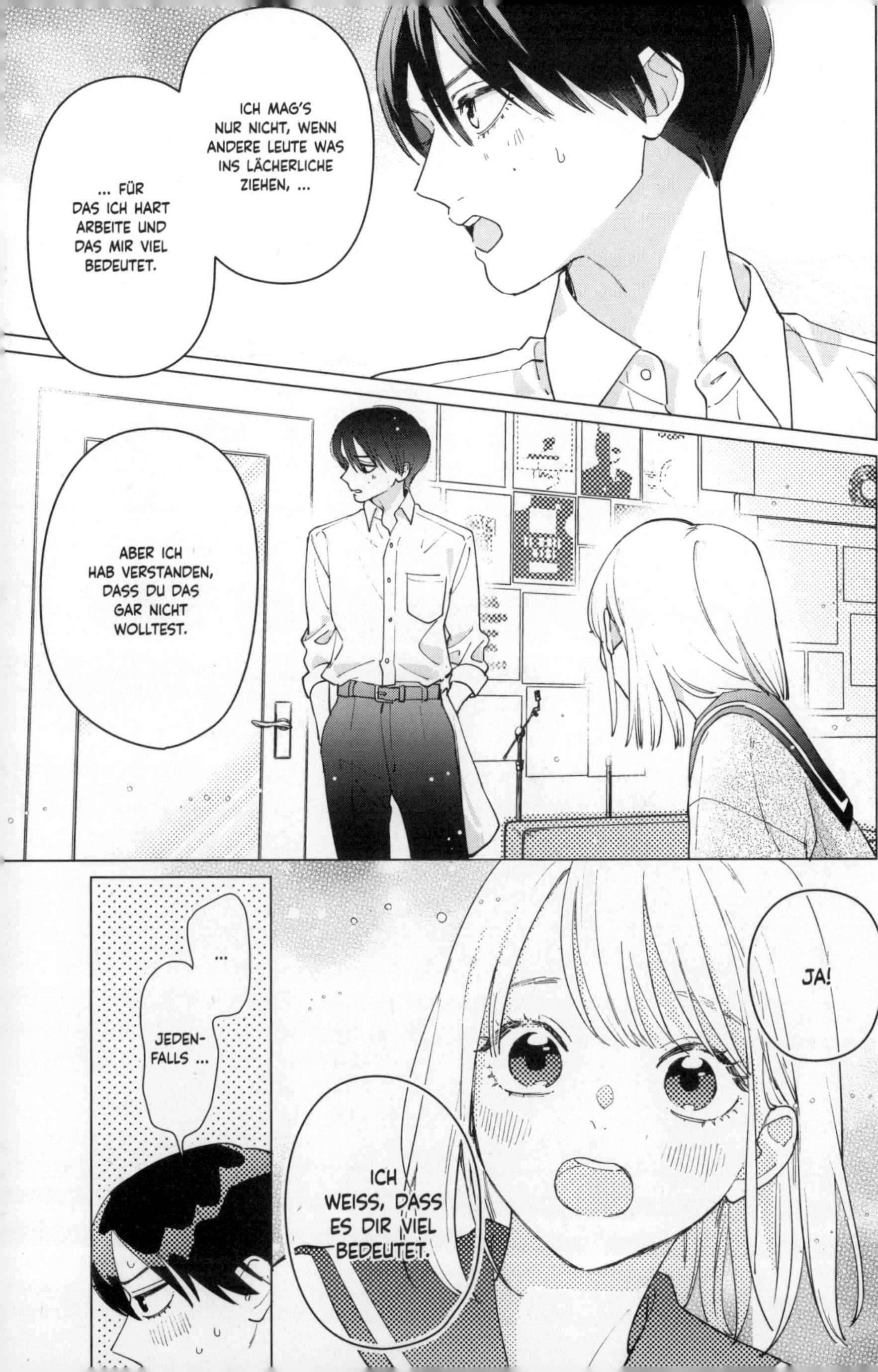
ICH MAG'S NUR NICHT, WENN ANDERE LEUTE WAS INS LÄCHERLICHE ZIEHEN, ...
... FÜR DAS ICH HART ARBEITE UND DAS MIR VIEL BEDEUTET.
ABER ICH HAB VERSTANDEN, DASS DU DAS GAR NICHT WOLLTEST.
JA!
ICH WEISS, DASS ES DIR VIEL BEDEUTET.
...
JEDEN-FALLS ...

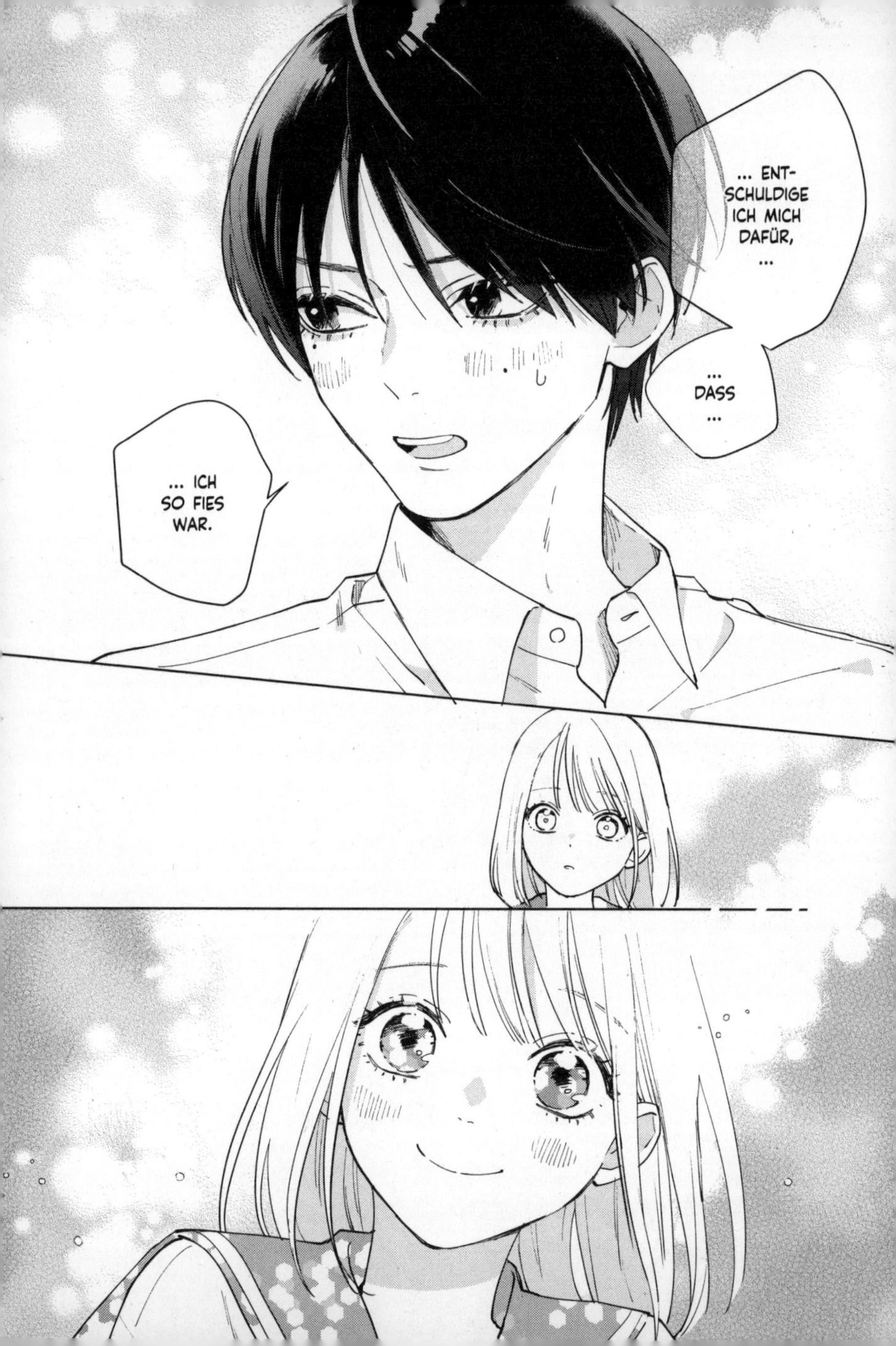
... ENT-SCHULDIGE ICH MICH DAFÜR, ...
... DASS ...
... ICH SO FIES WAR.

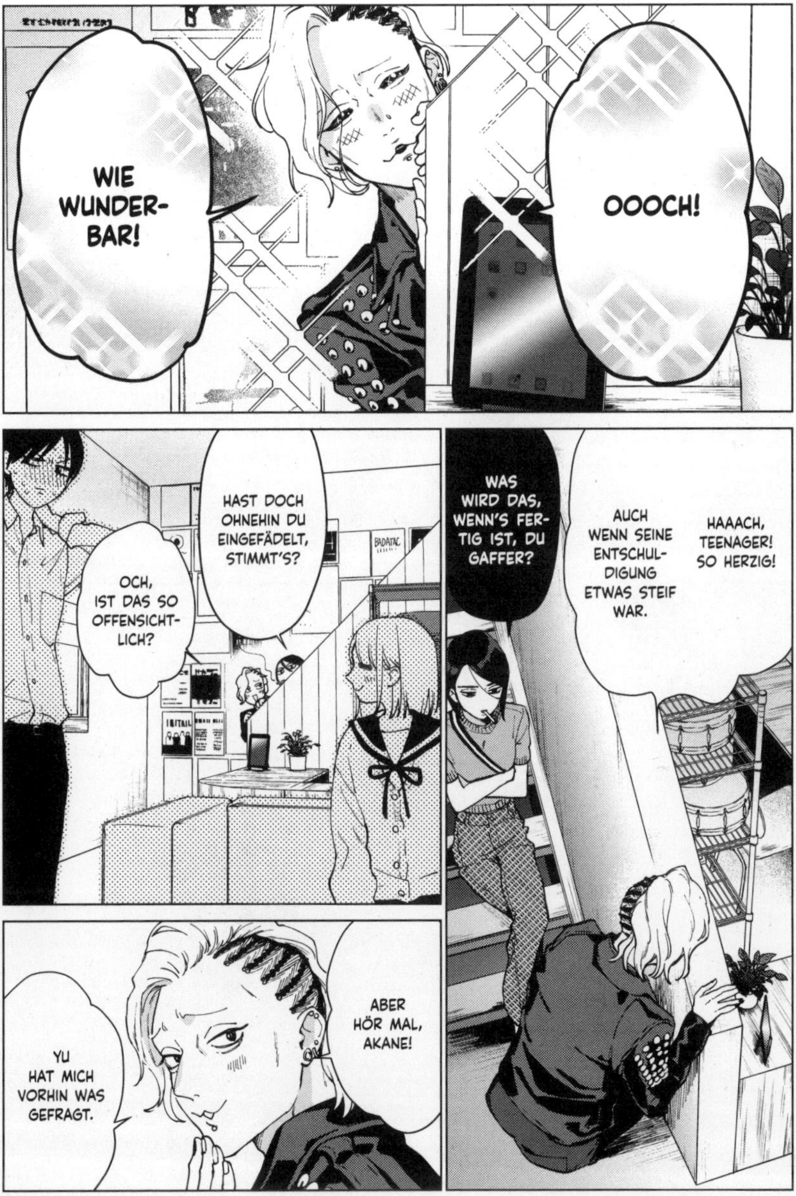
OOOCH!
WIE WUNDERBAR!
HAAACH, TEENAGER! SO HERZIG!
AUCH WENN SEINE ENTSCHULDIGUNG ETWAS STEIF WAR.
WAS WIRD DAS, WENN'S FERTIG IST, DU GAFFER?
HAST DOCH OHNEHIN DU EINGEFÄDELT, STIMMT'S?
OCH, IST DAS SO OFFENSICHTLICH?
ABER HÖR MAL, AKANE!
YU HAT MICH VORHIN WAS GEFRAGT.

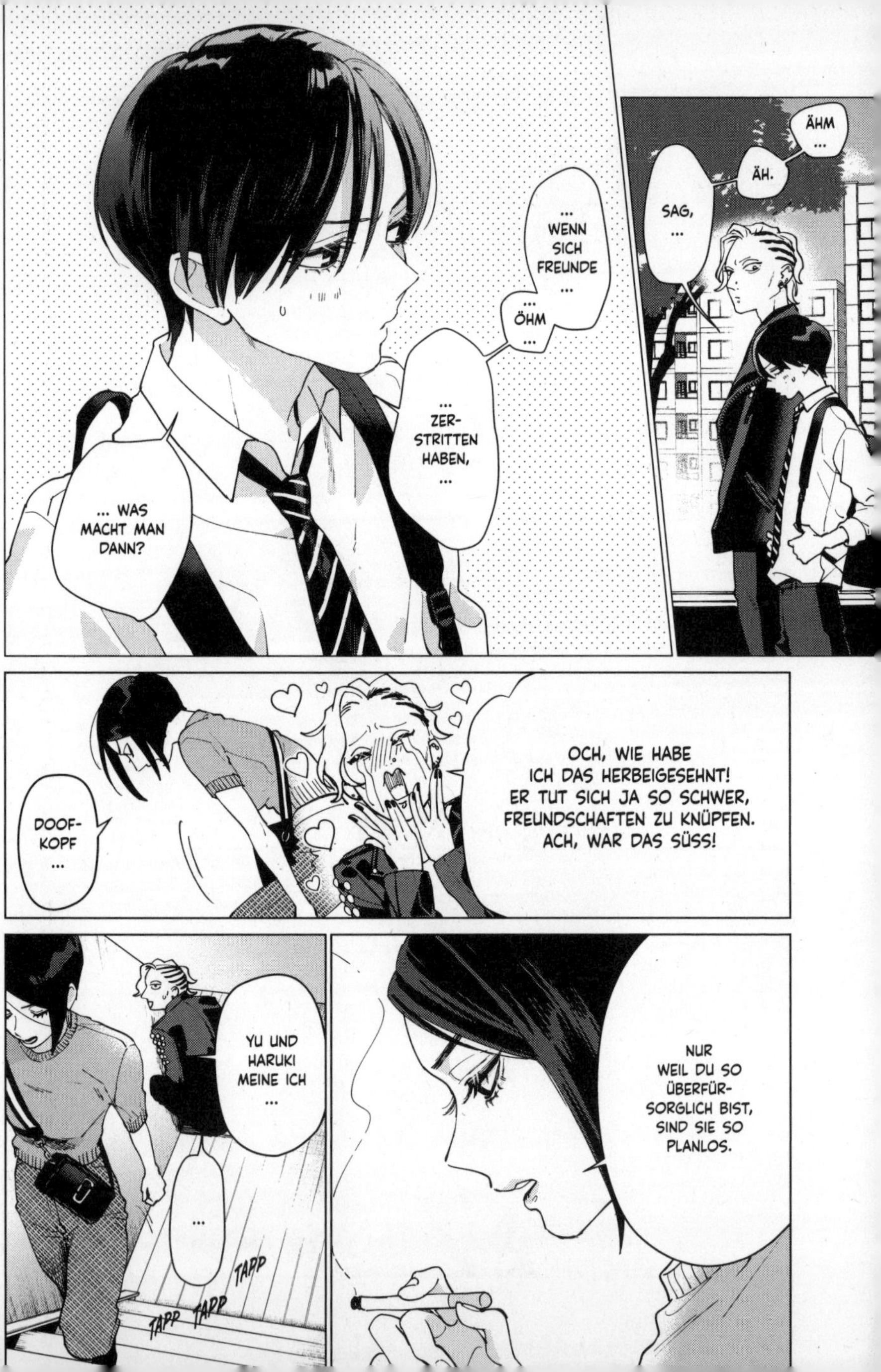
ÄHM ...
ÄH.
SAG, ...
... WENN SICH FREUNDE ...
... ÖHM ...
... ZER-STRITTEN HABEN, ...
... WAS MACHT MAN DANN?
OCH, WIE HABE ICH DAS HERBEIGESEHNT! ER TUT SICH JA SO SCHWER, FREUNDSCHAFTEN ZU KNÜPFEN. ACH, WAR DAS SÜSS!
DOOF-KOPF ...
NUR WEIL DU SO ÜBERFÜR-SORGLICH BIST, SIND SIE SO PLANLOS.
YU UND HARUKI MEINE ICH ...
...
TAPP
TAPP
TAPP

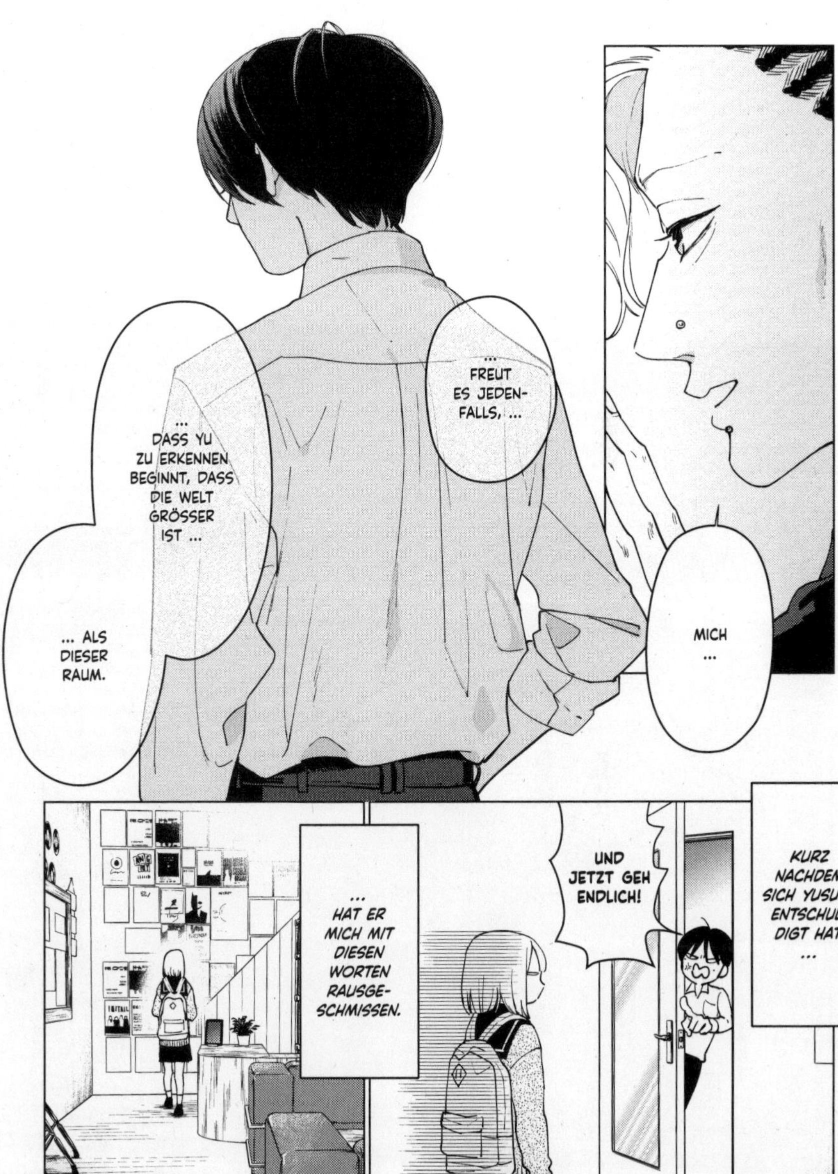
MICH ...
... FREUT ES JEDEN-FALLS, ...
... DASS YU ZU ERKENNEN BEGINNT, DASS DIE WELT GRÖSSER IST ...
... ALS DIESER RAUM.
KURZ NACHDEM SICH YUSUKE ENTSCHUL-DIGT HAT, ...
UND JETZT GEH ENDLICH!
... HAT ER MICH MIT DIESEN WORTEN RAUSGE-SCHMISSEN.

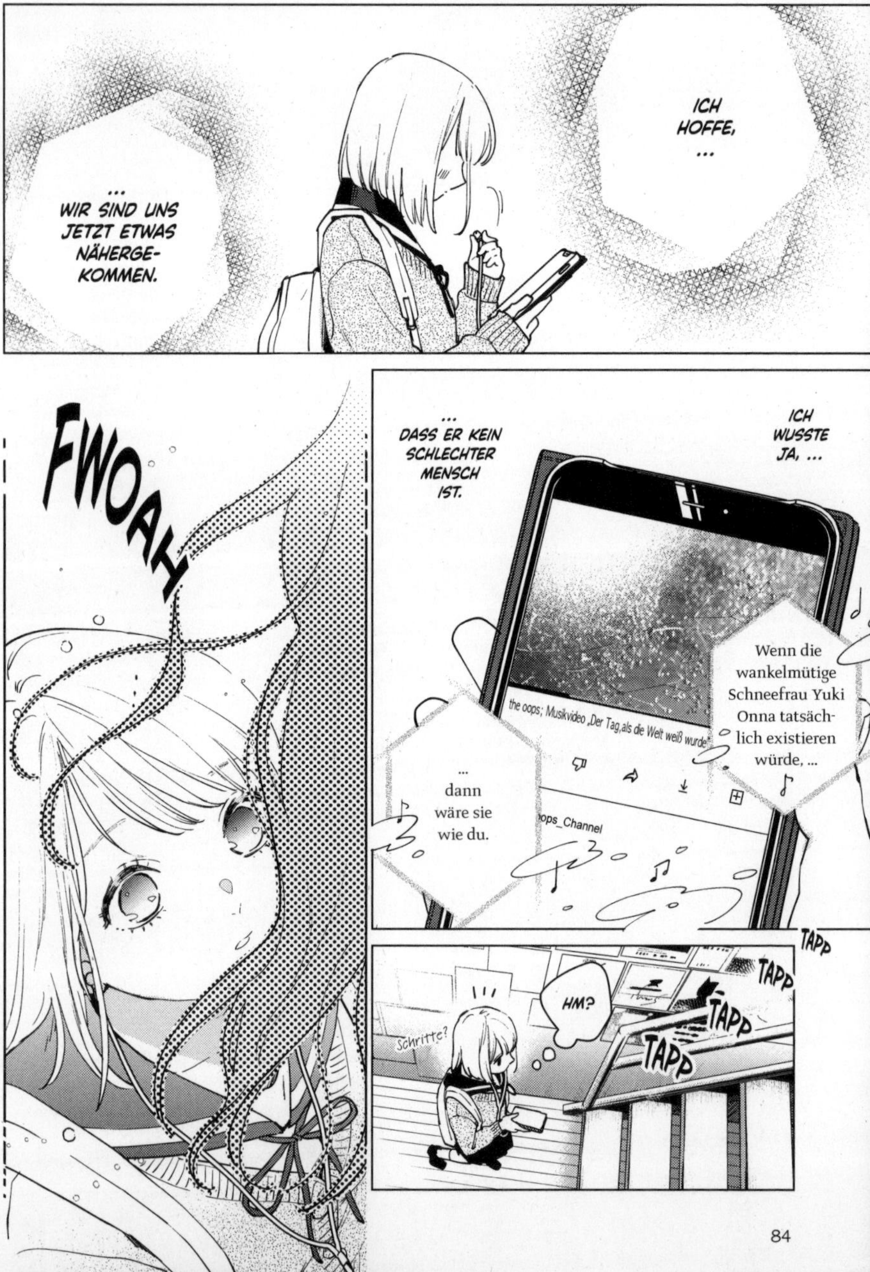
ICH HOFFE, ...
... WIR SIND UNS JETZT ETWAS NÄHERGE-KOMMEN.
ICH WUSSTE JA, ...
... DASS ER KEIN SCHLECHTER MENSCH IST.
the oops; Musikvideo „Der Tag,als die Welt weiß wurde“
oops_Channel
Wenn die wankelmütige Schneefrau Yuki Onna tatsächlich existieren würde, ...
... dann wäre sie wie du.
TAPP
TAPP
TAPP
TAPP
HM?
Schritte?
FWOAH

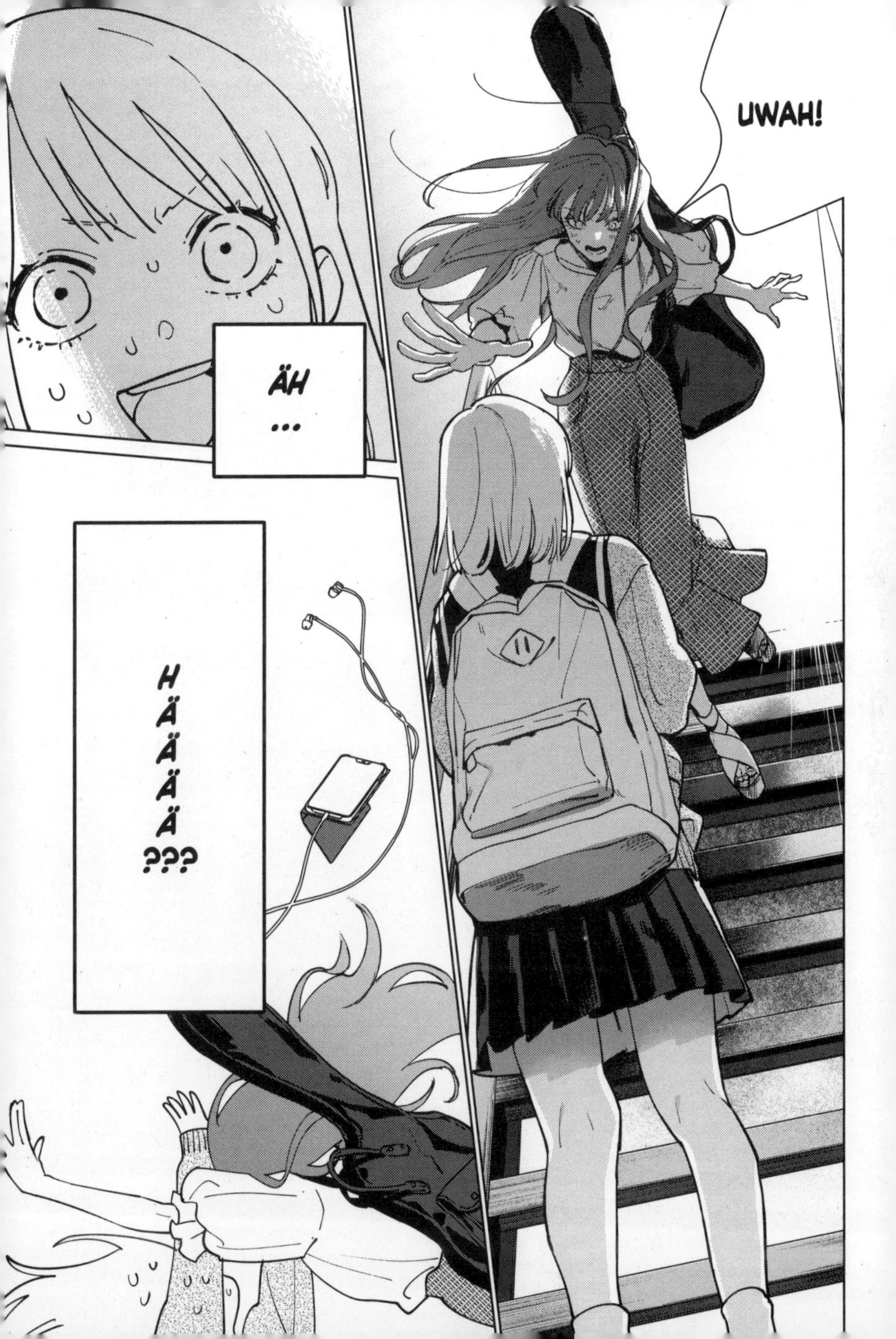
UWAH!
ÄH ...
H ÄÄÄÄ ???

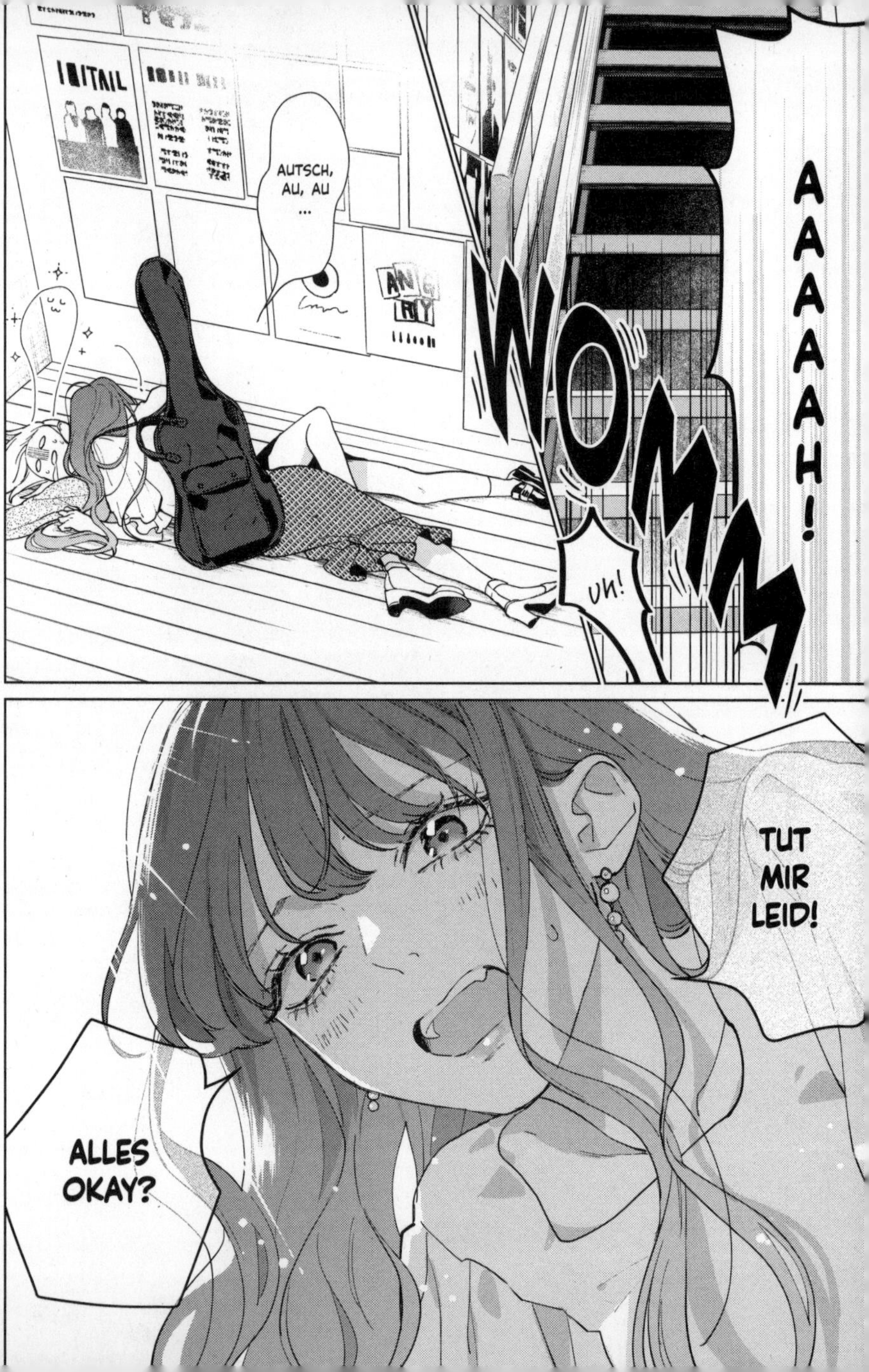
AAAAAAH!
WOMMS
UH!
AUTSCH, AU, AU …
TUT MIR LEID!
ALLES OKAY?

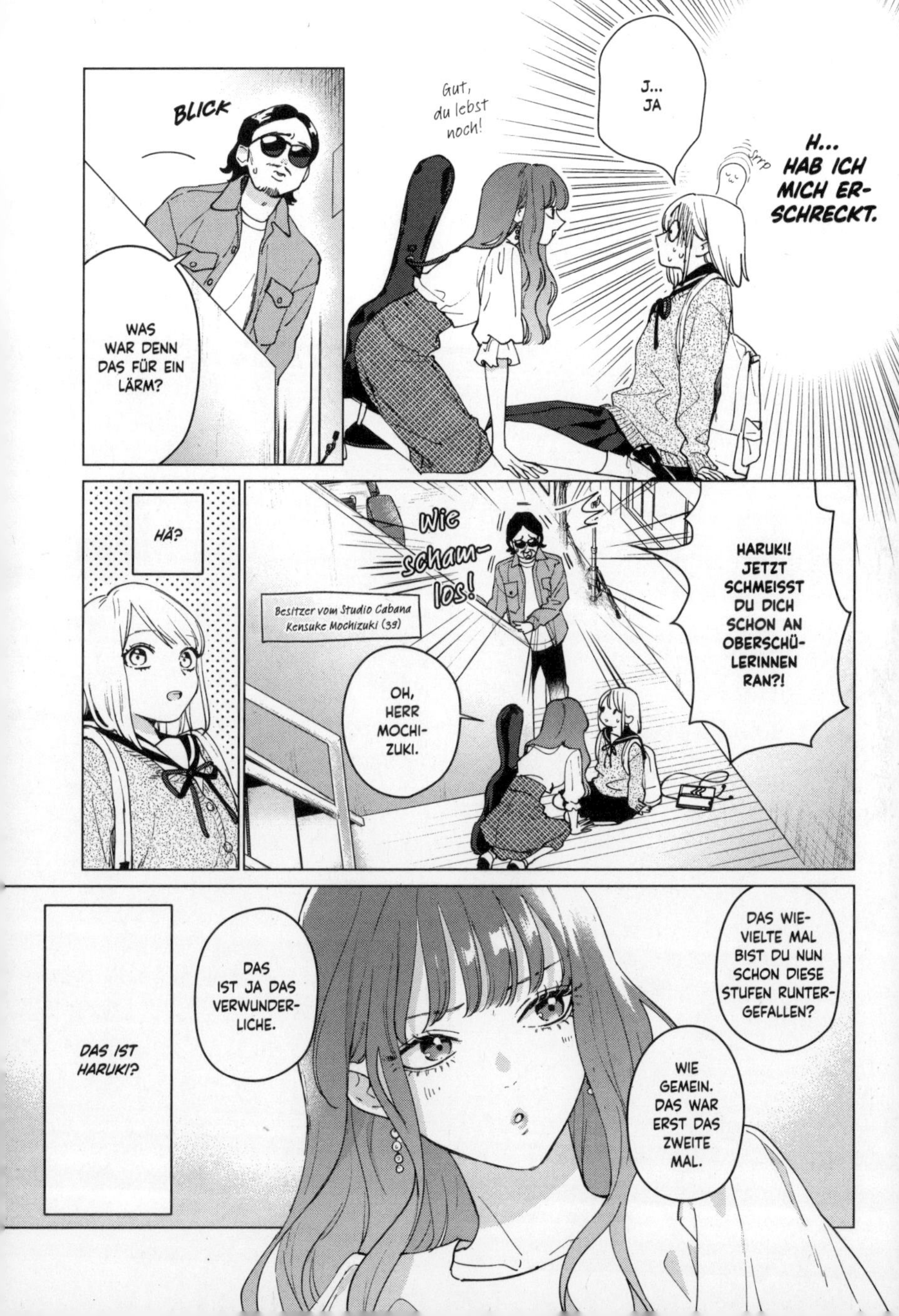
J... JA
H... HAB ICH MICH ER-SCHRECKT.
Srrp
Gut, du lebst noch!
BLICK
WAS WAR DENN DAS FÜR EIN LÄRM?
HARUKI! JETZT SCHMEISST DU DICH SCHON AN OBERSCHÜLERINNEN RAN?!
Wie scham-los!
Besitzer vom Studio Cabana Kensuke Mochizuki (39)
OH, HERR MOCHI-ZUKI.
HÄ?
DAS WIE-VIELTE MAL BIST DU NUN SCHON DIESE STUFEN RUNTER-GEFALLEN?
WIE GEMEIN. DAS WAR ERST DAS ZWEITE MAL.
DAS IST JA DAS VERWUNDER-LICHE.
DAS IST HARUKI?

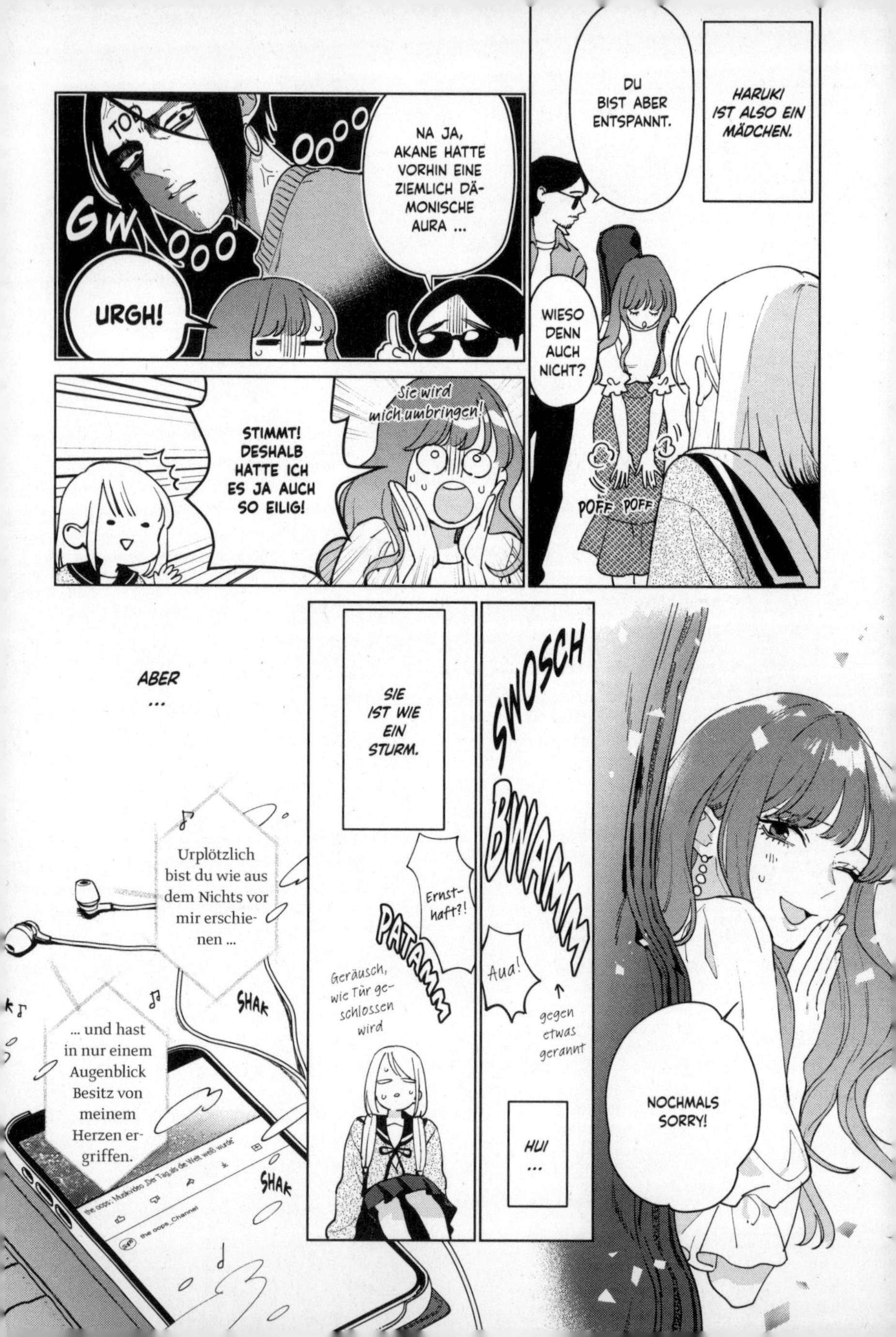

HARUKI IST ALSO EIN MÄDCHEN.
DU BIST ABER ENTSPANNT.
WIESO DENN AUCH NICHT?
POFF POFF
NA JA, AKANE HATTE VORHIN EINE ZIEMLICH DÄMONISCHE AURA ...
TOOOOO
GWOOOO
URGH!
Sie wird mich umbringen!
STIMMT! DESHALB HATTE ICH ES JA AUCH SO EILIG!
SWOSCH
BWAMM
Aua!
gegen etwas gerannt
NOCHMALS SORRY!
HUI ...
SIE IST WIE EIN STURM.
Ernst-haft?!
PATAMM
Geräusch, wie Tür geschlossen wird
ABER ...
Urplötzlich bist du wie aus dem Nichts vor mir erschienen ...
... und hast in nur einem Augenblick Besitz von meinem Herzen ergriffen.
SHAK
SHAK

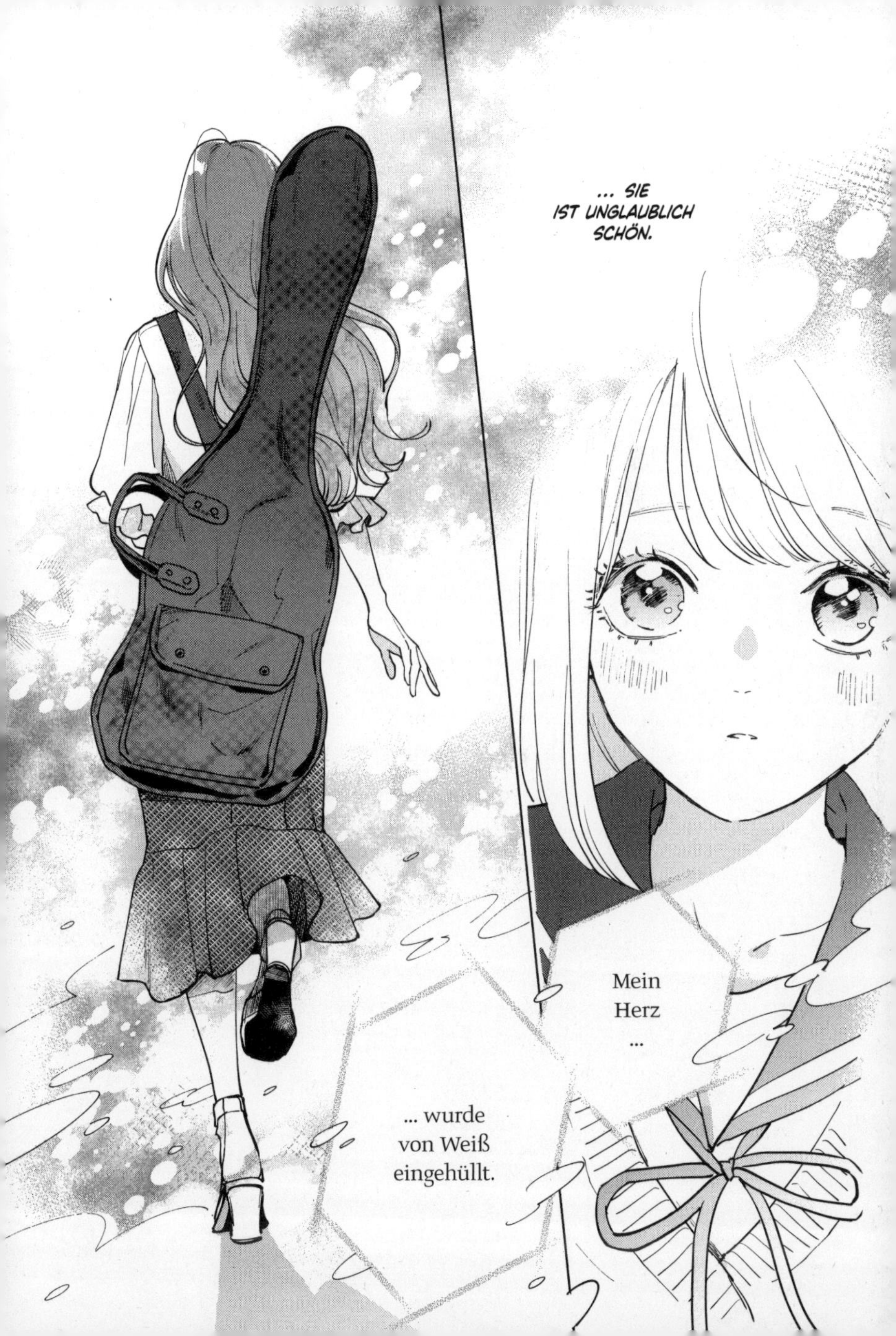
... SIE IST UNGLAUBLICH SCHÖN.
Mein Herz ...
... wurde von Weiß eingehüllt.

Studio Cabana

You appear in my mind all the time
and pull me into a luscious world.
If you don't call it love, I don't know what is.

Kapitel 3 Ich will dir folgen

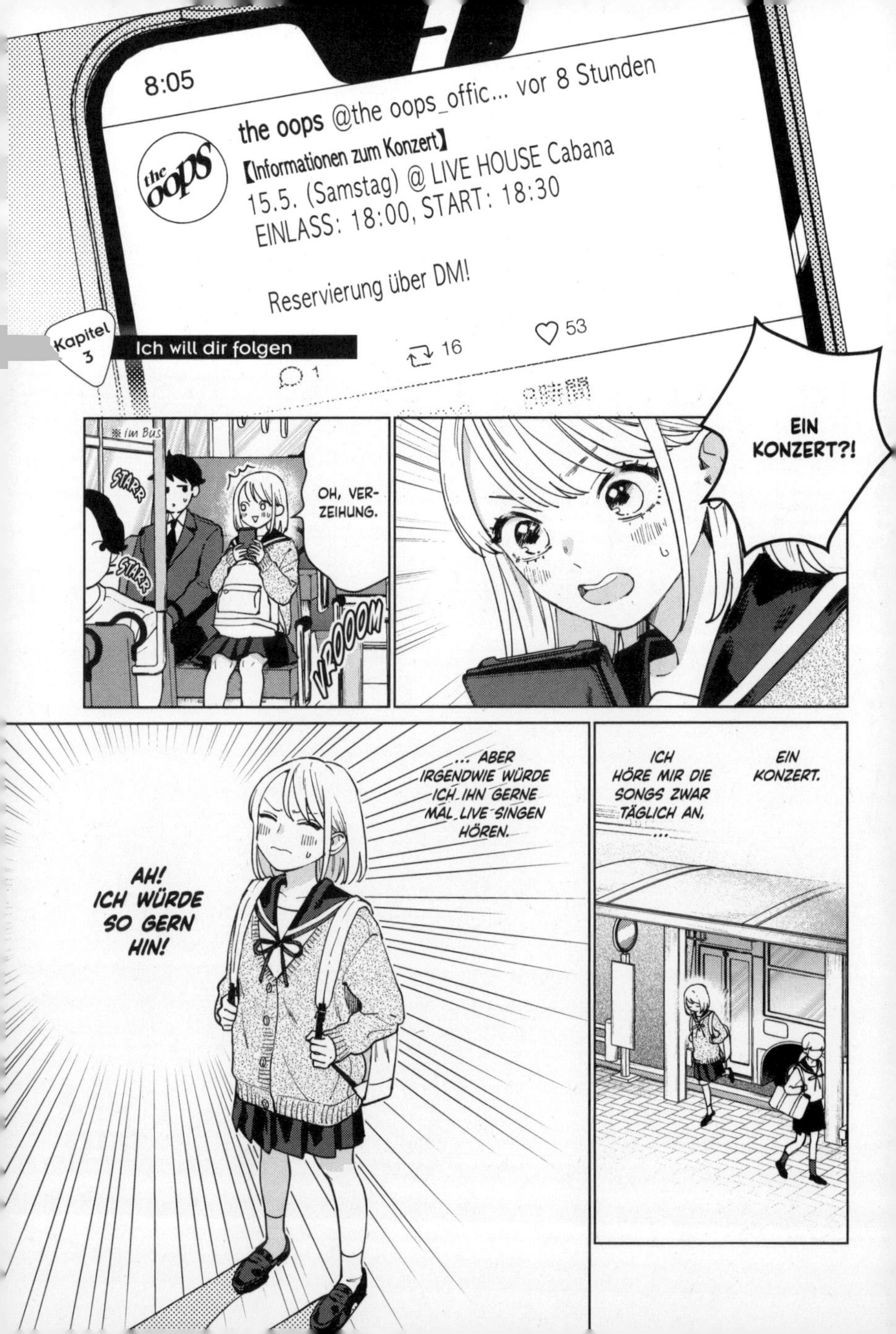

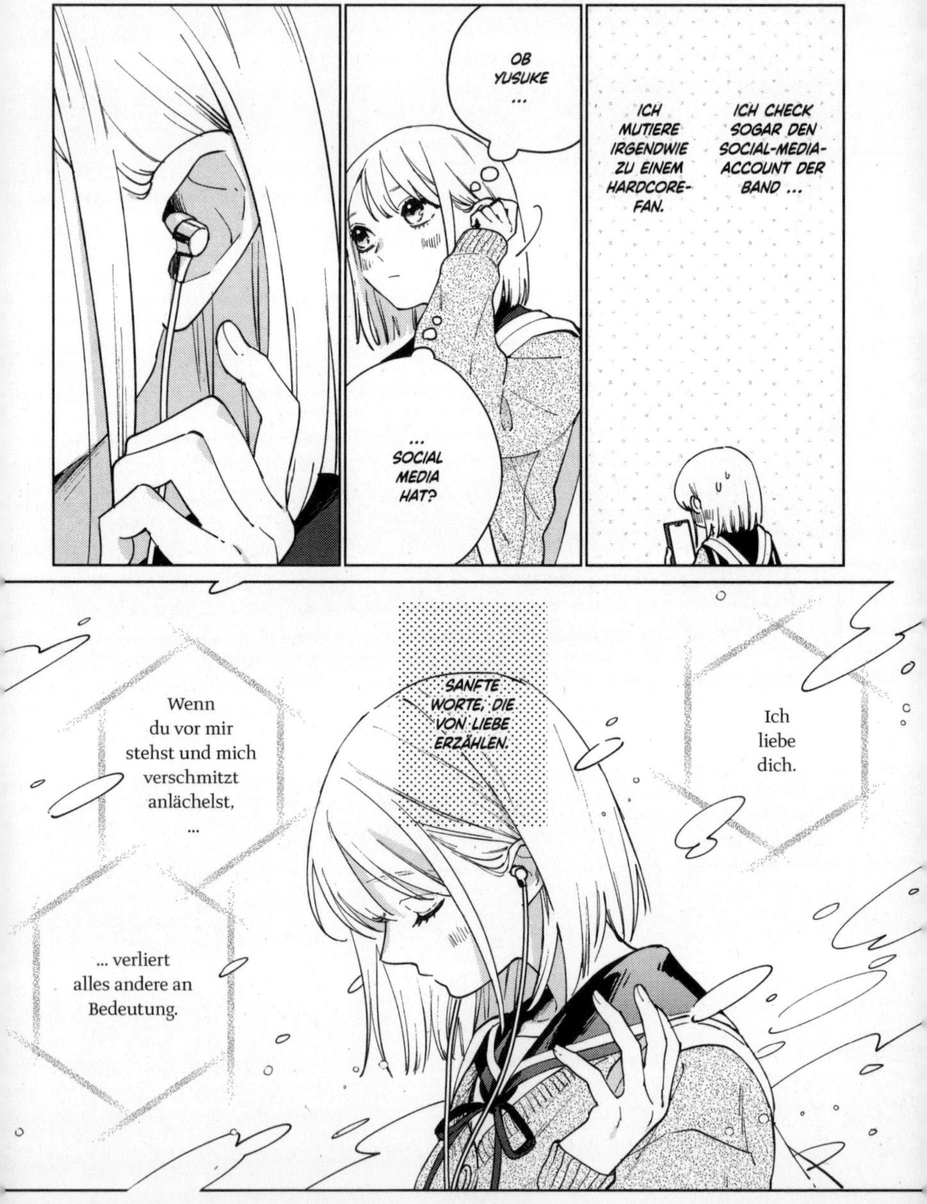
ICH CHECK SOGAR DEN SOCIAL-MEDIA-ACCOUNT DER BAND ...
ICH MUTIERE IRGENDWIE ZU EINEM HARDCORE-FAN.
OB YUSUKE ...
... SOCIAL MEDIA HAT?
Ich liebe dich.
SANFTE WORTE, DIE VON LIEBE ERZÄHLEN.
Wenn du vor mir stehst und mich verschmitzt anlächelst, ...
... verliert alles andere an Bedeutung.

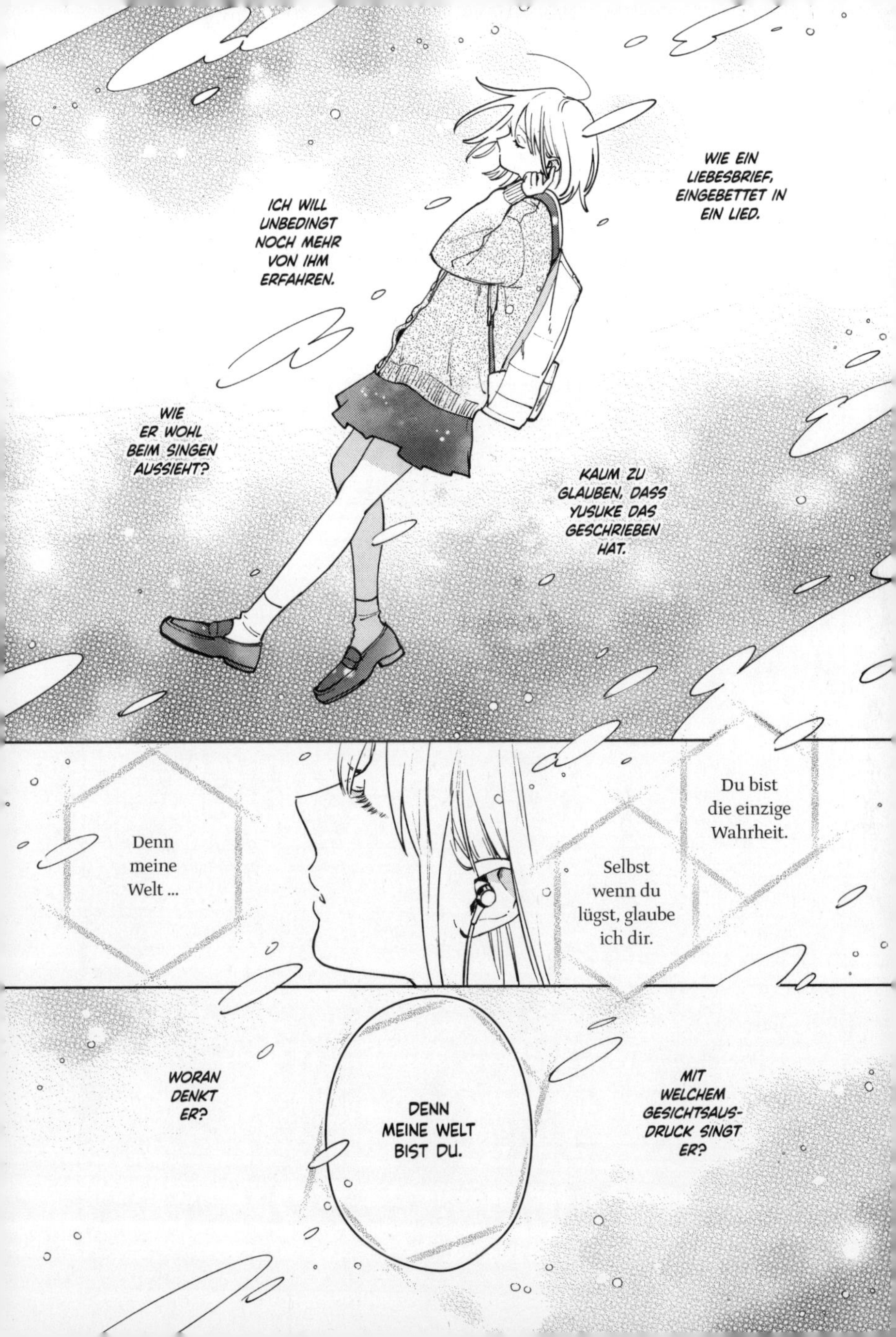
WIE EIN LIEBESBRIEF, EINGEBETTET IN EIN LIED.
KAUM ZU GLAUBEN, DASS YUSUKE DAS GESCHRIEBEN HAT.
ICH WILL UNBEDINGT NOCH MEHR VON IHM ERFAHREN.
WIE ER WOHL BEIM SINGEN AUSSIEHT?
Du bist die einzige Wahrheit.
Selbst wenn du lügst, glaube ich dir.
Denn meine Welt ...
MIT WELCHEM GESICHTSAUS-DRUCK SINGT ER?
DENN MEINE WELT BIST DU.
WORAN DENKT ER?

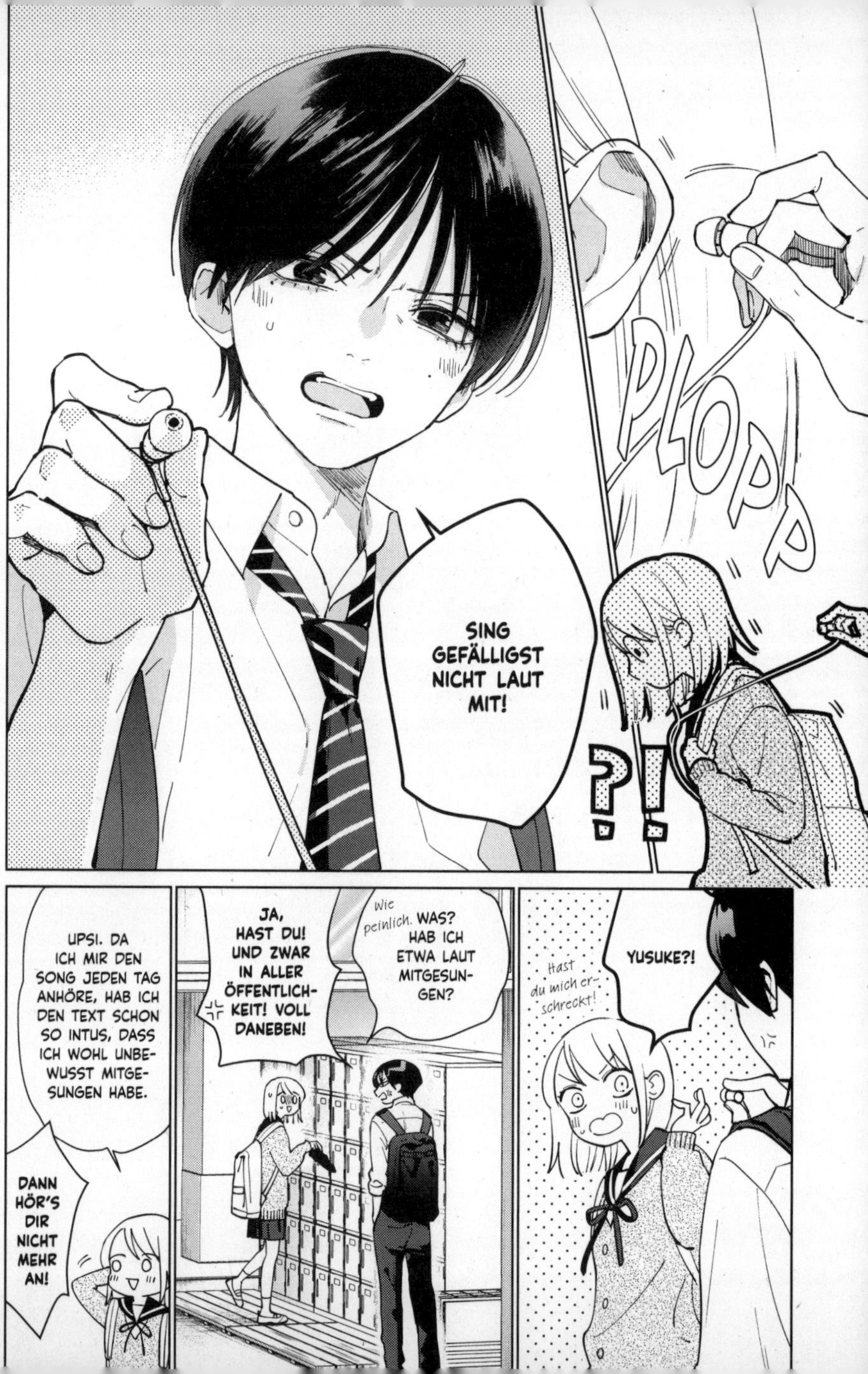
PLOPP
?!
SING GEFÄLLIGST NICHT LAUT MIT!
YUSUKE?!
Hast du mich erschreckt!
WAS? HAB ICH ETWA LAUT MITGESUNGEN?
Wie peinlich.
JA, HAST DU! UND ZWAR IN ALLER ÖFFENTLICHKEIT! VOLL DANEBEN!
UPSI. DA ICH MIR DEN SONG JEDEN TAG ANHÖRE, HAB ICH DEN TEXT SCHON SO INTUS, DASS ICH WOHL UNBEWUSST MITGESUNGEN HABE.
DANN HÖR'S DIR NICHT MEHR AN!

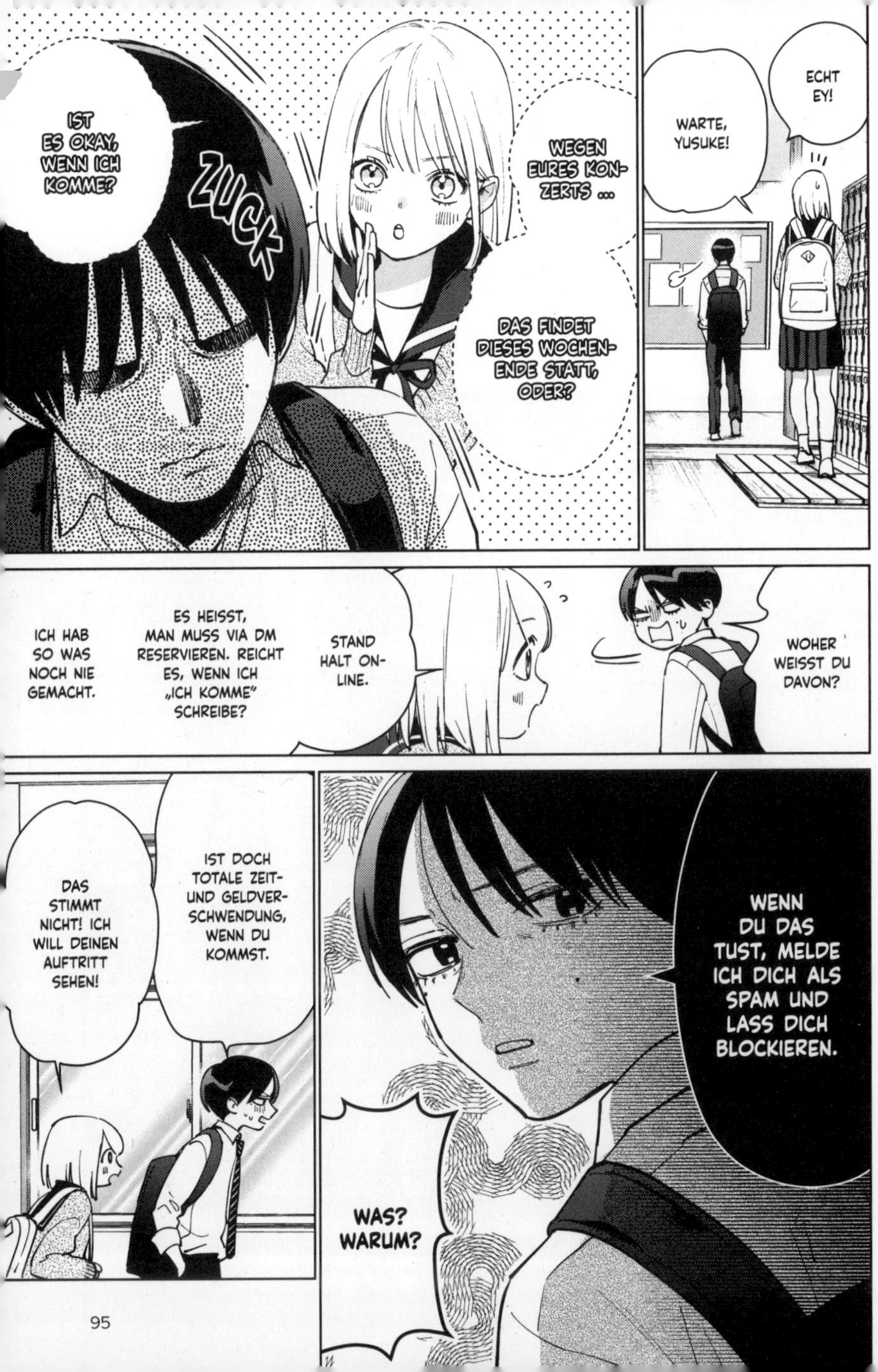

ECHT EY!
WARTE, YUSUKE!
WEGEN EURES KONZERTS ...
DAS FINDET DIESES WOCHENENDE STATT, ODER?
ZUCK
IST ES OKAY, WENN ICH KOMME?
WOHER WEISST DU DAVON?
STAND HALT ONLINE.
ES HEISST, MAN MUSS VIA DM RESERVIEREN. REICHT ES, WENN ICH „ICH KOMME" SCHREIBE?
ICH HAB SO WAS NOCH NIE GEMACHT.
WENN DU DAS TUST, MELDE ICH DICH ALS SPAM UND LASS DICH BLOCKIEREN.
WAS? WARUM?
IST DOCH TOTALE ZEIT- UND GELDVERSCHWENDUNG, WENN DU KOMMST.
DAS STIMMT NICHT! ICH WILL DEINEN AUFTRITT SEHEN!

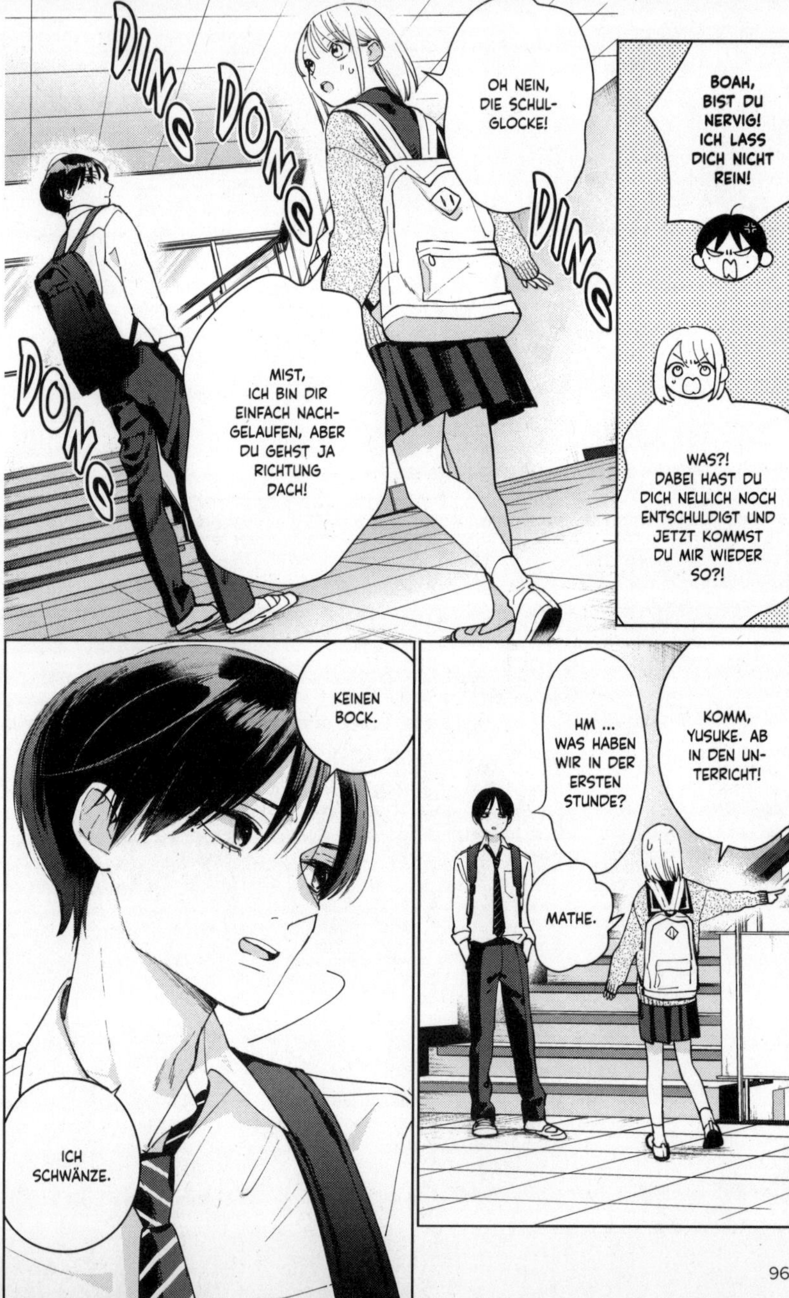
BOAH, BIST DU NERVIG! ICH LASS DICH NICHT REIN!
WAS?! DABEI HAST DU DICH NEULICH NOCH ENTSCHULDIGT UND JETZT KOMMST DU MIR WIEDER SO?!
OH NEIN, DIE SCHUL-GLOCKE!
DING DONG DING DONG
MIST, ICH BIN DIR EINFACH NACH-GELAUFEN, ABER DU GEHST JA RICHTUNG DACH!
KOMM, YUSUKE. AB IN DEN UN-TERRICHT!
HM ... WAS HABEN WIR IN DER ERSTEN STUNDE?
MATHE.
KEINEN BOCK.
ICH SCHWÄNZE.

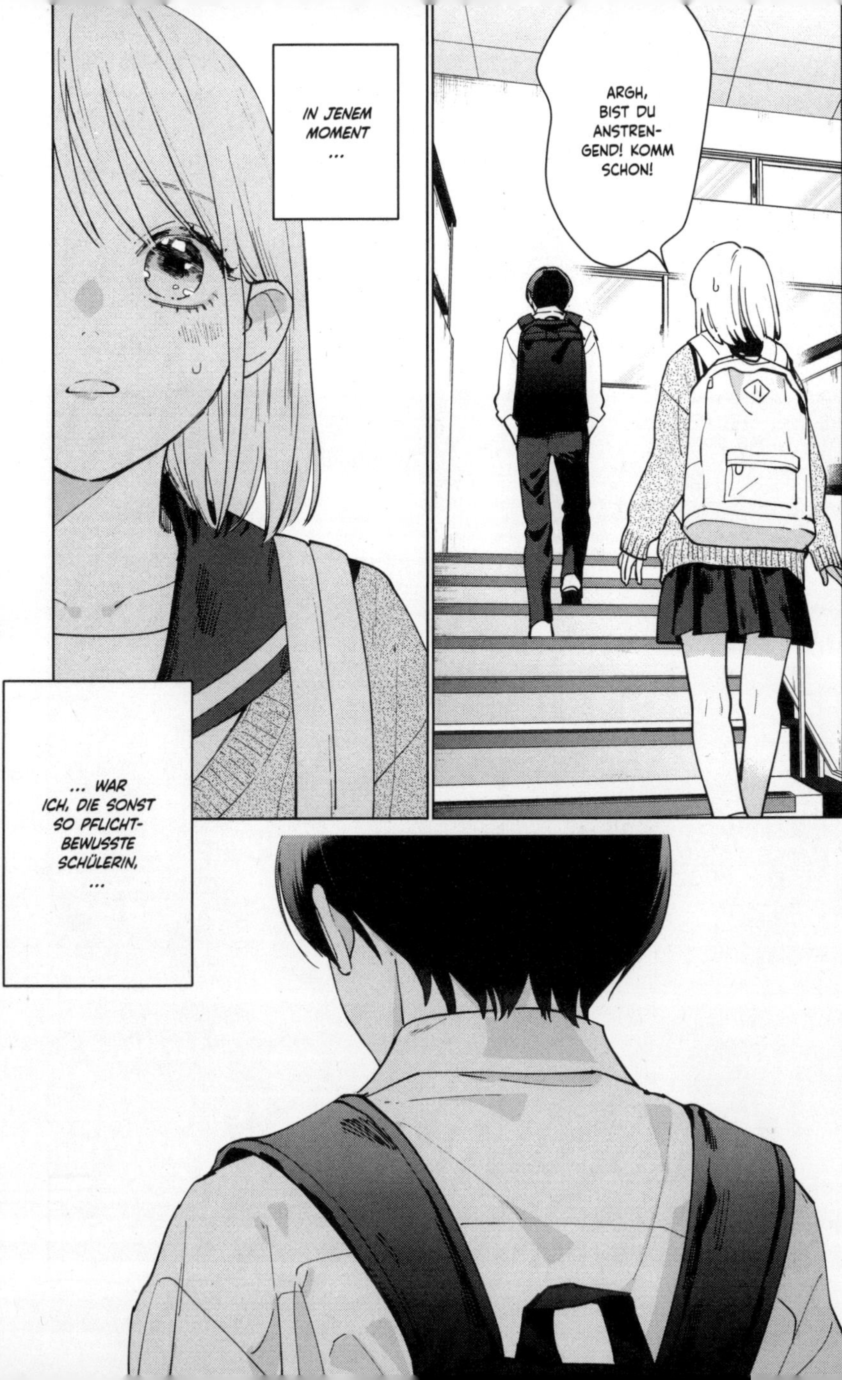
ARGH, BIST DU ANSTRENGEND! KOMM SCHON!
IN JENEM MOMENT ...
... WAR ICH, DIE SONST SO PFLICHTBEWUSSTE SCHÜLERIN, ...

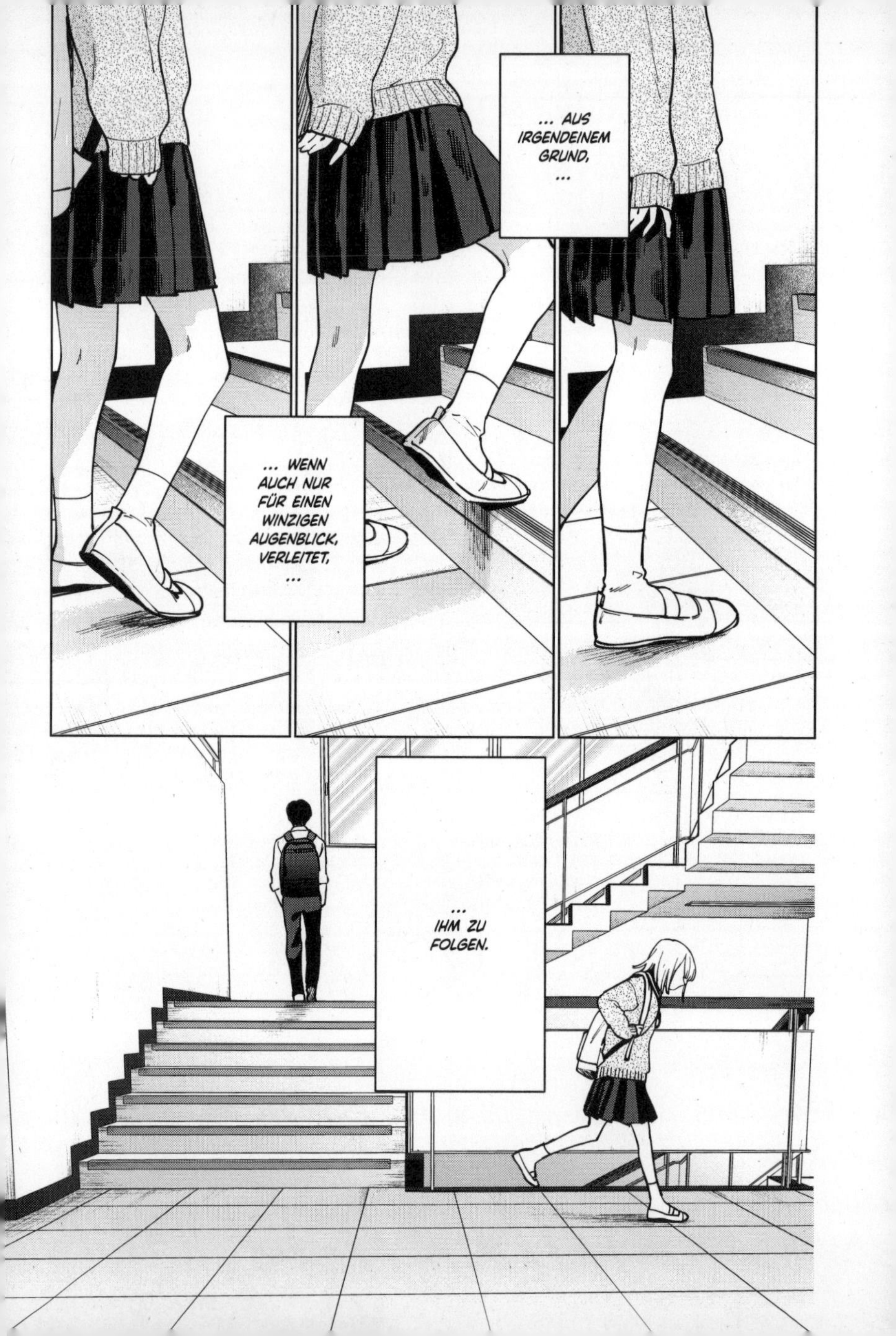
... AUS IRGENDEINEM GRUND, ...
... WENN AUCH NUR FÜR EINEN WINZIGEN AUGENBLICK, VERLEITET, ...
... IHM ZU FOLGEN.

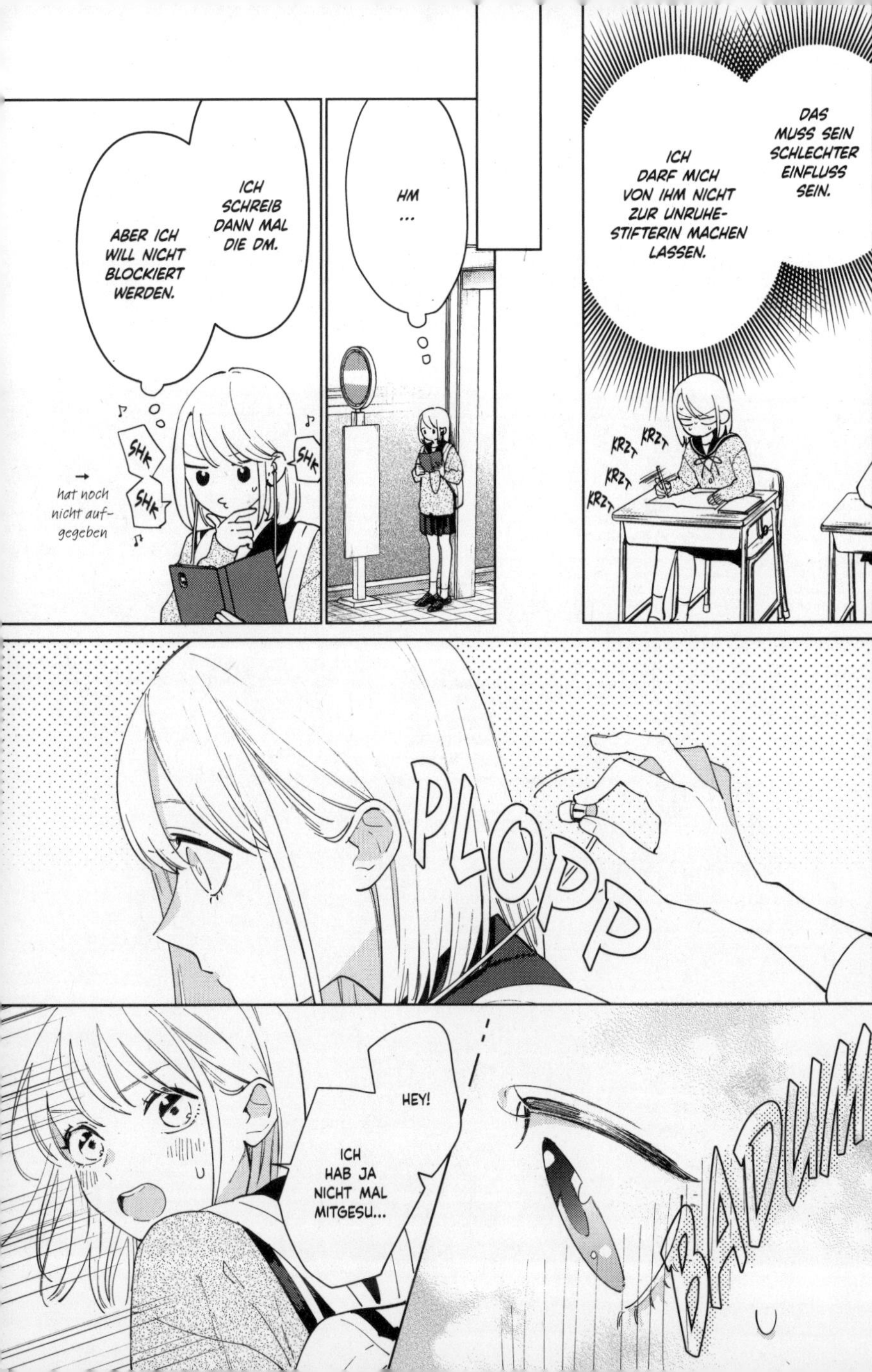
DAS MUSS SEIN SCHLECHTER EINFLUSS SEIN.
ICH DARF MICH VON IHM NICHT ZUR UNRUHE-STIFTERIN MACHEN LASSEN.
KRZT KRZT KRZT KRZT
HM ...
ICH SCHREIB DANN MAL DIE DM.
ABER ICH WILL NICHT BLOCKIERT WERDEN.
SHK SHK SHK
→ hat noch nicht auf-gegeben
PLOPP
BADUM
HEY!
ICH HAB JA NICHT MAL MITGESU...

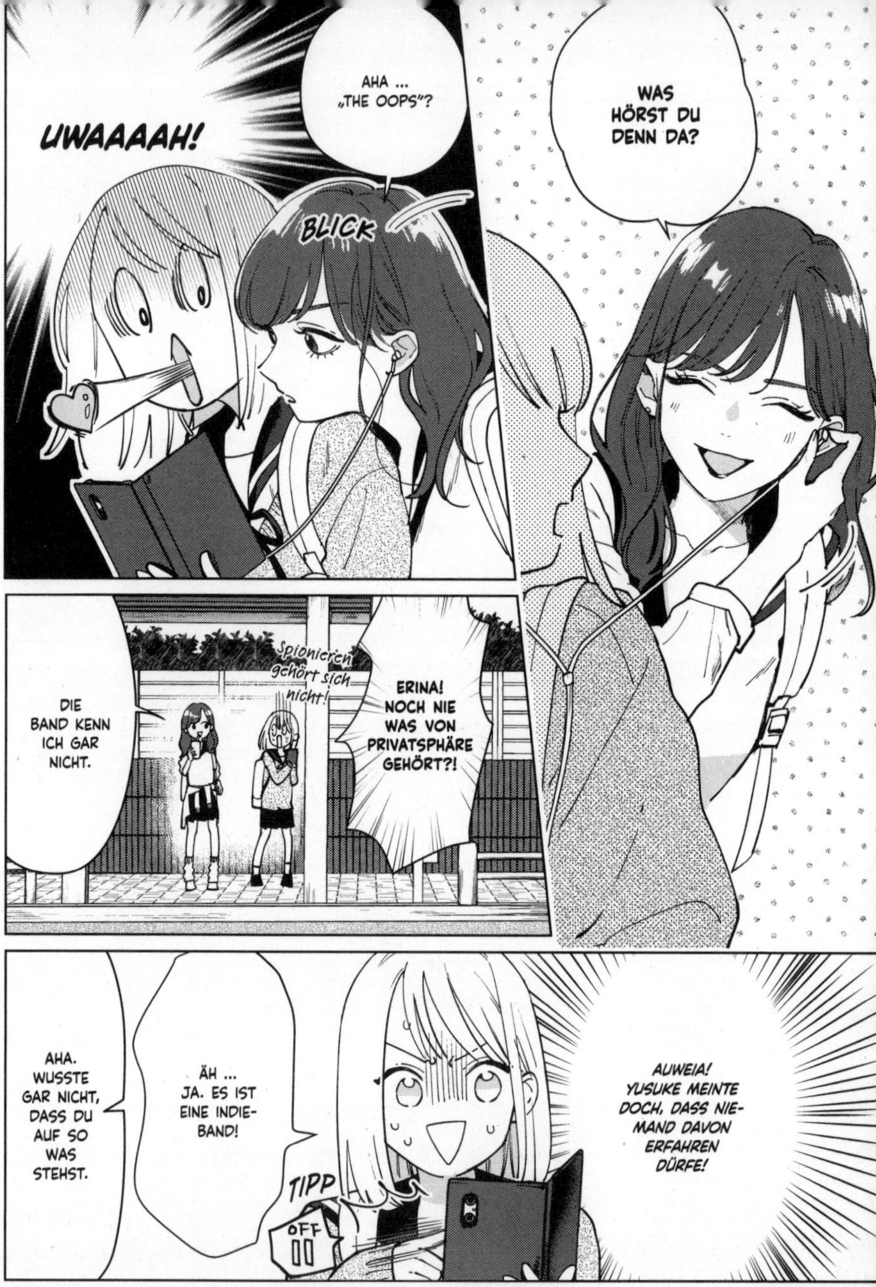
WAS HÖRST DU DENN DA?
AHA ... „THE OOPS"?
BLICK
UWAAAAH!
ERINA! NOCH NIE WAS VON PRIVATSPHÄRE GEHÖRT?!
Spionieren gehört sich nicht!
DIE BAND KENN ICH GAR NICHT.
AUWEIA! YUSUKE MEINTE DOCH, DASS NIEMAND DAVON ERFAHREN DÜRFE!
TIPP
OFF
ÄH ... JA. ES IST EINE INDIEBAND!
AHA. WUSSTE GAR NICHT, DASS DU AUF SO WAS STEHST.

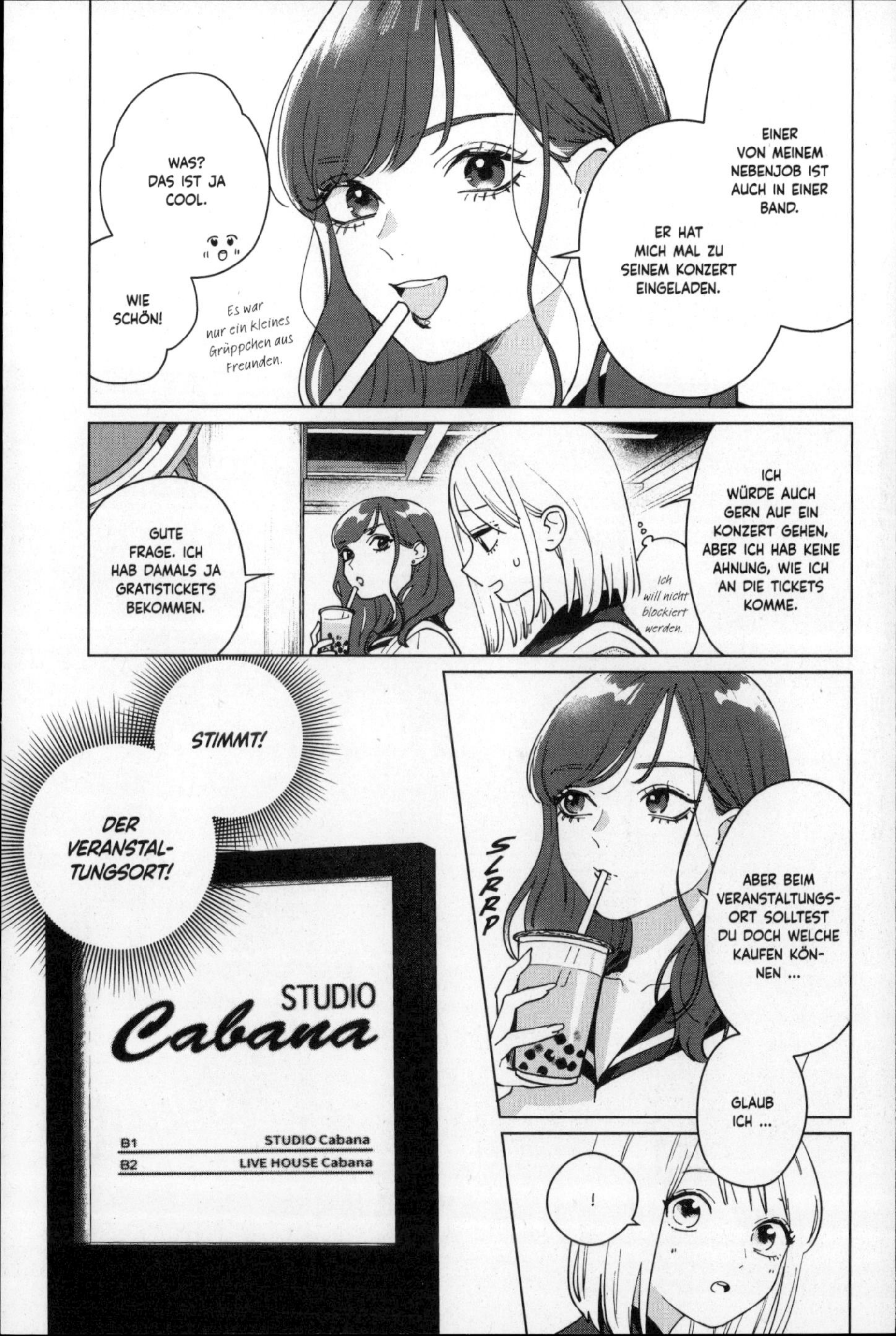
EINER VON MEINEM NEBENJOB IST AUCH IN EINER BAND.
ER HAT MICH MAL ZU SEINEM KONZERT EINGELADEN.
WAS? DAS IST JA COOL.
WIE SCHÖN!
Es war nur ein kleines Grüppchen aus Freunden.
ICH WÜRDE AUCH GERN AUF EIN KONZERT GEHEN, ABER ICH HAB KEINE AHNUNG, WIE ICH AN DIE TICKETS KOMME.
Ich will nicht blockiert werden.
GUTE FRAGE. ICH HAB DAMALS JA GRATISTICKETS BEKOMMEN.
ABER BEIM VERANSTALTUNGSORT SOLLTEST DU DOCH WELCHE KAUFEN KÖNNEN ...
SLRRP
GLAUB ICH ...
!
STIMMT!
DER VERANSTALTUNGSORT!
STUDIO Cabana
B1 STUDIO Cabana
B2 LIVE HOUSE Cabana

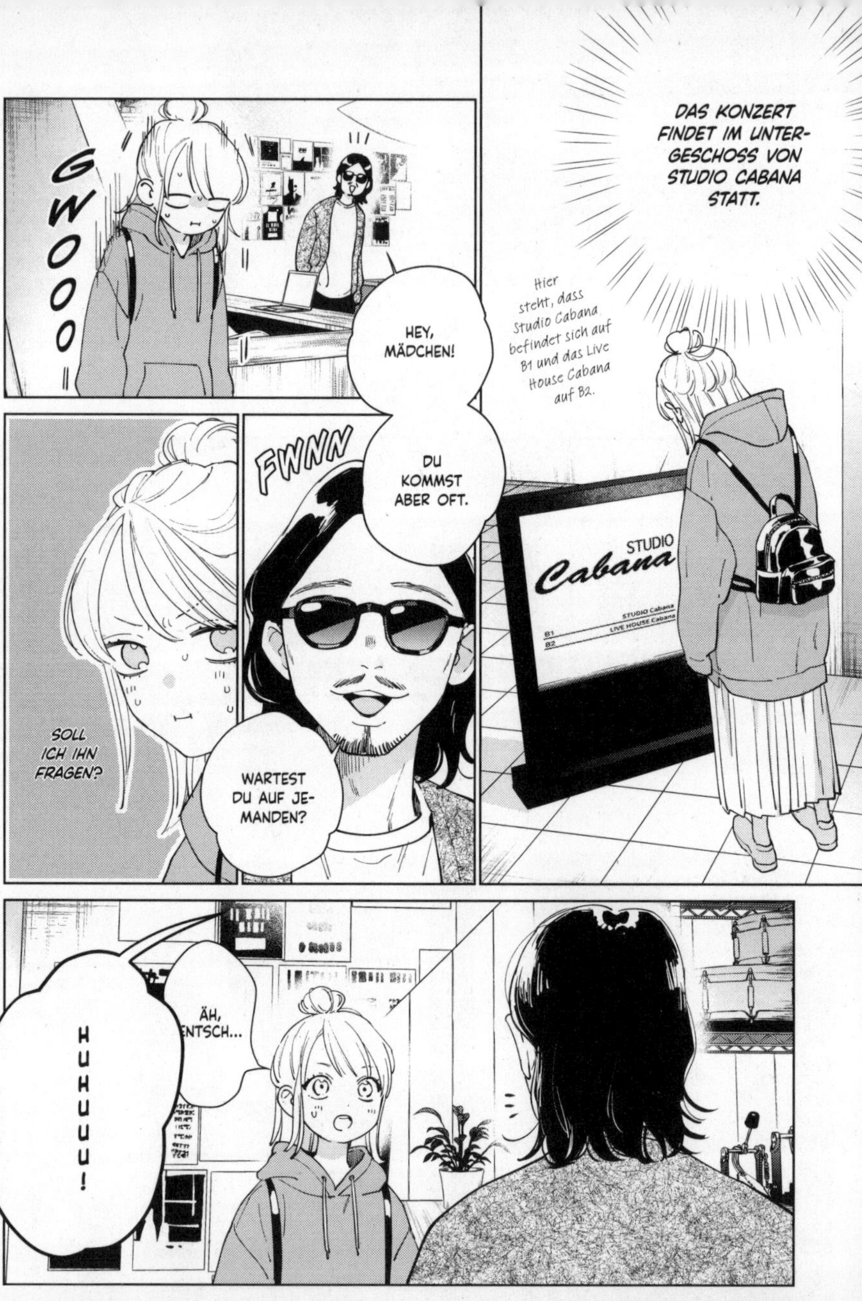
DAS KONZERT FINDET IM UNTERGESCHOSS VON STUDIO CABANA STATT.
Hier steht, dass Studio Cabana befindet sich auf B1 und das Live House Cabana auf B2.
STUDIO Cabana
B1 STUDIO Cabana
B2 LIVE HOUSE Cabana
GWOOO
HEY, MÄDCHEN!
DU KOMMST ABER OFT.
FWNN
WARTEST DU AUF JEMANDEN?
SOLL ICH IHN FRAGEN?
ÄH, ENTSCH...
HUHUUU!

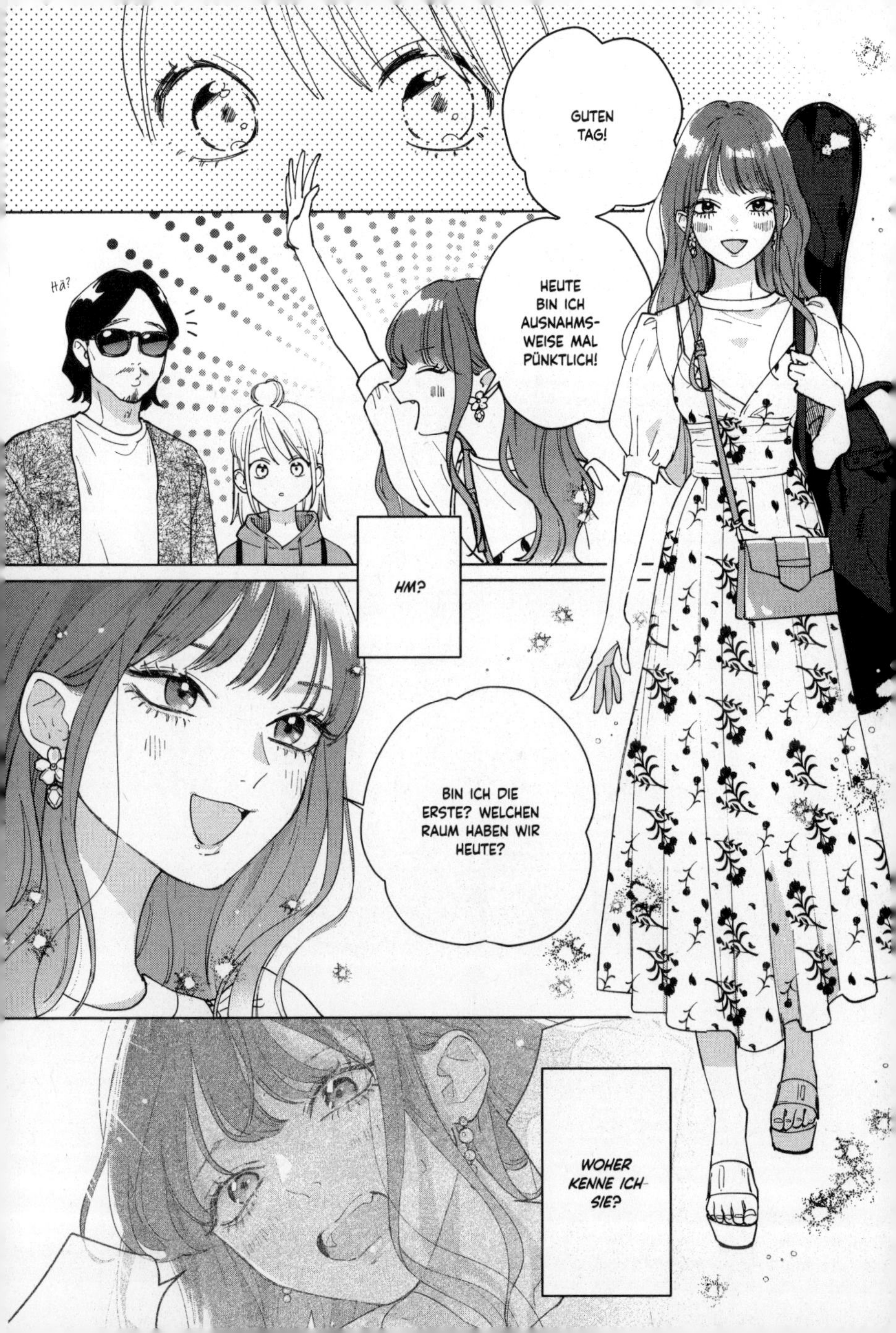
GUTEN TAG!
HEUTE BIN ICH AUSNAHMS-WEISE MAL PÜNKTLICH!
Hä?
HM?
BIN ICH DIE ERSTE? WELCHEN RAUM HABEN WIR HEUTE?
WOHER KENNE ICH SIE?

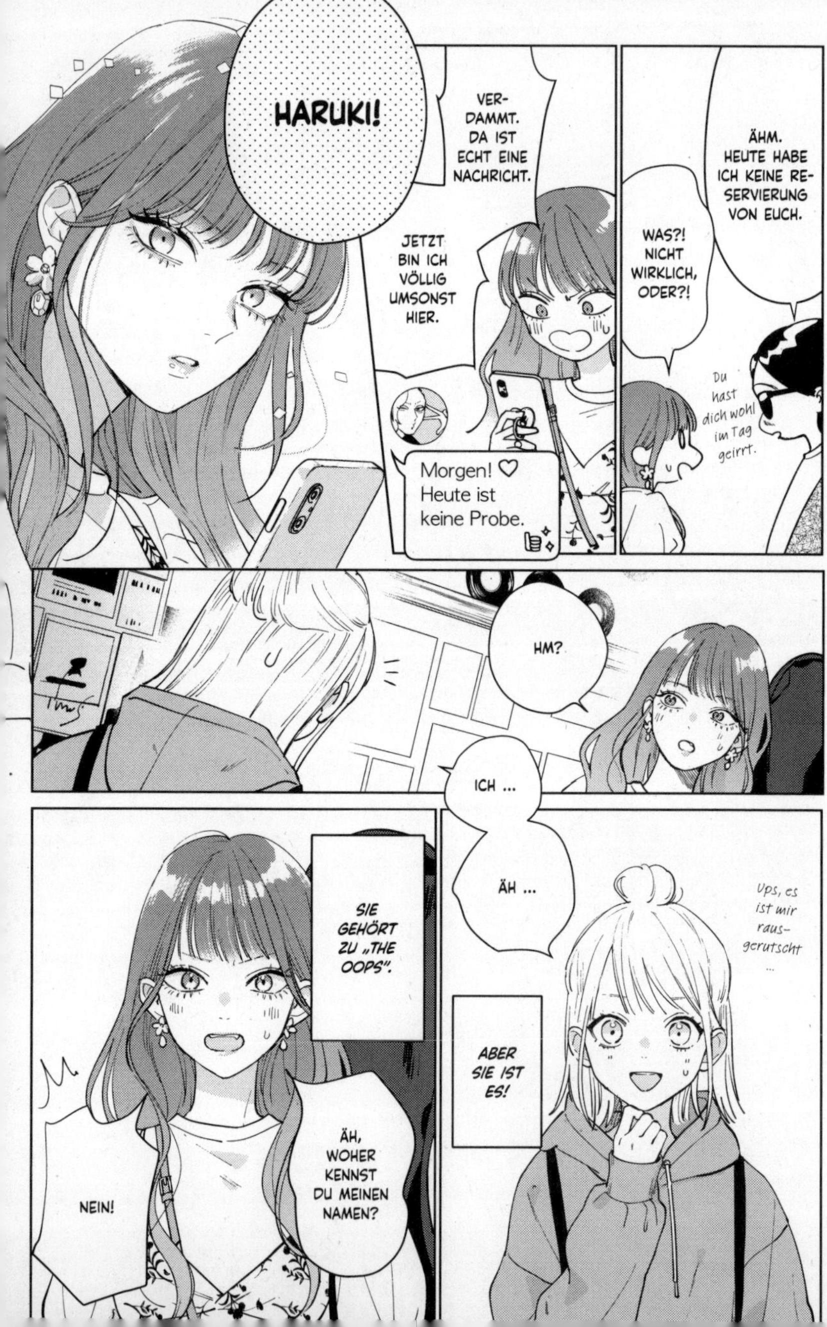
ÄHM. HEUTE HABE ICH KEINE RE-SERVIERUNG VON EUCH.
WAS?! NICHT WIRKLICH, ODER?!
Du hast dich wohl im Tag geirrt.
VER-DAMMT. DA IST ECHT EINE NACHRICHT.
JETZT BIN ICH VÖLLIG UMSONST HIER.
Morgen! ♡ Heute ist keine Probe.
HARUKI!
HM?
ICH ...
ÄH ...
Ups, es ist mir raus-gerutscht ...
ABER SIE IST ES!
SIE GEHÖRT ZU „THE OOPS".
ÄH, WOHER KENNST DU MEINEN NAMEN?
NEIN!

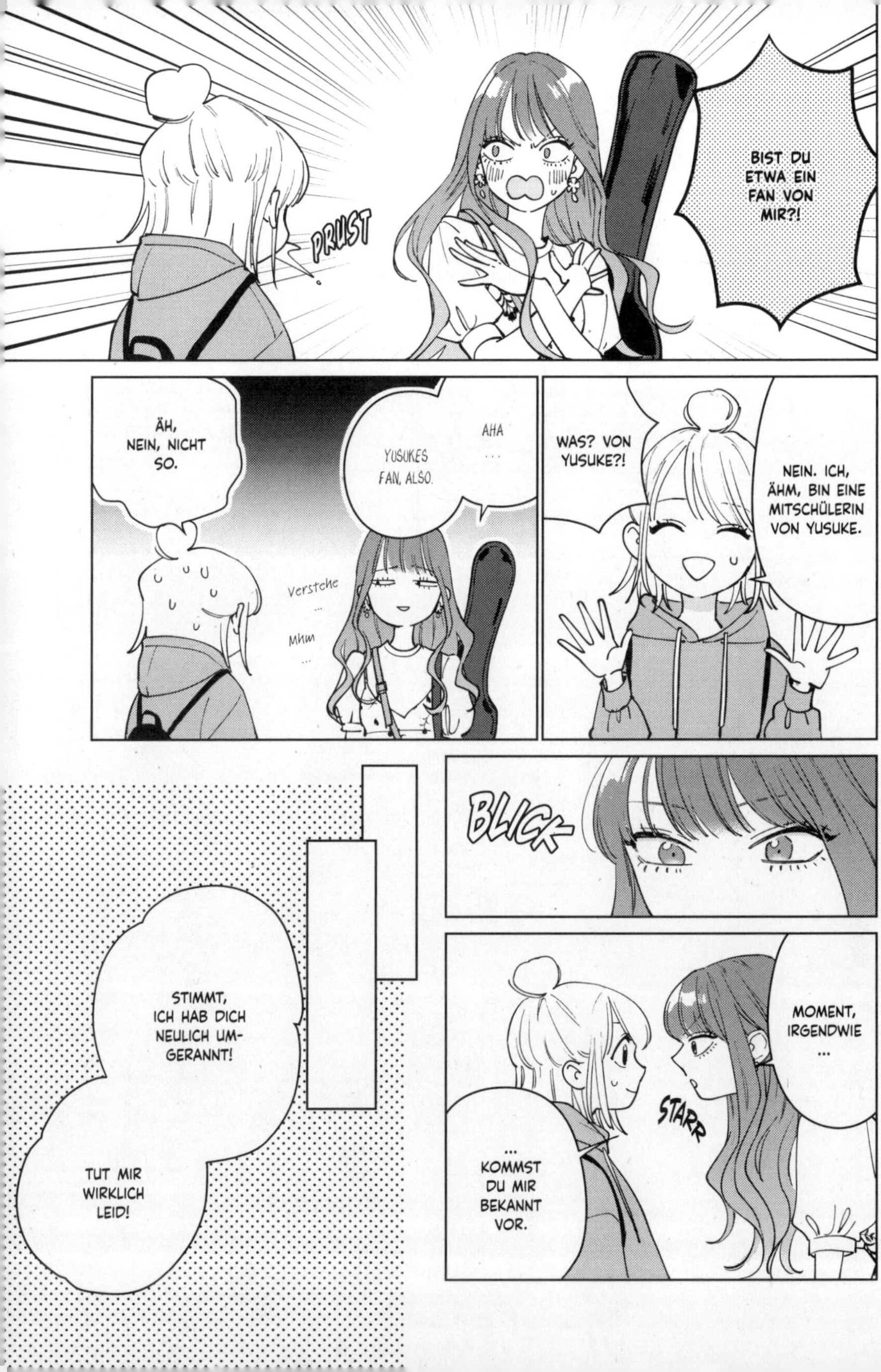
BIST DU ETWA EIN FAN VON MIR?!
PRUST
AHA ... YUSUKES FAN, ALSO.
Verstehe ...
Mhm ...
ÄH, NEIN, NICHT SO.
NEIN. ICH, ÄHM, BIN EINE MITSCHÜLERIN VON YUSUKE.
WAS? VON YUSUKE?!
BLICK
MOMENT, IRGENDWIE ...
STARR
... KOMMST DU MIR BEKANNT VOR.
STIMMT, ICH HAB DICH NEULICH UM-GERANNT!
TUT MIR WIRKLICH LEID!

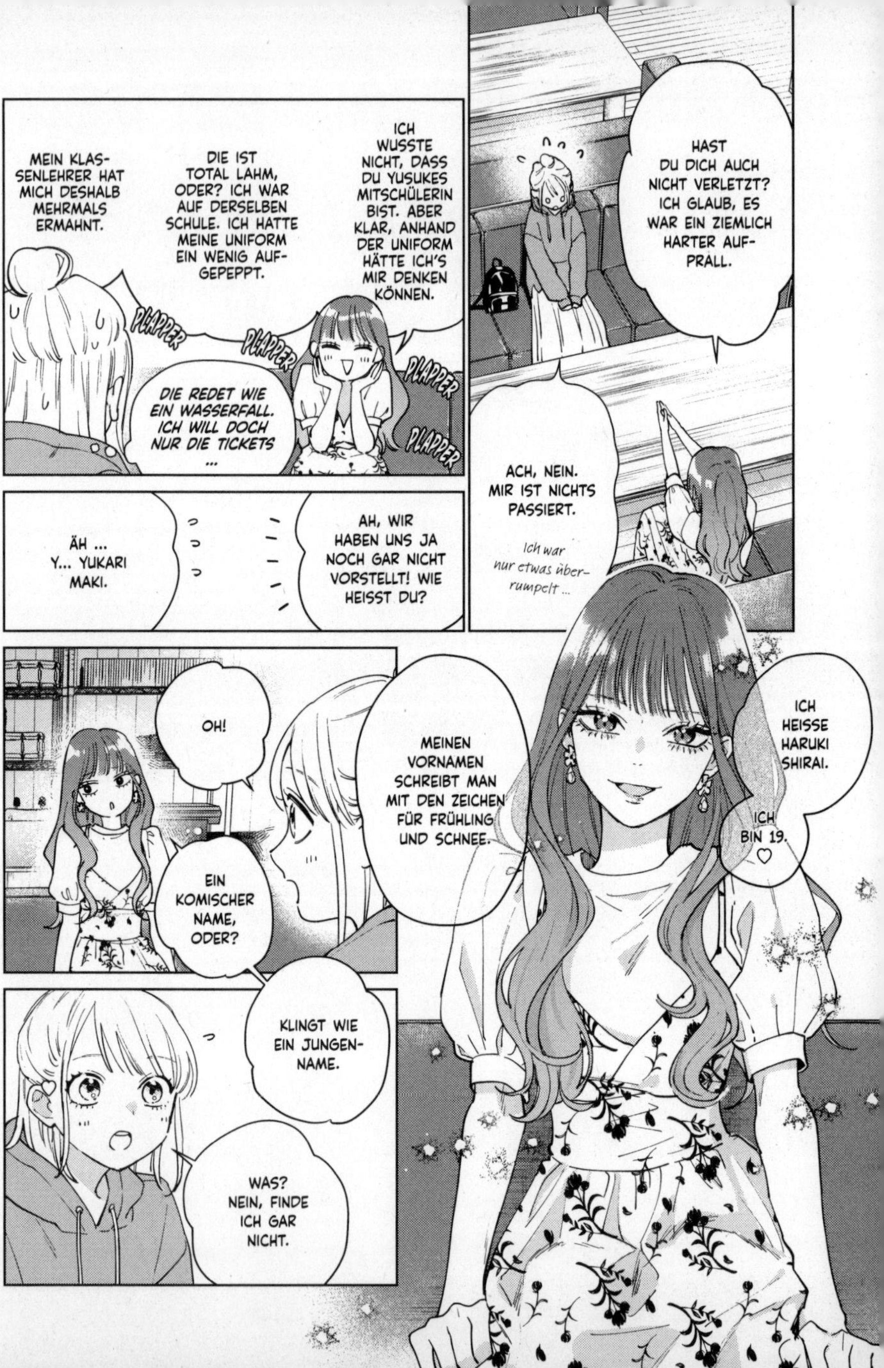
HAST DU DICH AUCH NICHT VERLETZT? ICH GLAUB, ES WAR EIN ZIEMLICH HARTER AUFPRALL.
ACH, NEIN. MIR IST NICHTS PASSIERT.
Ich war nur etwas überrumpelt ...
ICH WUSSTE NICHT, DASS DU YUSUKES MITSCHÜLERIN BIST. ABER KLAR, ANHAND DER UNIFORM HÄTTE ICH'S MIR DENKEN KÖNNEN.
DIE IST TOTAL LAHM, ODER? ICH WAR AUF DERSELBEN SCHULE. ICH HATTE MEINE UNIFORM EIN WENIG AUFGEPEPPT.
MEIN KLASSENLEHRER HAT MICH DESHALB MEHRMALS ERMAHNT.
PLAPPER
PLAPPER
PLAPPER
PLAPPER
DIE REDET WIE EIN WASSERFALL. ICH WILL DOCH NUR DIE TICKETS ...
AH, WIR HABEN UNS JA NOCH GAR NICHT VORSTELLT! WIE HEISST DU?
ÄH ... Y... YUKARI MAKI.
ICH HEISSE HARUKI SHIRAI.
ICH BIN 19. ♡
MEINEN VORNAMEN SCHREIBT MAN MIT DEN ZEICHEN FÜR FRÜHLING UND SCHNEE.
OH!
EIN KOMISCHER NAME, ODER?
KLINGT WIE EIN JUNGENNAME.
WAS? NEIN, FINDE ICH GAR NICHT.

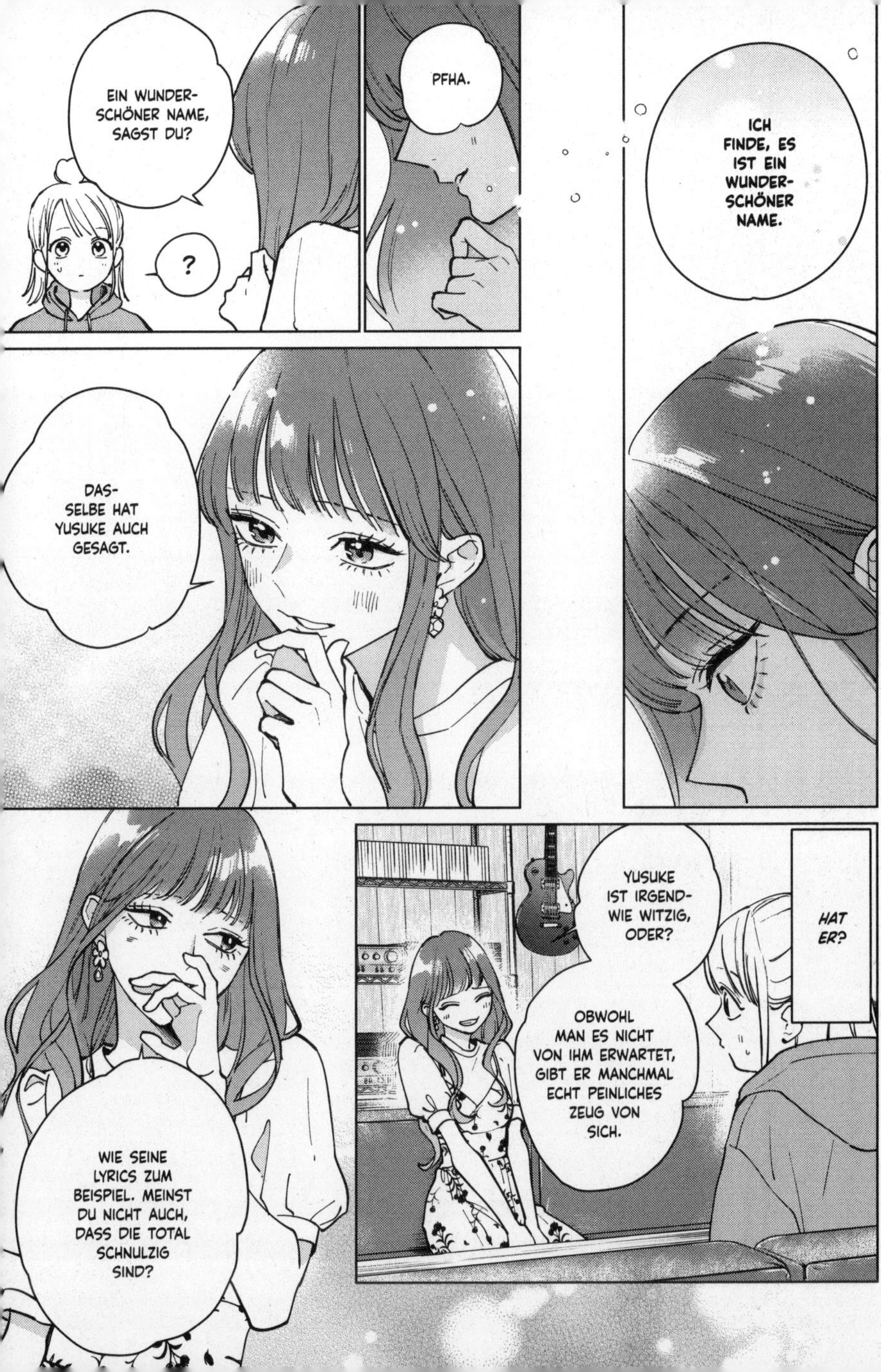
ICH FINDE, ES IST EIN WUNDER-SCHÖNER NAME.
PFHA.
EIN WUNDER-SCHÖNER NAME, SAGST DU?
?
DAS-SELBE HAT YUSUKE AUCH GESAGT.
HAT ER?
YUSUKE IST IRGEND-WIE WITZIG, ODER?
OBWOHL MAN ES NICHT VON IHM ERWARTET, GIBT ER MANCHMAL ECHT PEINLICHES ZEUG VON SICH.
WIE SEINE LYRICS ZUM BEISPIEL. MEINST DU NICHT AUCH, DASS DIE TOTAL SCHNULZIG SIND?

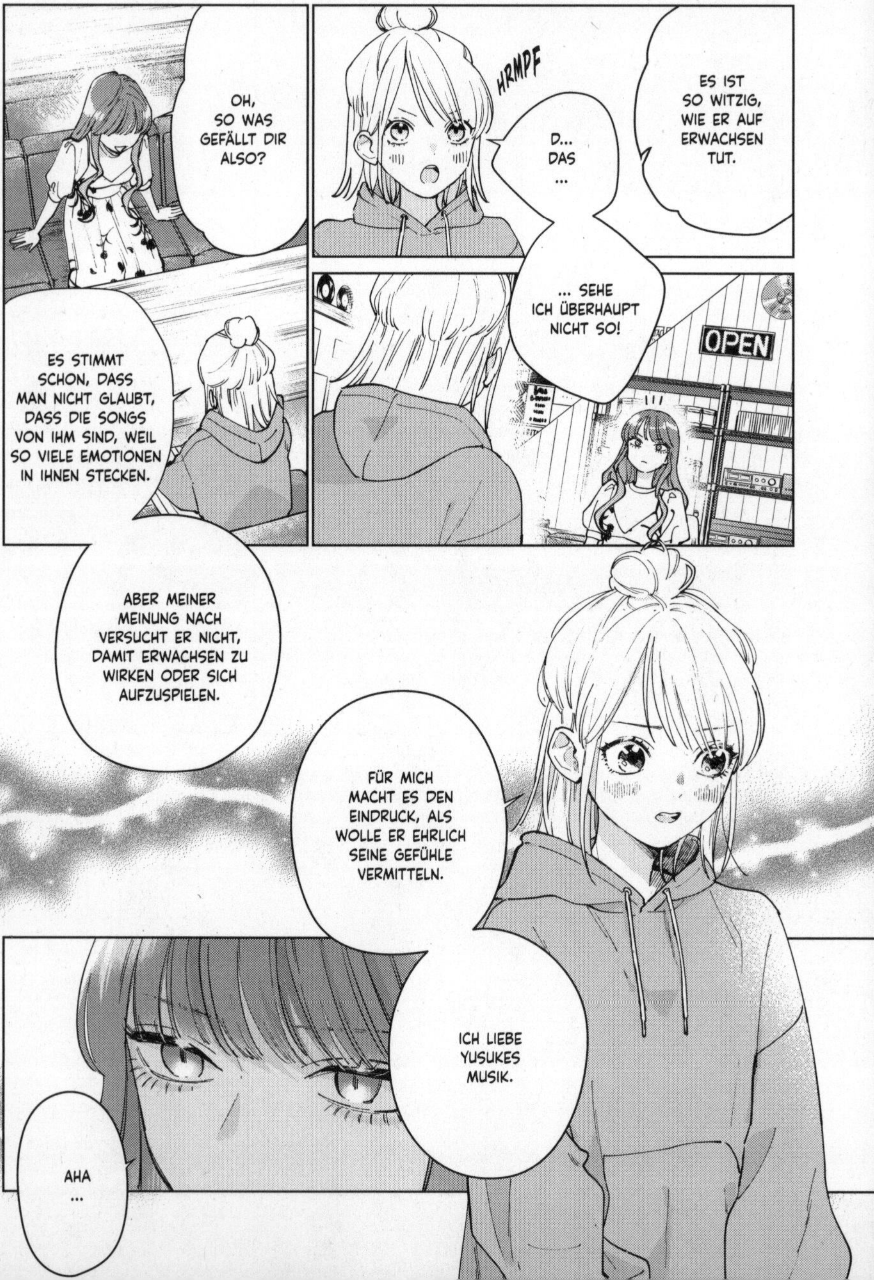
ES IST SO WITZIG, WIE ER AUF ERWACHSEN TUT.
HRMPF
D... DAS ...
... SEHE ICH ÜBERHAUPT NICHT SO!
OH, SO WAS GEFÄLLT DIR ALSO?
OPEN
ES STIMMT SCHON, DASS MAN NICHT GLAUBT, DASS DIE SONGS VON IHM SIND, WEIL SO VIELE EMOTIONEN IN IHNEN STECKEN.
ABER MEINER MEINUNG NACH VERSUCHT ER NICHT, DAMIT ERWACHSEN ZU WIRKEN ODER SICH AUFZUSPIELEN.
FÜR MICH MACHT ES DEN EINDRUCK, ALS WOLLE ER EHRLICH SEINE GEFÜHLE VERMITTELN.
ICH LIEBE YUSUKES MUSIK.
AHA ...

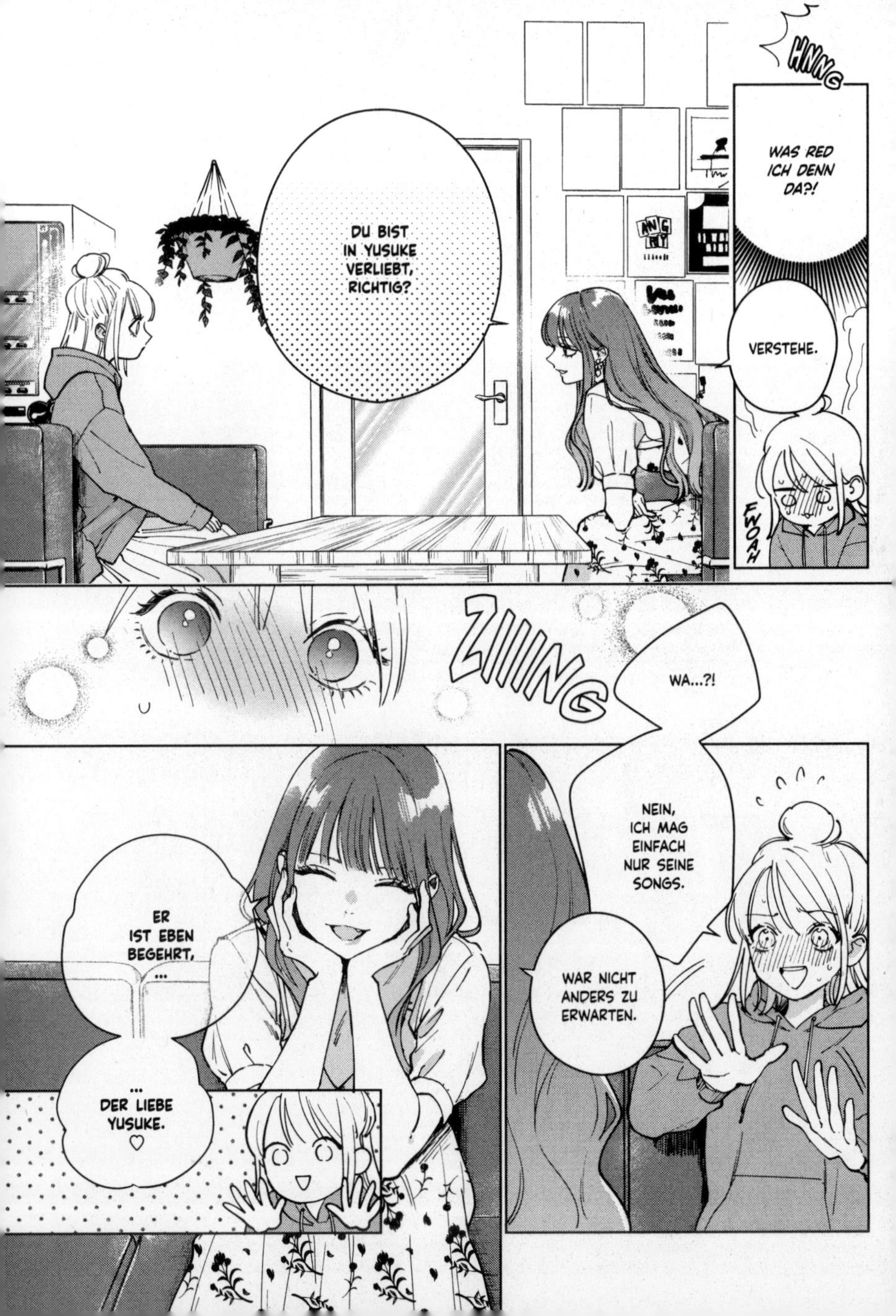
HNNG
WAS RED ICH DENN DA?!
VERSTEHE.
FWOAH
DU BIST IN YUSUKE VERLIEBT, RICHTIG?
ZIIING
WA...?!
NEIN, ICH MAG EINFACH NUR SEINE SONGS.
WAR NICHT ANDERS ZU ERWARTEN.
ER IST EBEN BEGEHRT, ...
... DER LIEBE YUSUKE. ♡

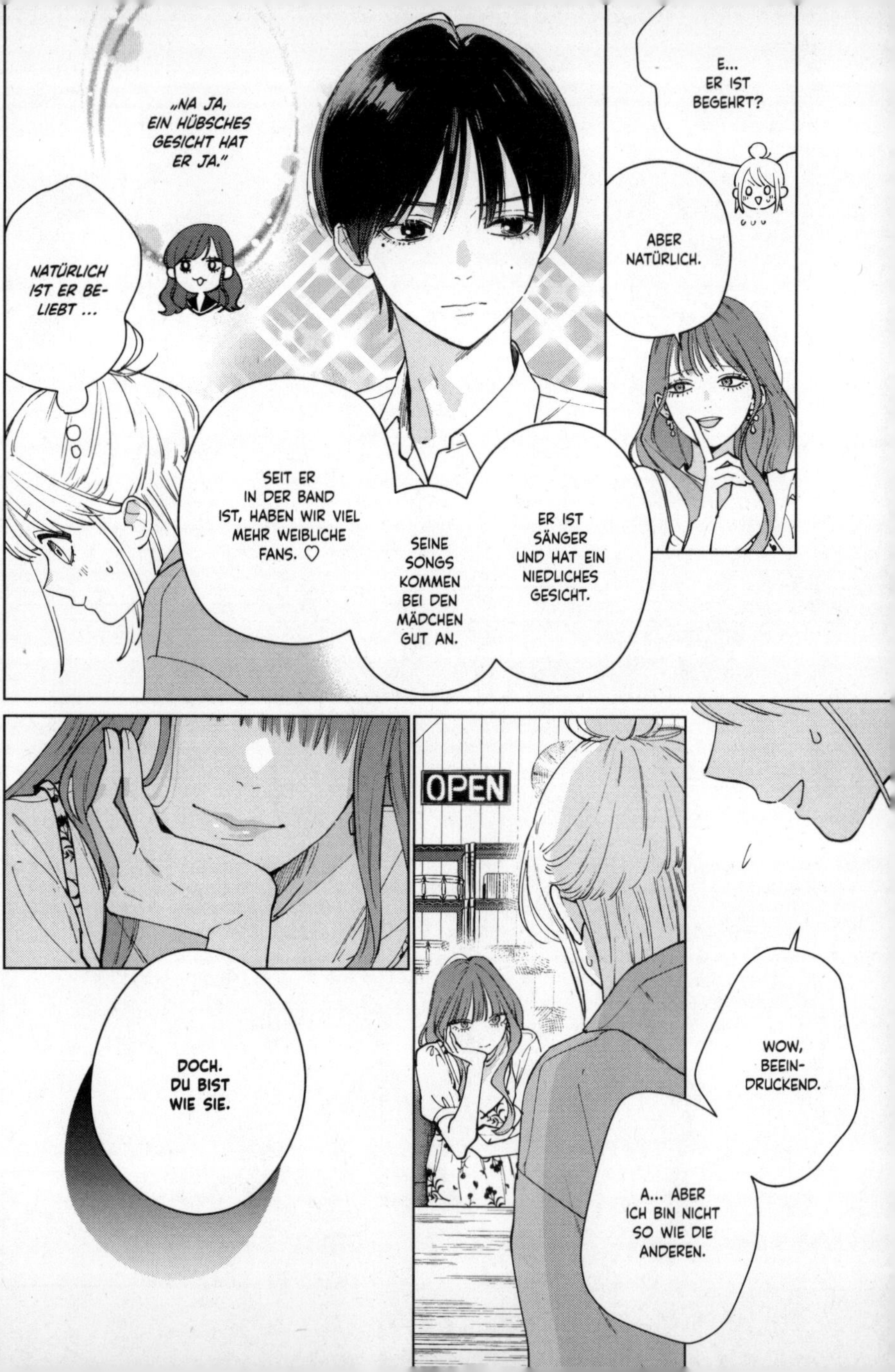
E... ER IST BEGEHRT?
ABER NATÜRLICH.
ER IST SÄNGER UND HAT EIN NIEDLICHES GESICHT.
SEINE SONGS KOMMEN BEI DEN MÄDCHEN GUT AN.
SEIT ER IN DER BAND IST, HABEN WIR VIEL MEHR WEIBLICHE FANS. ♡
NATÜRLICH IST ER BELIEBT ...
„NA JA, EIN HÜBSCHES GESICHT HAT ER JA."
WOW, BEEINDRUCKEND.
A... ABER ICH BIN NICHT SO WIE DIE ANDEREN.
OPEN
DOCH. DU BIST WIE SIE.

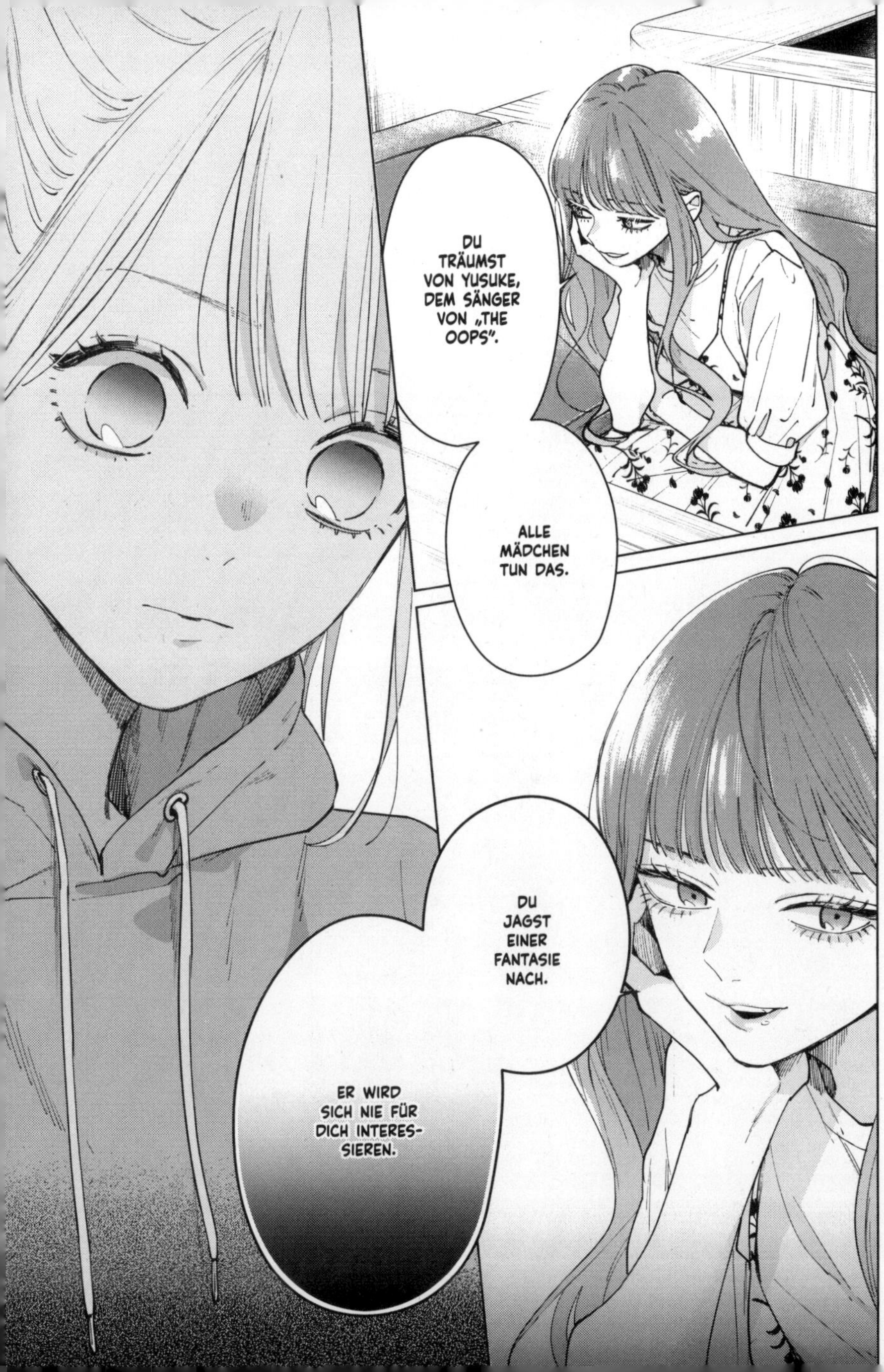
DU TRÄUMST VON YUSUKE, DEM SÄNGER VON „THE OOPS".
ALLE MÄDCHEN TUN DAS.
DU JAGST EINER FANTASIE NACH.
ER WIRD SICH NIE FÜR DICH INTERES-SIEREN.

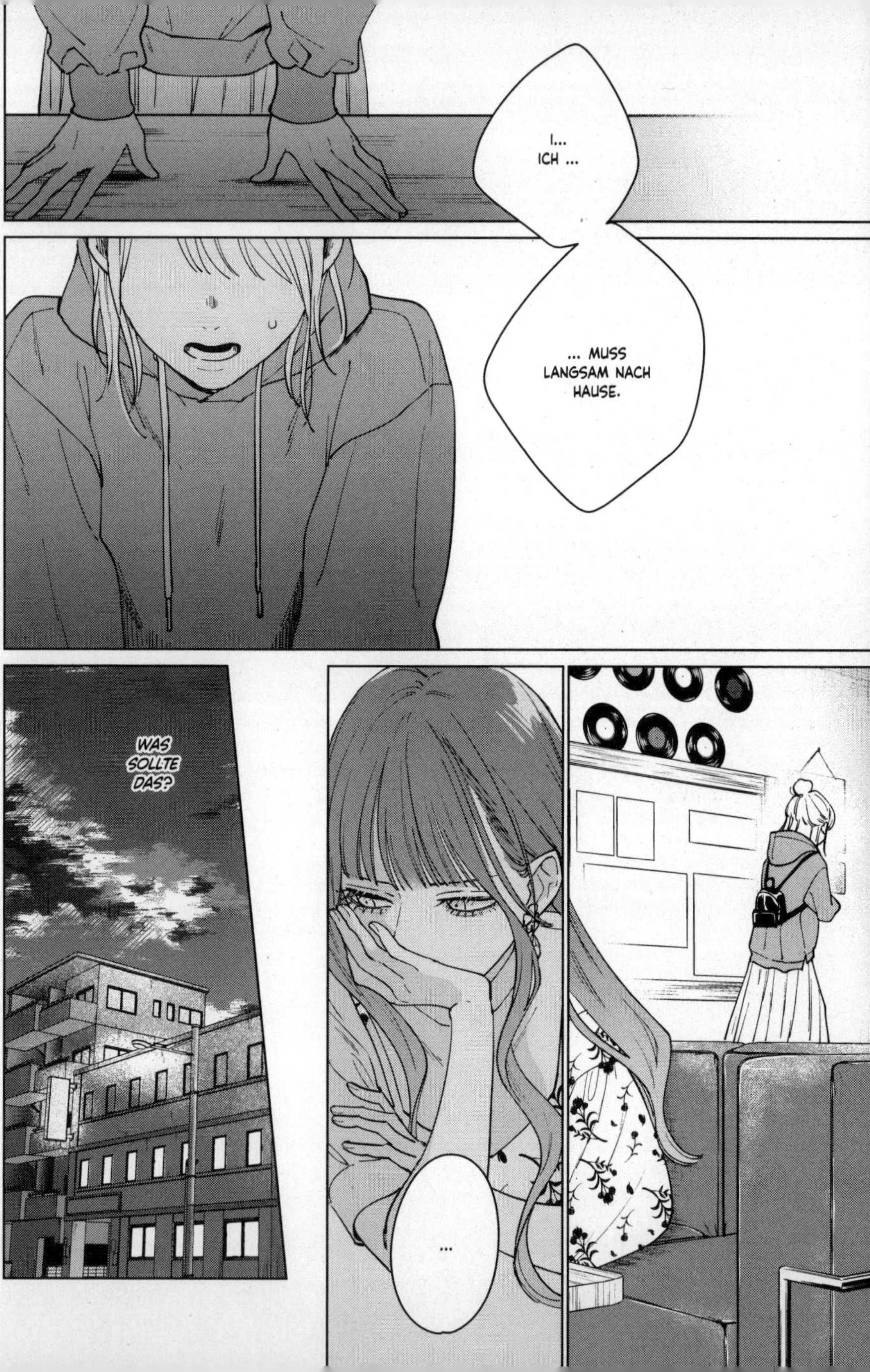
I...
ICH ...
... MUSS LANGSAM NACH HAUSE.
...
WAS SOLLTE DAS?

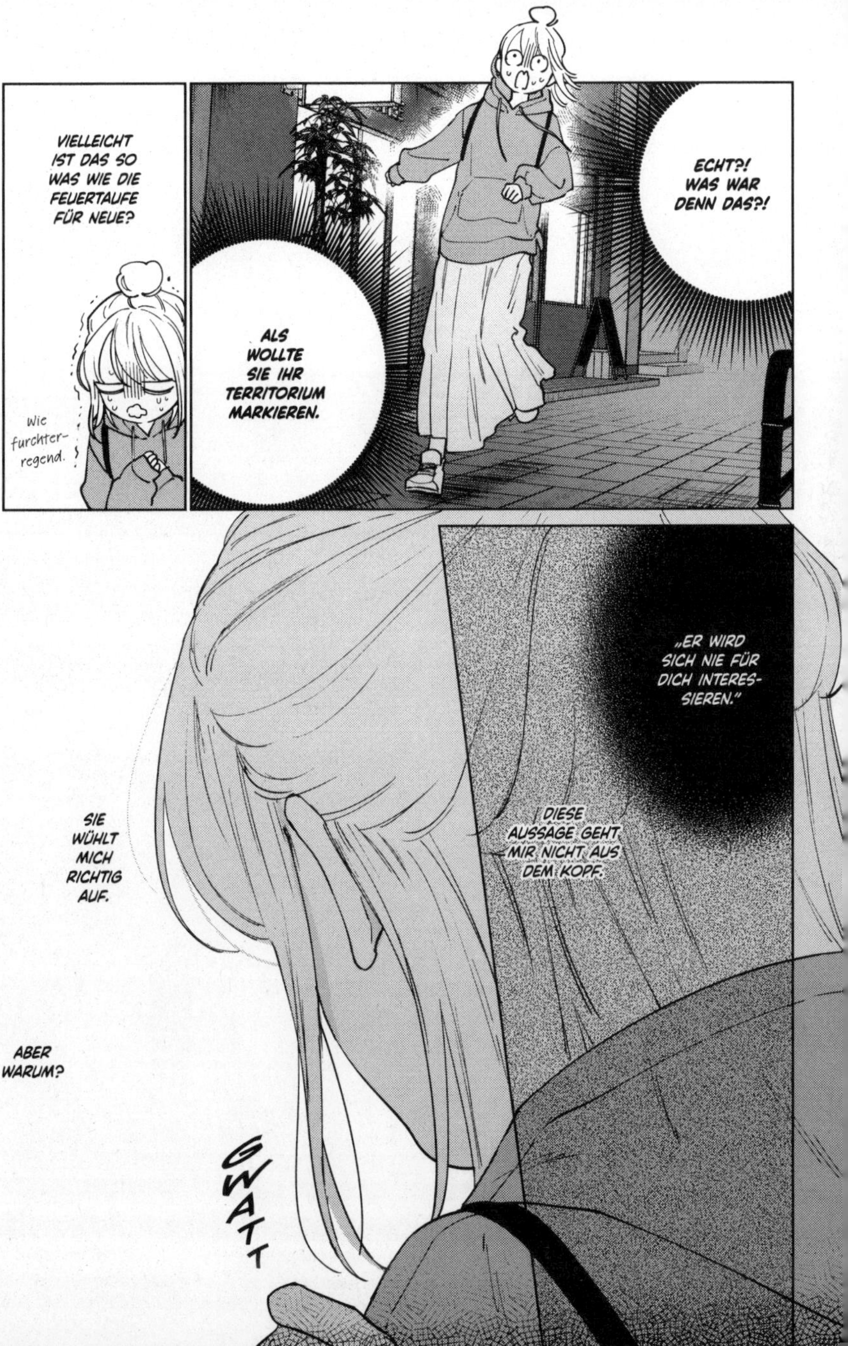
ECHT?! WAS WAR DENN DAS?!
ALS WOLLTE SIE IHR TERRITORIUM MARKIEREN.
VIELLEICHT IST DAS SO WAS WIE DIE FEUERTAUFE FÜR NEUE?
Wie furchter-regend.
„ER WIRD SICH NIE FÜR DICH INTERES-SIEREN."
DIESE AUSSAGE GEHT MIR NICHT AUS DEM KOPF.
SIE WÜHLT MICH RICHTIG AUF.
ABER WARUM?
GWATT

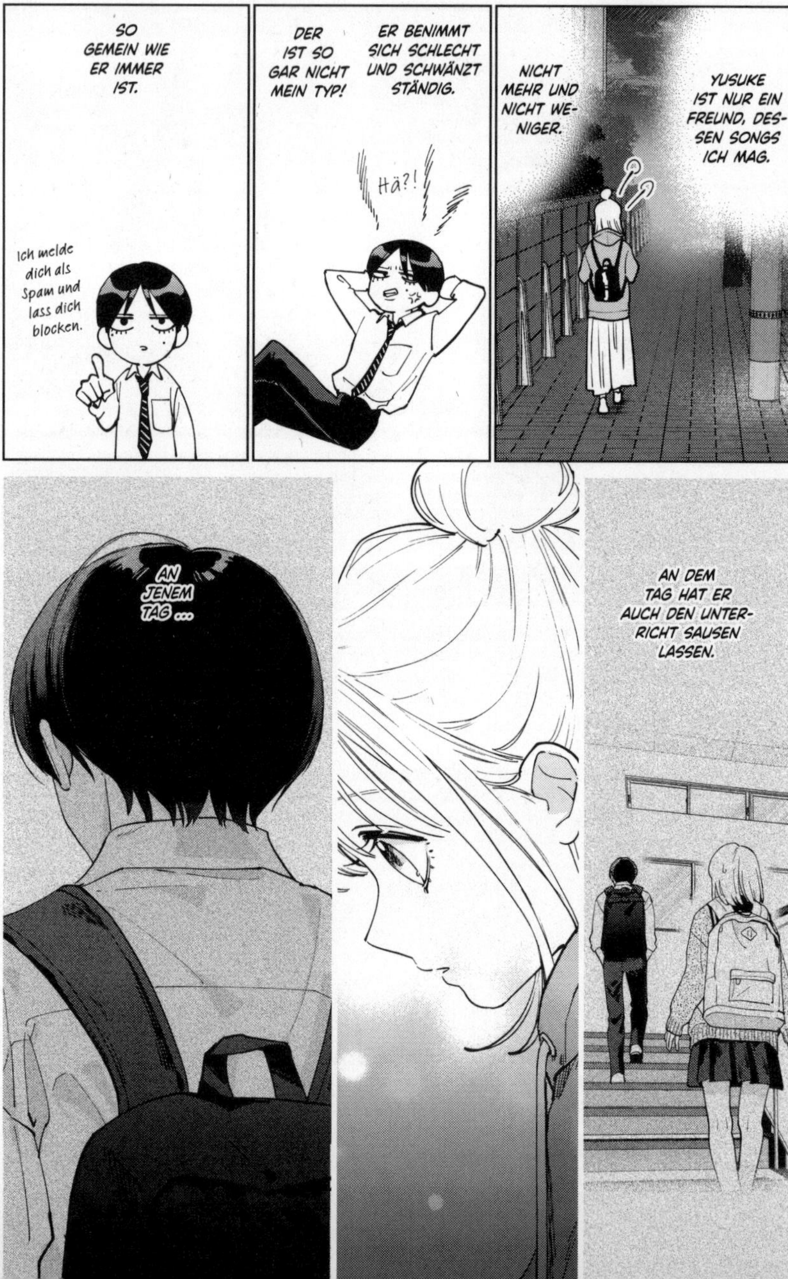
YUSUKE IST NUR EIN FREUND, DESSEN SONGS ICH MAG.
NICHT MEHR UND NICHT WENIGER.
ER BENIMMT SICH SCHLECHT UND SCHWÄNZT STÄNDIG.
DER IST SO GAR NICHT MEIN TYP!
Hä?!
SO GEMEIN WIE ER IMMER IST.
Ich melde dich als Spam und lass dich blocken.
AN DEM TAG HAT ER AUCH DEN UNTERRICHT SAUSEN LASSEN.
AN JENEM TAG ...

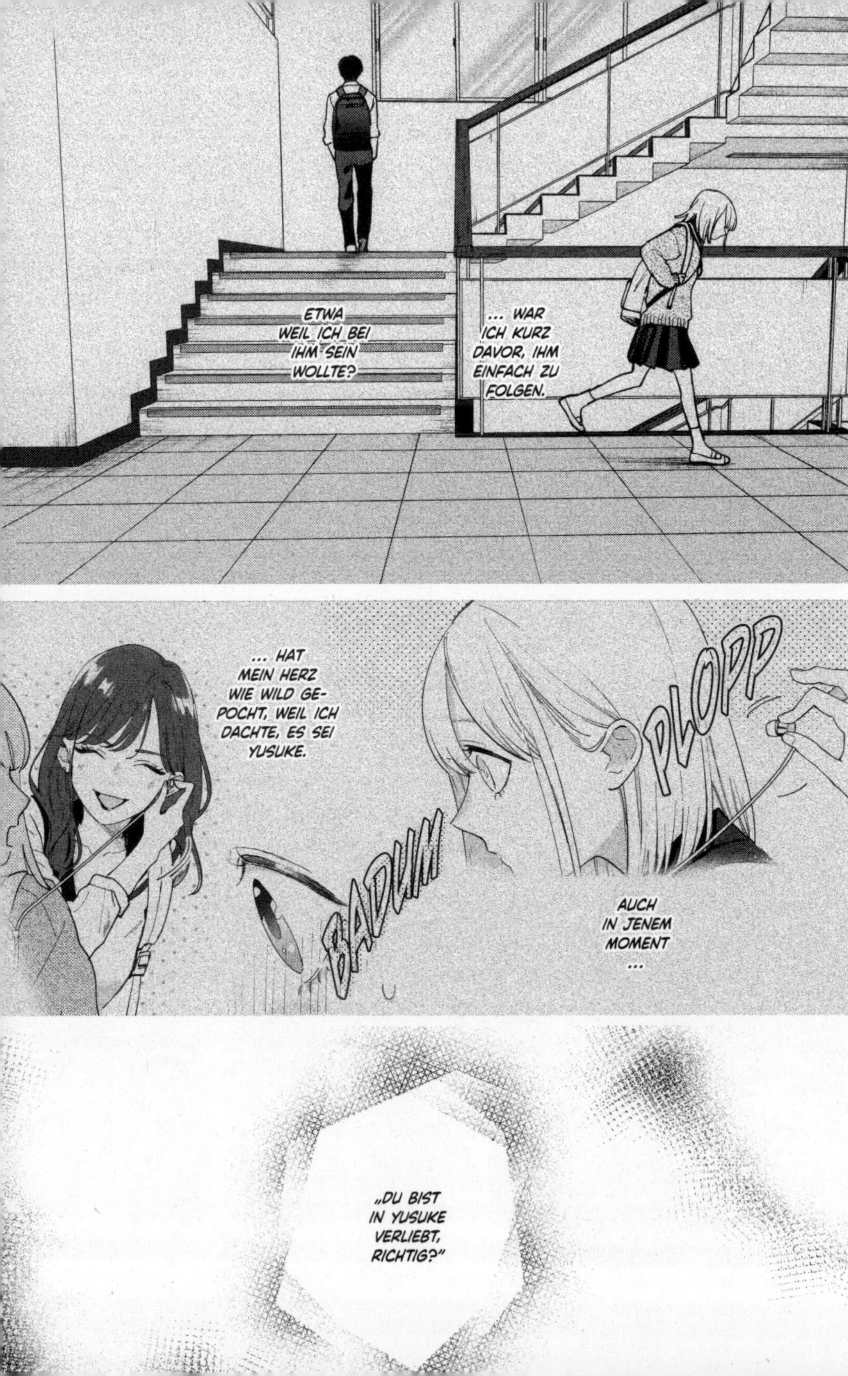
... WAR ICH KURZ DAVOR, IHM EINFACH ZU FOLGEN.
ETWA WEIL ICH BEI IHM SEIN WOLLTE?
PLOPP
... HAT MEIN HERZ WIE WILD GE-POCHT, WEIL ICH DACHTE, ES SEI YUSUKE.
AUCH IN JENEM MOMENT ...
BADUM
„DU BIST IN YUSUKE VERLIEBT, RICHTIG?"

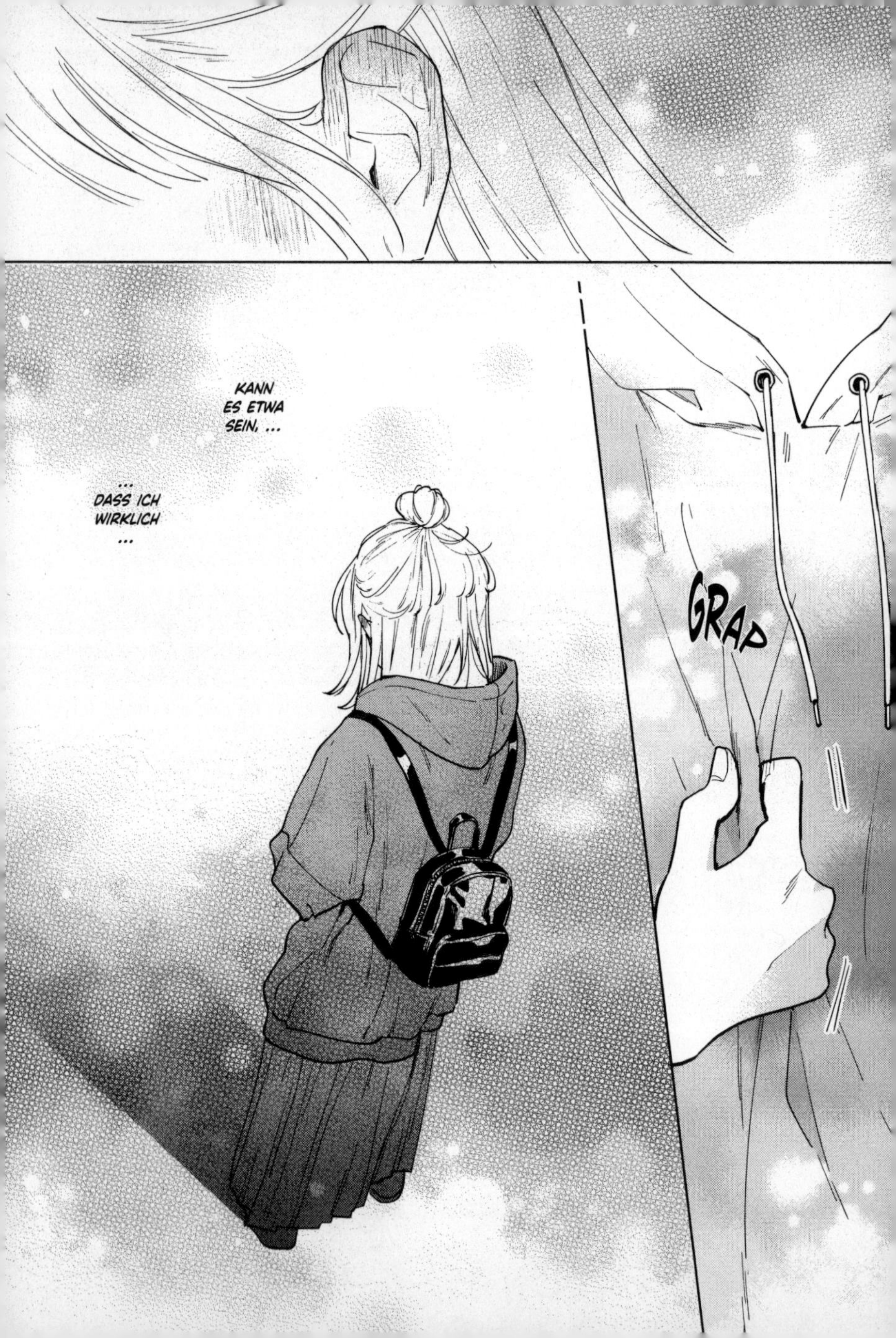
KANN ES ETWA SEIN, ...
... DASS ICH WIRKLICH ...
GRAP

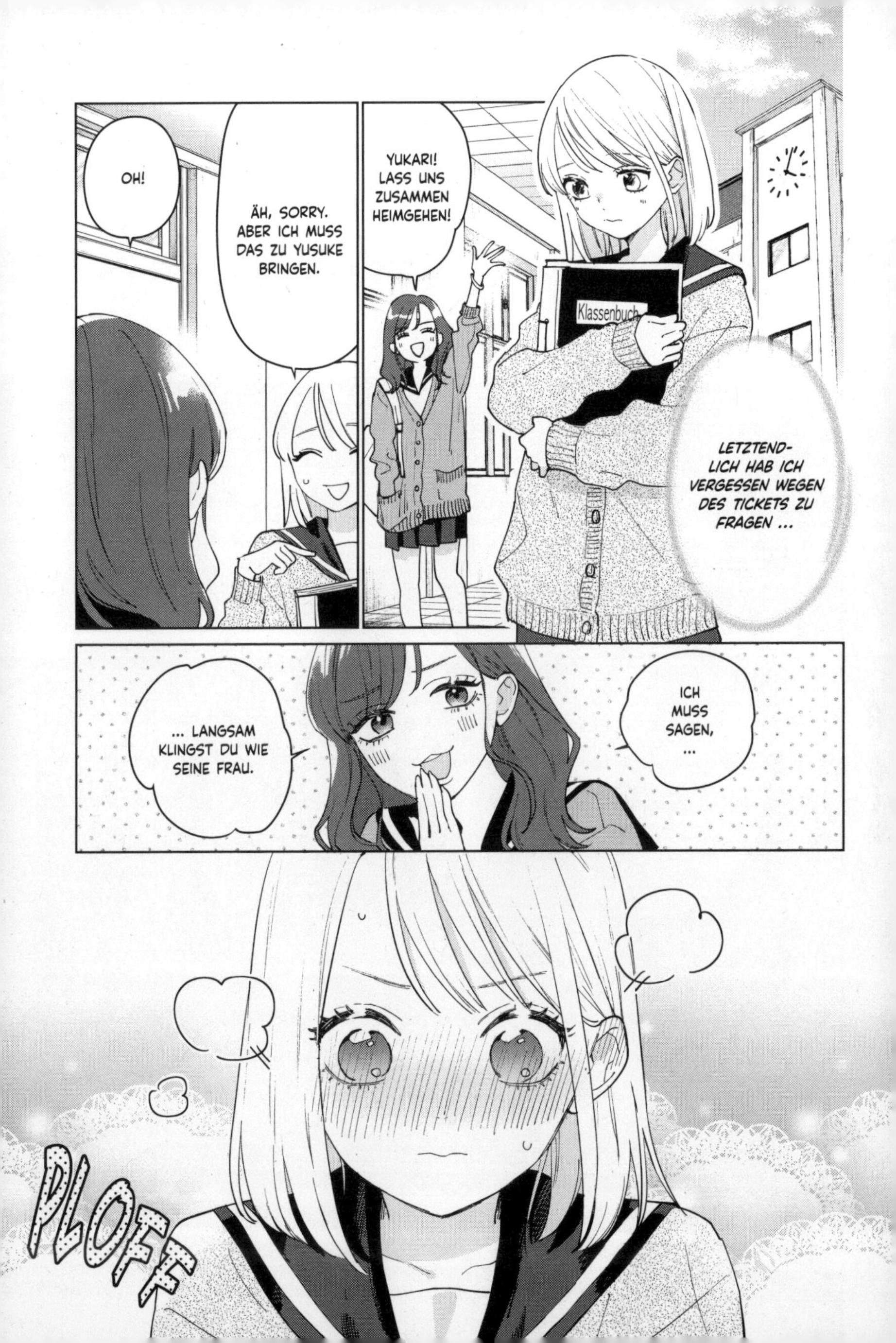
LETZTENDLICH HAB ICH VERGESSEN WEGEN DES TICKETS ZU FRAGEN ...
Klassenbuch
YUKARI! LASS UNS ZUSAMMEN HEIMGEHEN!
ÄH, SORRY. ABER ICH MUSS DAS ZU YUSUKE BRINGEN.
OH!
ICH MUSS SAGEN, ...
... LANGSAM KLINGST DU WIE SEINE FRAU.
PLOFF

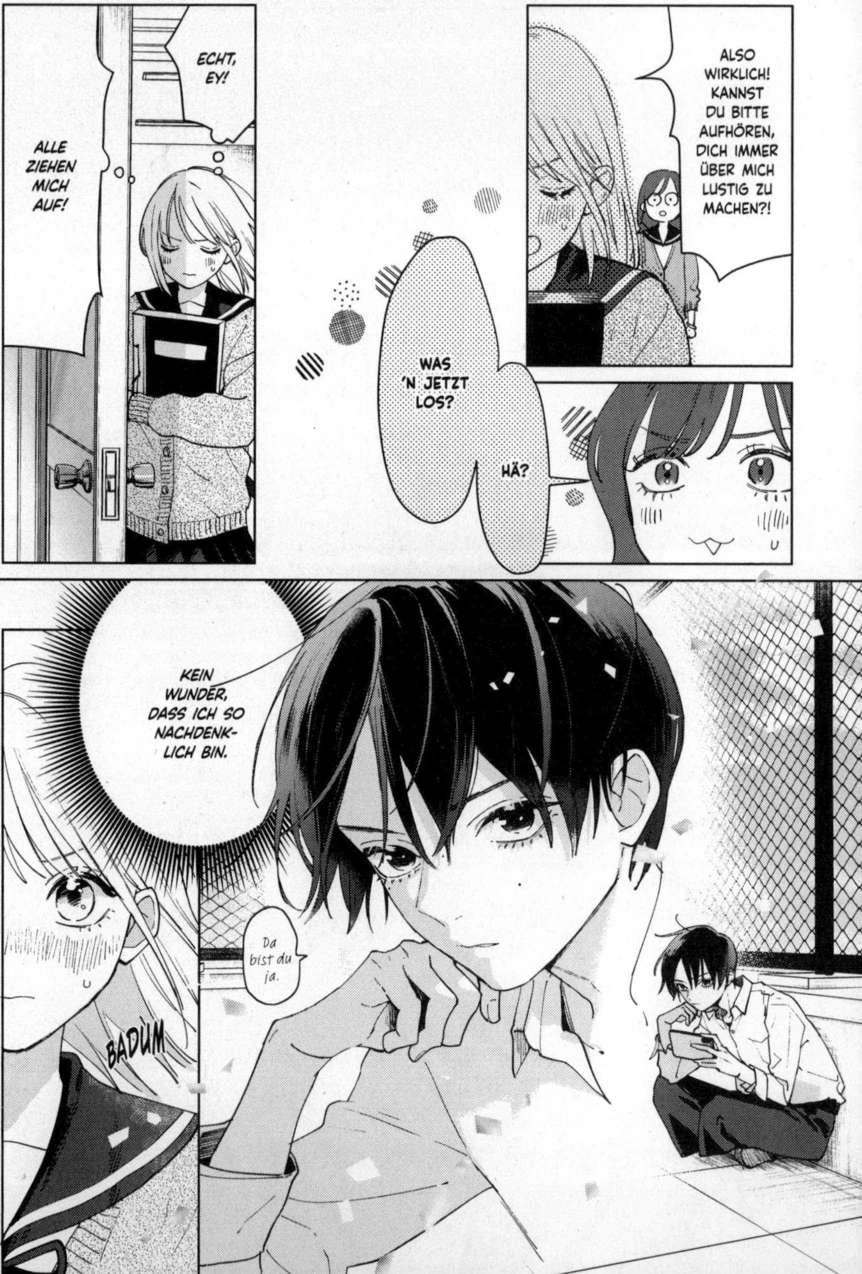
ALSO WIRKLICH! KANNST DU BITTE AUFHÖREN, DICH IMMER ÜBER MICH LUSTIG ZU MACHEN?!
WAS 'N JETZT LOS?
HÄ?
ECHT, EY!
ALLE ZIEHEN MICH AUF!
Da bist du ja.
KEIN WUNDER, DASS ICH SO NACHDENKLICH BIN.
BADUM

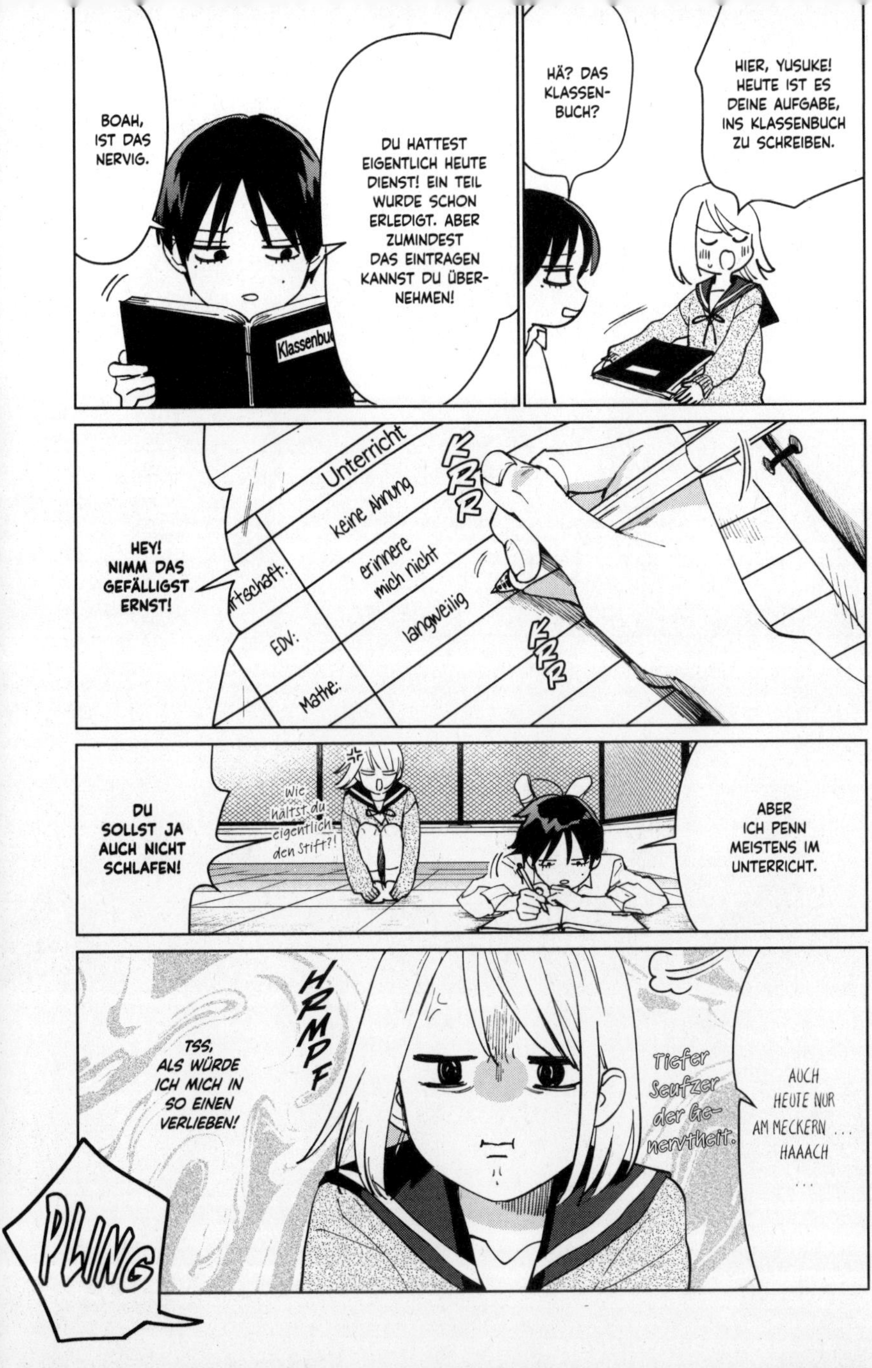
HIER, YUSUKE! HEUTE IST ES DEINE AUFGABE, INS KLASSENBUCH ZU SCHREIBEN.
HÄ? DAS KLASSEN-BUCH?
DU HATTEST EIGENTLICH HEUTE DIENST! EIN TEIL WURDE SCHON ERLEDIGT. ABER ZUMINDEST DAS EINTRAGEN KANNST DU ÜBER-NEHMEN!
BOAH, IST DAS NERVIG.
Klassenbuc
Unterricht
keine Ahnung
rtschaft:
erinnere mich nicht
EDV:
langweilig
Mathe:
KRR
KRR
HEY! NIMM DAS GEFÄLLIGST ERNST!
ABER ICH PENN MEISTENS IM UNTERRICHT.
Wie hältst du eigentlich den Stift?!
DU SOLLST JA AUCH NICHT SCHLAFEN!
AUCH HEUTE NUR AM MECKERN ... HAAACH ...
Tiefer Seufzer der Genervtheit.
HRMPF
TSS, ALS WÜRDE ICH MICH IN SO EINEN VERLIEBEN!
PLING

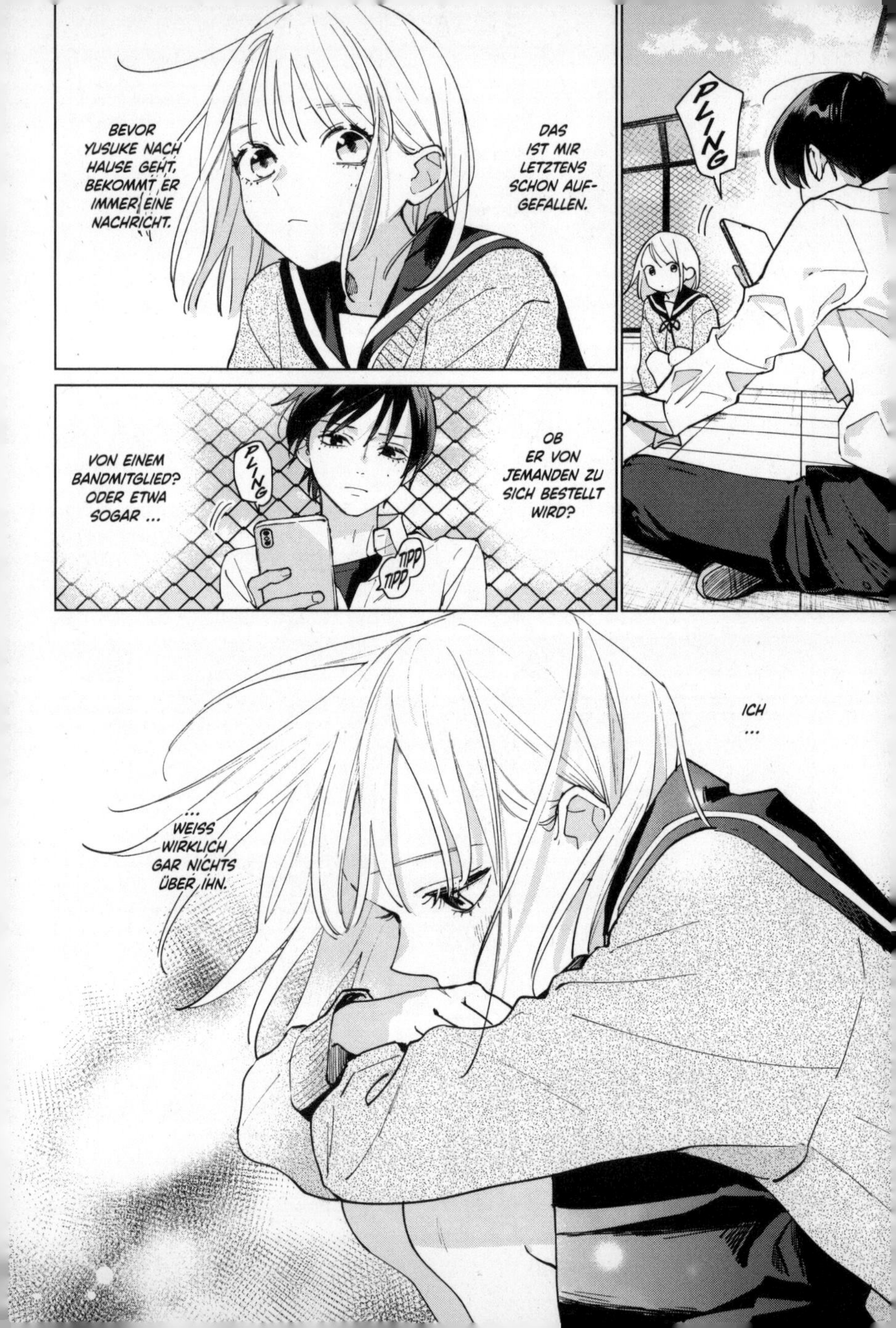
DAS IST MIR LETZTENS SCHON AUF-GEFALLEN.
BEVOR YUSUKE NACH HAUSE GEHT, BEKOMMT ER IMMER EINE NACHRICHT.
PLING
OB ER VON JEMANDEN ZU SICH BESTELLT WIRD?
PLING
TIPP TIPP
VON EINEM BANDMITGLIED? ODER ETWA SOGAR ...
ICH ...
... WEISS WIRKLICH GAR NICHTS ÜBER IHN.

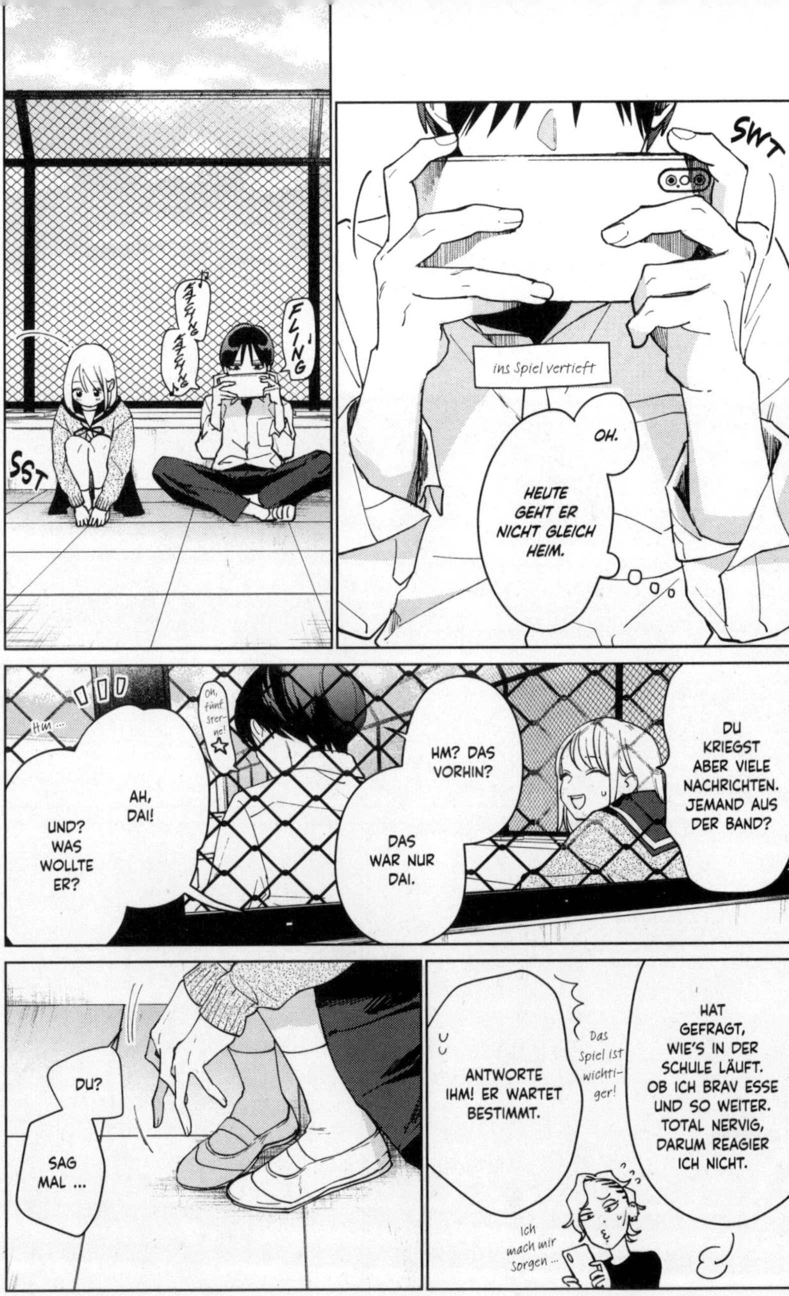
SWT
ins Spiel vertieft
OH.
HEUTE GEHT ER NICHT GLEICH HEIM.
FLING
SST
DU KRIEGST ABER VIELE NACHRICHTEN. JEMAND AUS DER BAND?
HM? DAS VORHIN?
DAS WAR NUR DAI.
Oh, fünf Sterne!
AH, DAI!
UND? WAS WOLLTE ER?
Hm ...
HAT GEFRAGT, WIE'S IN DER SCHULE LÄUFT. OB ICH BRAV ESSE UND SO WEITER. TOTAL NERVIG, DARUM REAGIER ICH NICHT.
Ich mach mir Sorgen ...
Das Spiel ist wichtiger!
ANTWORTE IHM! ER WARTET BESTIMMT.
DU?
SAG MAL ...

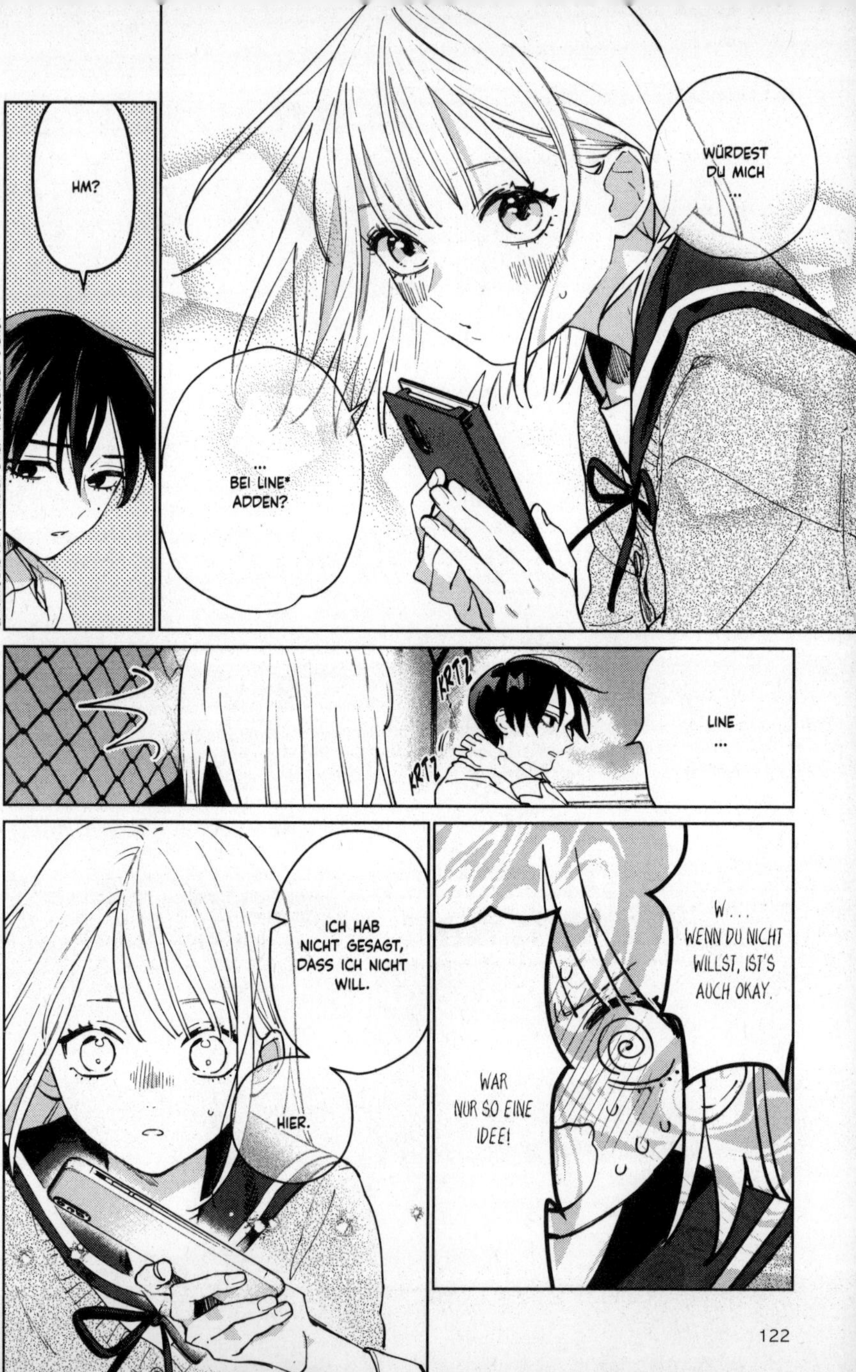

*JAPANISCHE APP, ÄHNLICH EINEM MESSENGER-DIENST

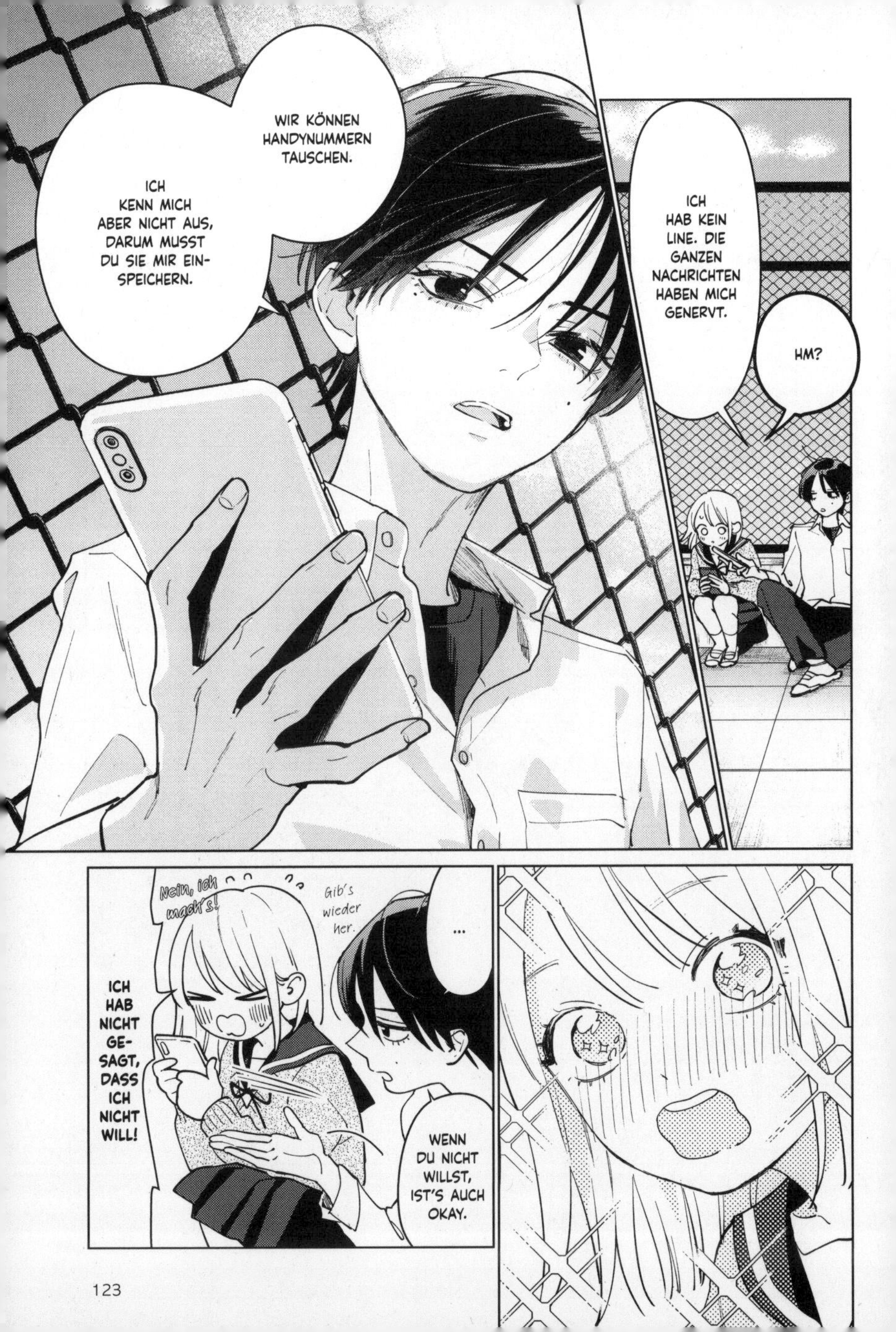
ICH HAB KEIN LINE. DIE GANZEN NACHRICHTEN HABEN MICH GENERVT.
HM?
WIR KÖNNEN HANDYNUMMERN TAUSCHEN.
ICH KENN MICH ABER NICHT AUS, DARUM MUSST DU SIE MIR EIN-SPEICHERN.
...
WENN DU NICHT WILLST, IST'S AUCH OKAY.
ICH HAB NICHT GE-SAGT, DASS ICH NICHT WILL!
Gib's wieder her.
Nein, ich mach's!

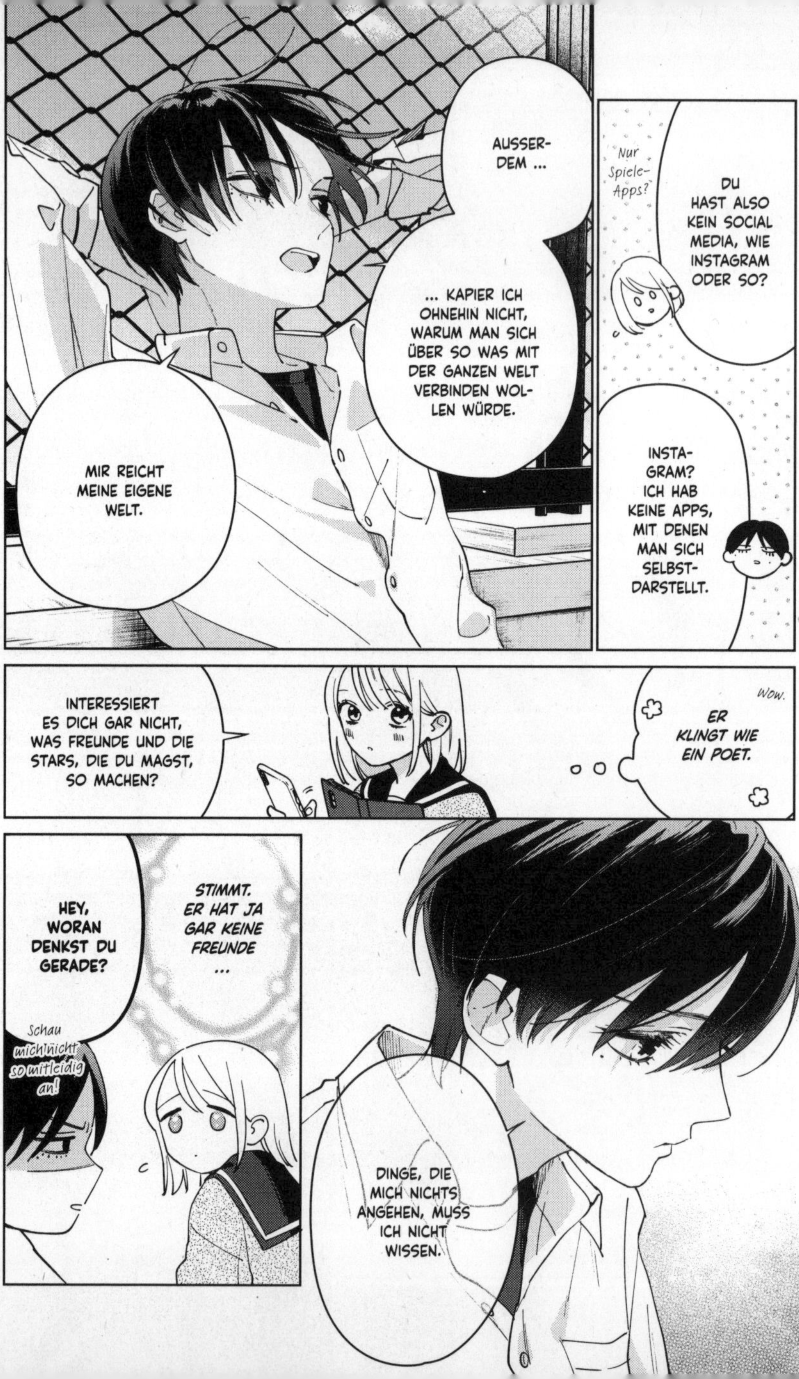
DU HAST ALSO KEIN SOCIAL MEDIA, WIE INSTAGRAM ODER SO?
Nur Spiele-Apps?
INSTAGRAM? ICH HAB KEINE APPS, MIT DENEN MAN SICH SELBSTDARSTELLT.
AUSSERDEM ...
... KAPIER ICH OHNEHIN NICHT, WARUM MAN SICH ÜBER SO WAS MIT DER GANZEN WELT VERBINDEN WOLLEN WÜRDE.
MIR REICHT MEINE EIGENE WELT.
Wow.
ER KLINGT WIE EIN POET.
INTERESSIERT ES DICH GAR NICHT, WAS FREUNDE UND DIE STARS, DIE DU MAGST, SO MACHEN?
DINGE, DIE MICH NICHTS ANGEHEN, MUSS ICH NICHT WISSEN.
STIMMT. ER HAT JA GAR KEINE FREUNDE ...
HEY, WORAN DENKST DU GERADE?
Schau mich nicht so mitleidig an!

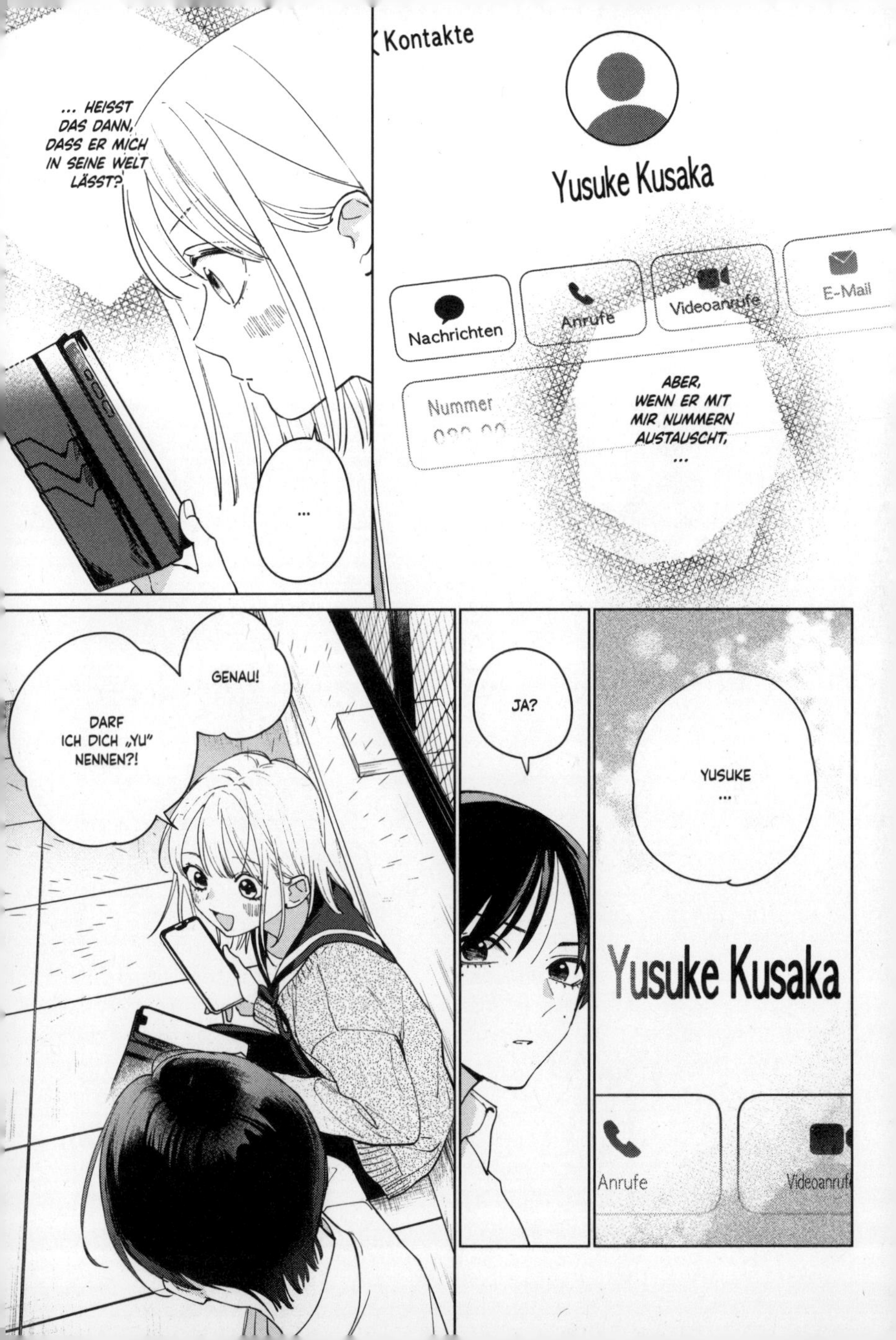
Kontakte
Yusuke Kusaka
Nachrichten
Anrufe
Videoanrufe
E-Mail
Nummer
Aber, wenn er mit mir Nummern austauscht, …
… heisst das dann, dass er mich in seine Welt lässt?
…
Yusuke …
Yusuke Kusaka
Anrufe
Videoanrufe
Ja?
Genau!
Darf ich dich „Yu“ nennen?!

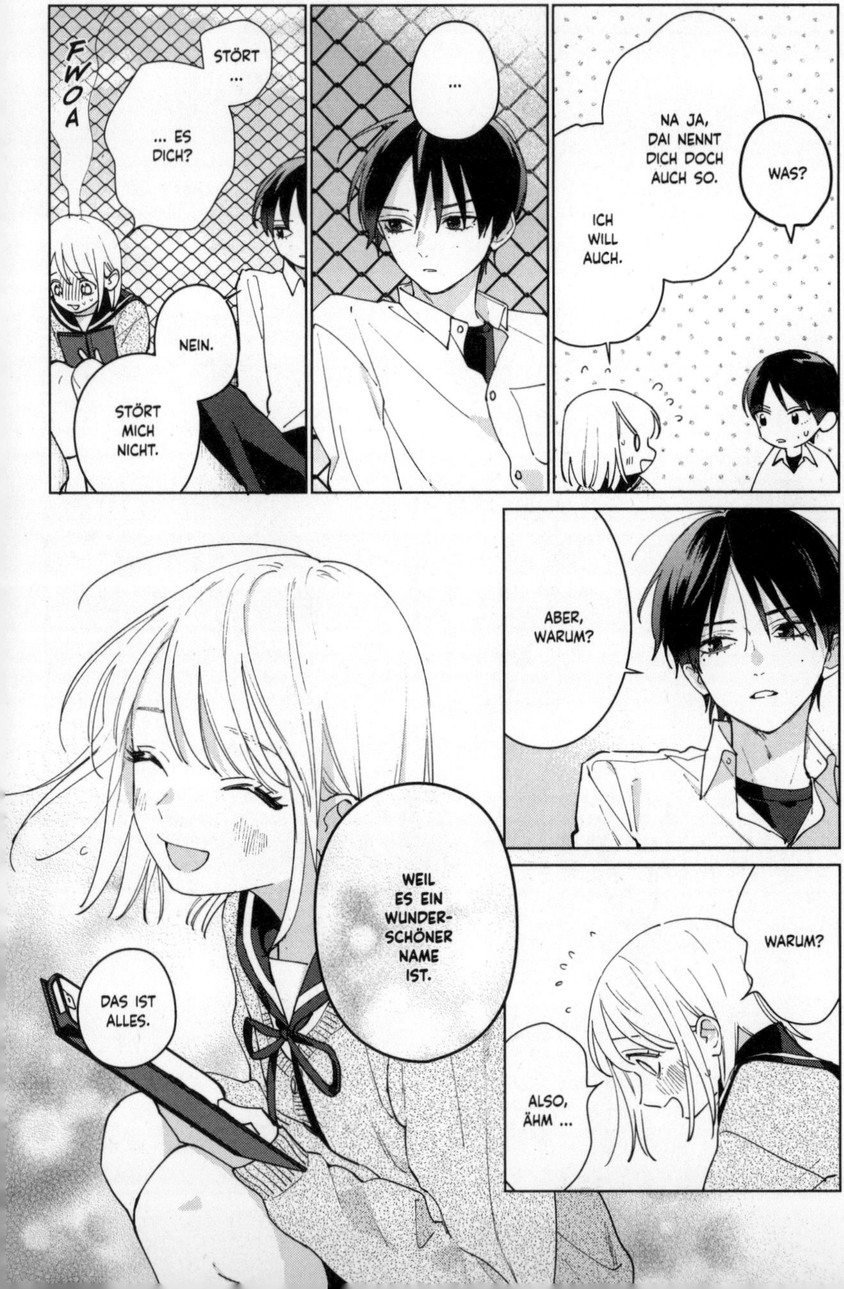
WAS?
NA JA, DAI NENNT DICH DOCH AUCH SO.
ICH WILL AUCH.
...
STÖRT ...
... ES DICH?
FWOA
NEIN.
STÖRT MICH NICHT.
ABER, WARUM?
WARUM?
ALSO, ÄHM ...
WEIL ES EIN WUNDER-SCHÖNER NAME IST.
DAS IST ALLES.

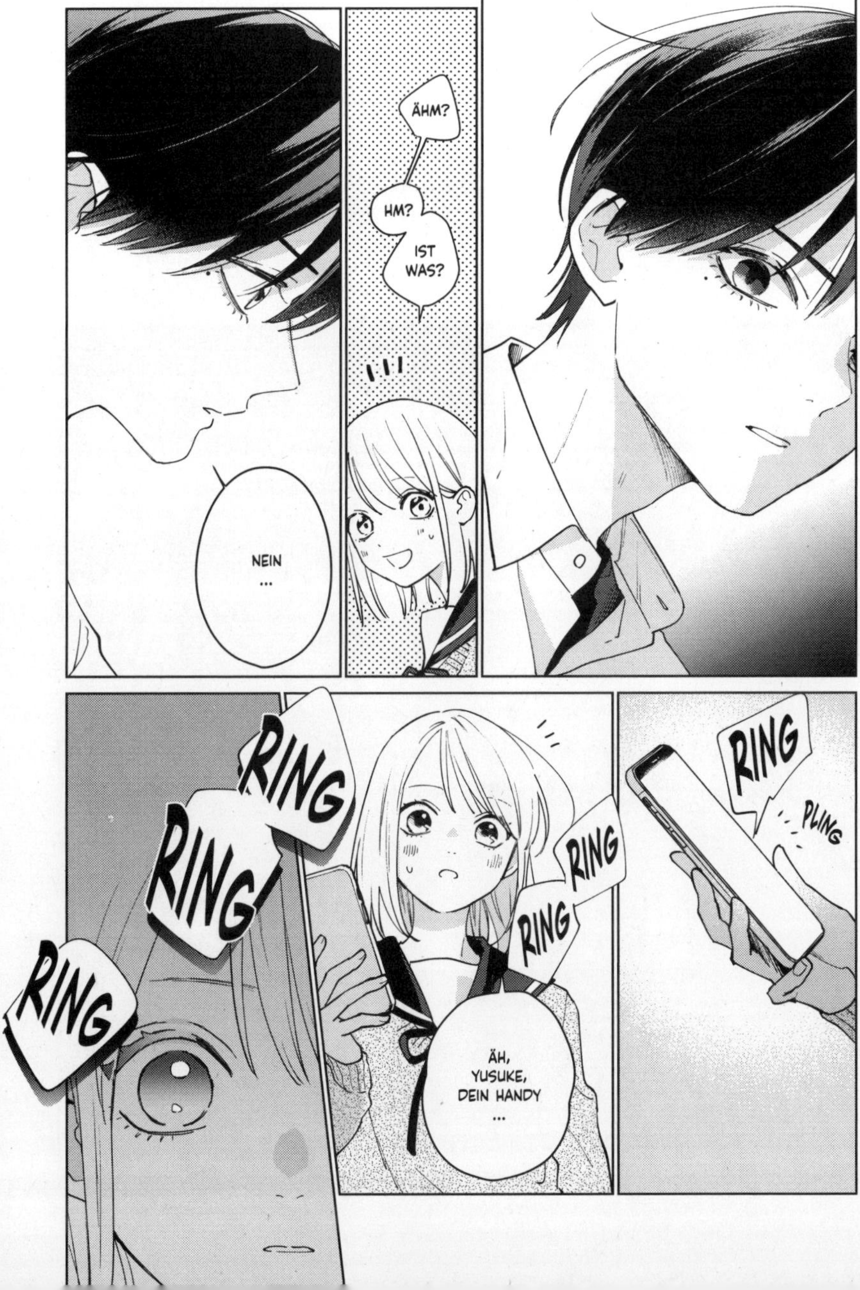
ÄHM?
HM?
IST WAS?
NEIN ...
RING
PLING
RING
RING
ÄH, YUSUKE, DEIN HANDY ...
RING
RING
RING

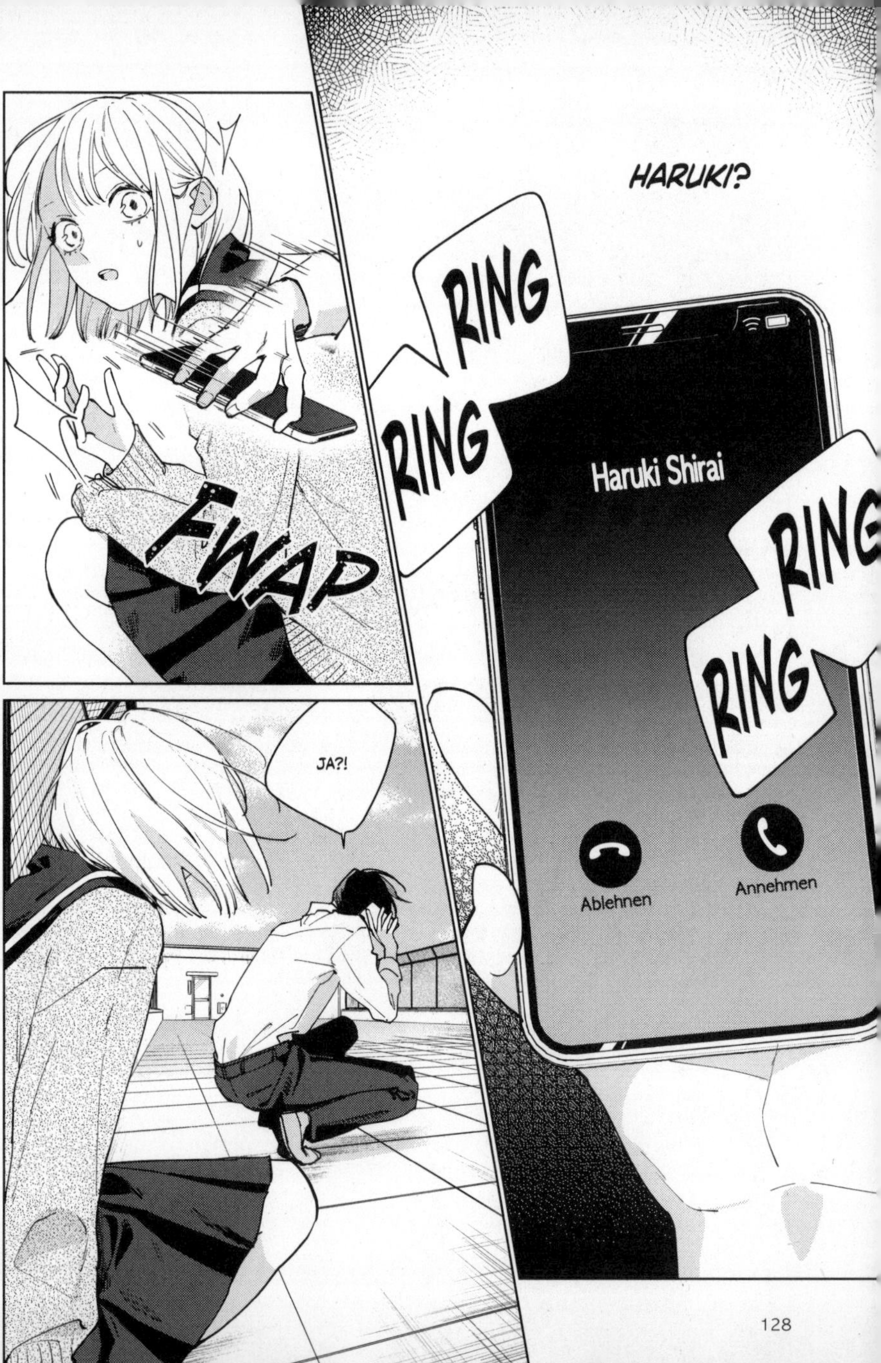
HARUKI?
RING RING
Haruki Shirai
RING RING
Ablehnen
Annehmen
FWAP
JA?!

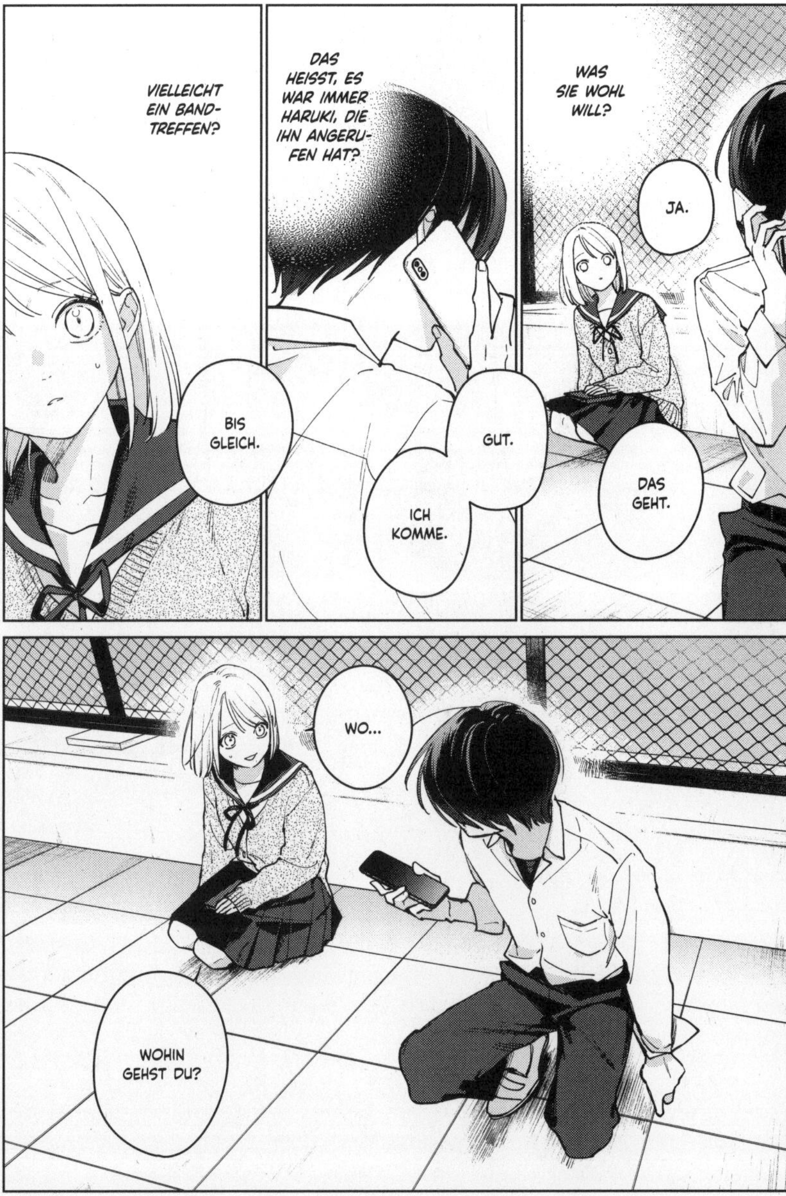
WAS SIE WOHL WILL?
JA.
DAS GEHT.
DAS HEISST, ES WAR IMMER HARUKI, DIE IHN ANGERUFEN HAT?
GUT.
ICH KOMME.
VIELLEICHT EIN BAND-TREFFEN?
BIS GLEICH.
WO...
WOHIN GEHST DU?

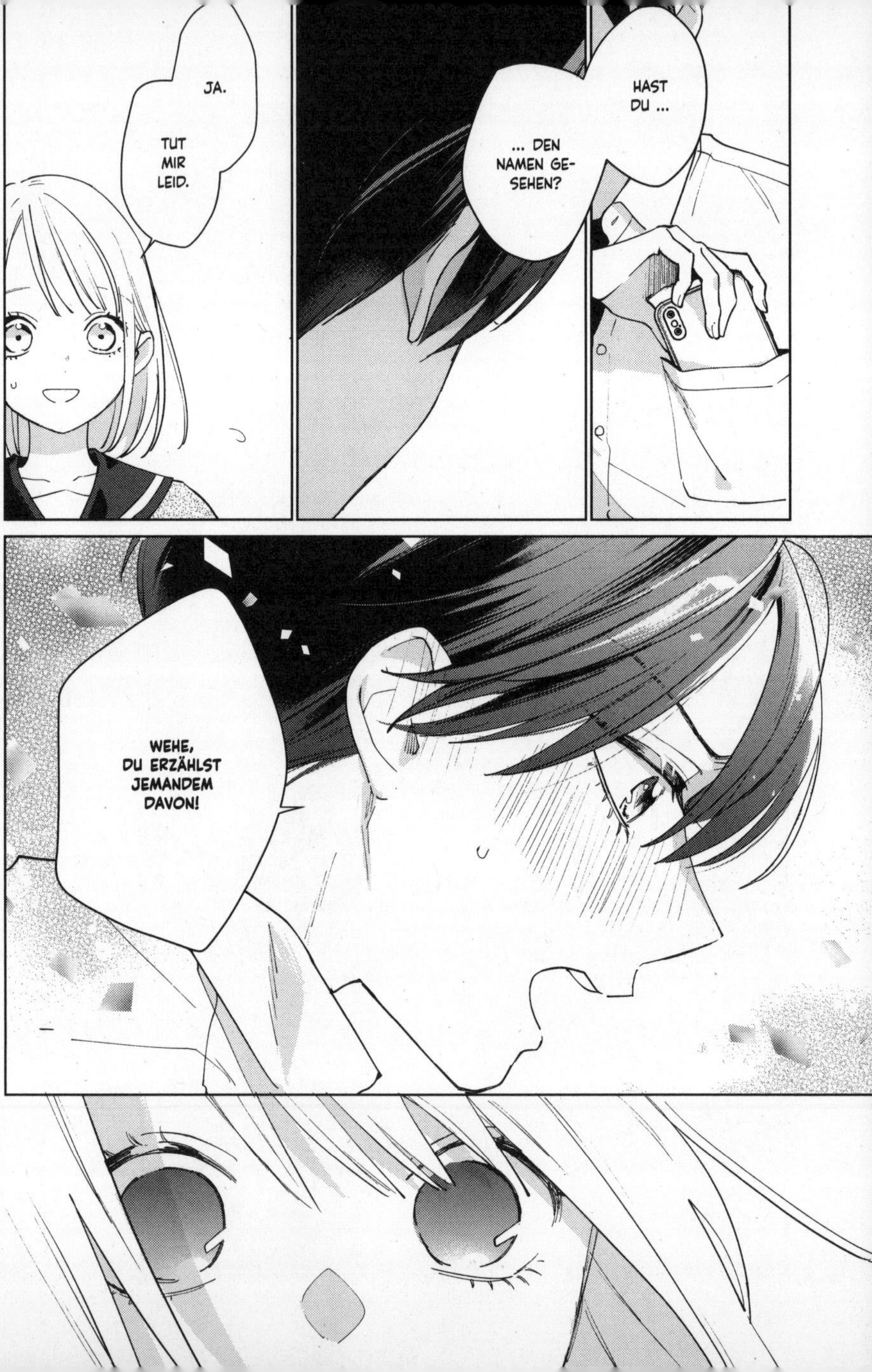
HAST DU ...
... DEN NAMEN GESEHEN?
JA.
TUT MIR LEID.
WEHE, DU ERZÄHLST JEMANDEM DAVON!

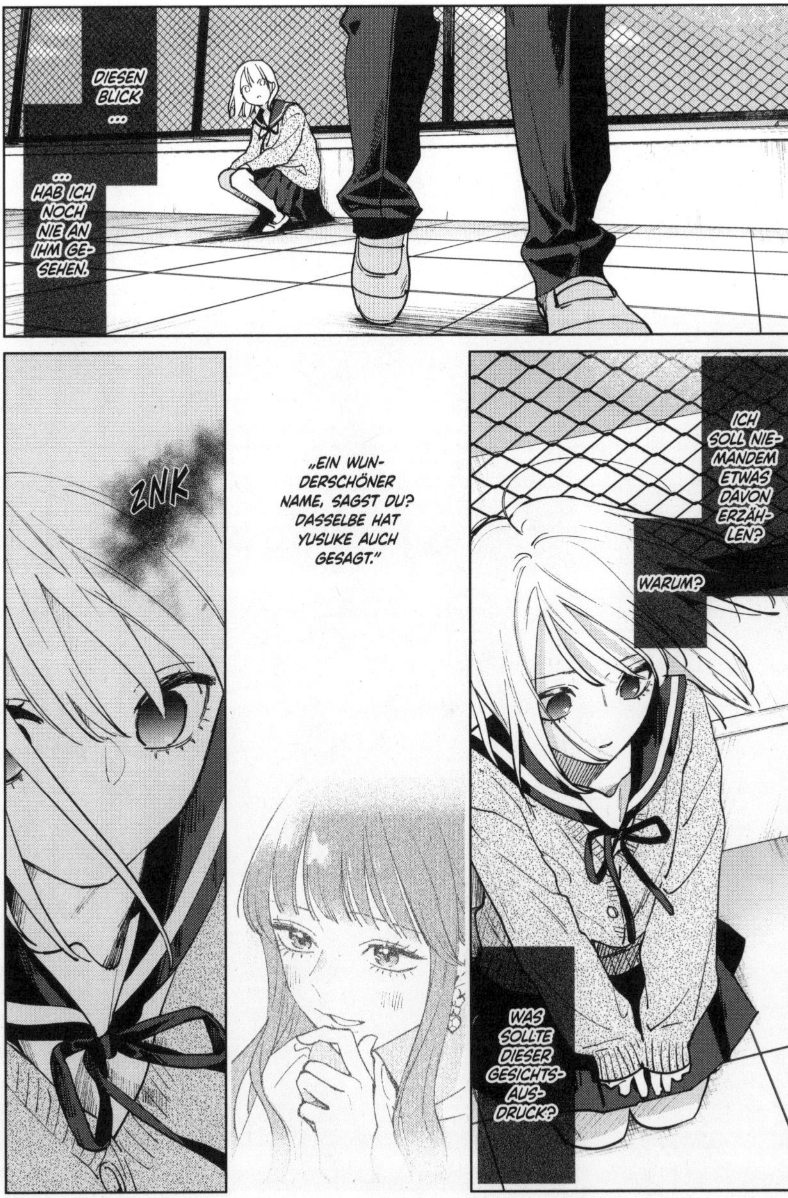
DIESEN BLICK ...
... HAB ICH NOCH NIE AN IHM GE-SEHEN.
ICH SOLL NIE-MANDEM ETWAS DAVON ERZÄH-LEN?
WARUM?
WAS SOLLTE DIESER GESICHTS-AUS-DRUCK?
„EIN WUN-DERSCHÖNER NAME, SAGST DU? DASSELBE HAT YUSUKE AUCH GESAGT.“
ZNK

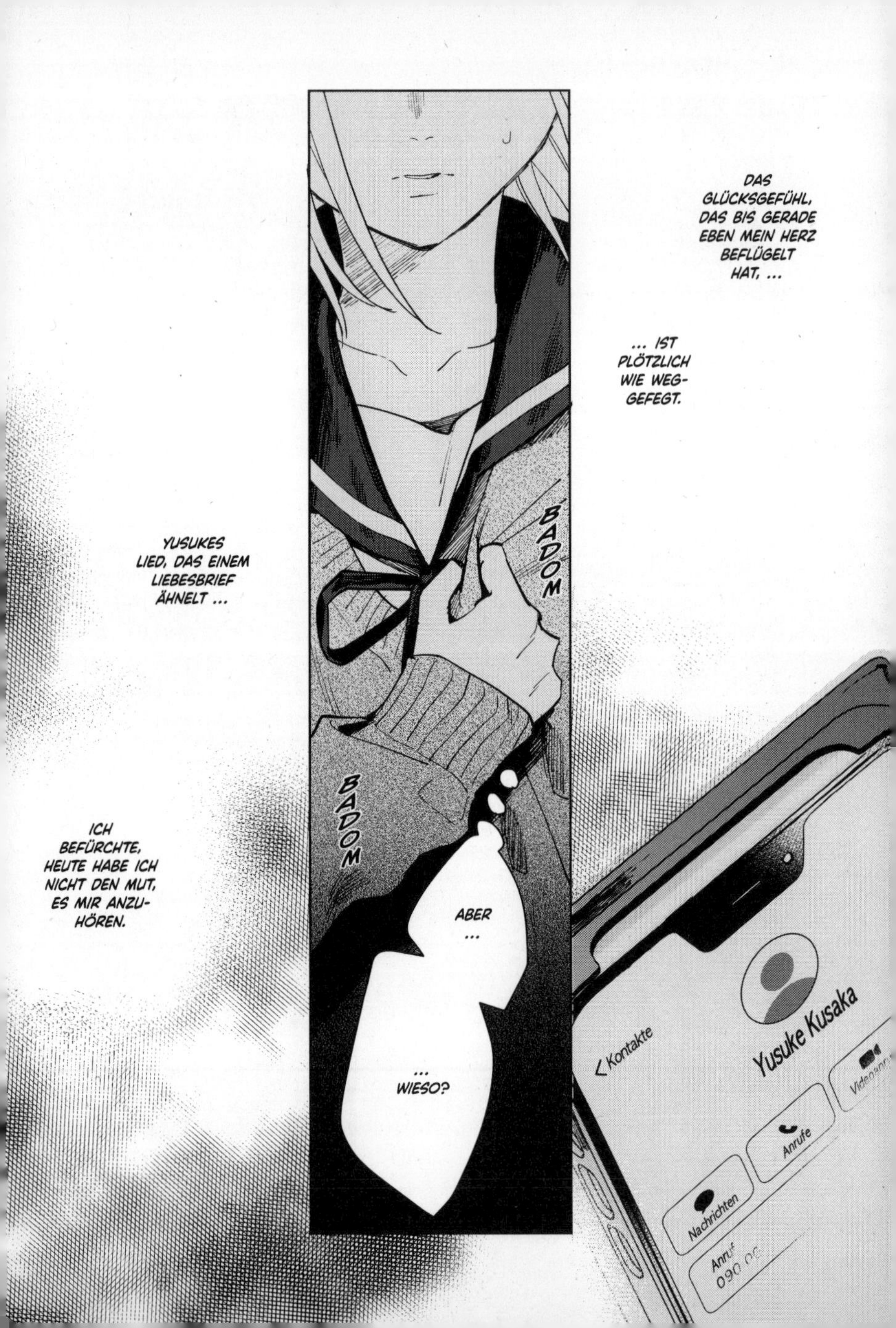
DAS GLÜCKSGEFÜHL, DAS BIS GERADE EBEN MEIN HERZ BEFLÜGELT HAT, …
… IST PLÖTZLICH WIE WEG-GEFEGT.
BADOM
YUSUKES LIED, DAS EINEM LIEBESBRIEF ÄHNELT …
BADOM
ICH BEFÜRCHTETE, HEUTE HABE ICH NICHT DEN MUT, ES MIR ANZU-HÖREN.
ABER …
… WIESO?
Kontakte
Yusuke Kusaka
Anrufe
Nachrichten

Kapitel 4 Love Letter

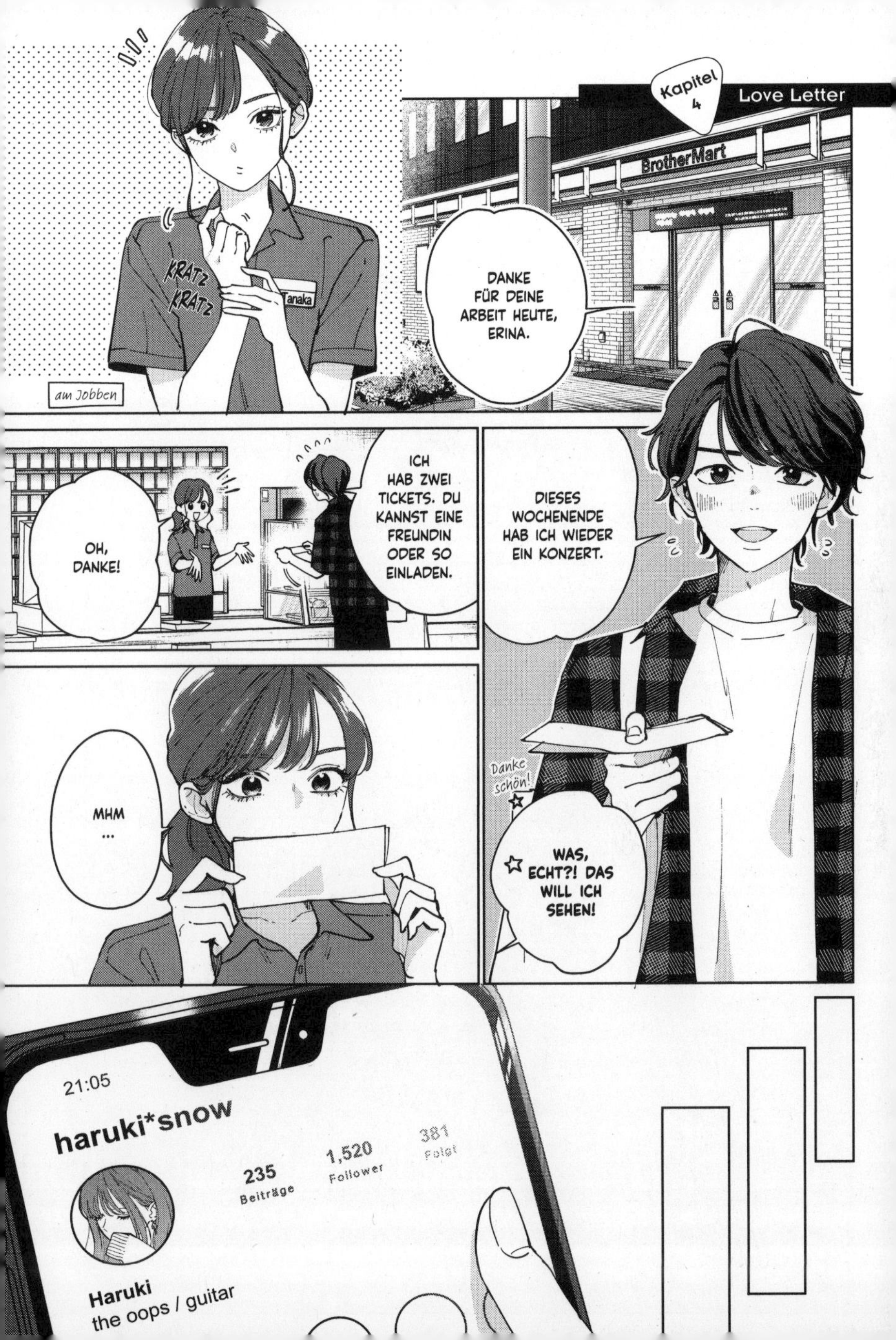

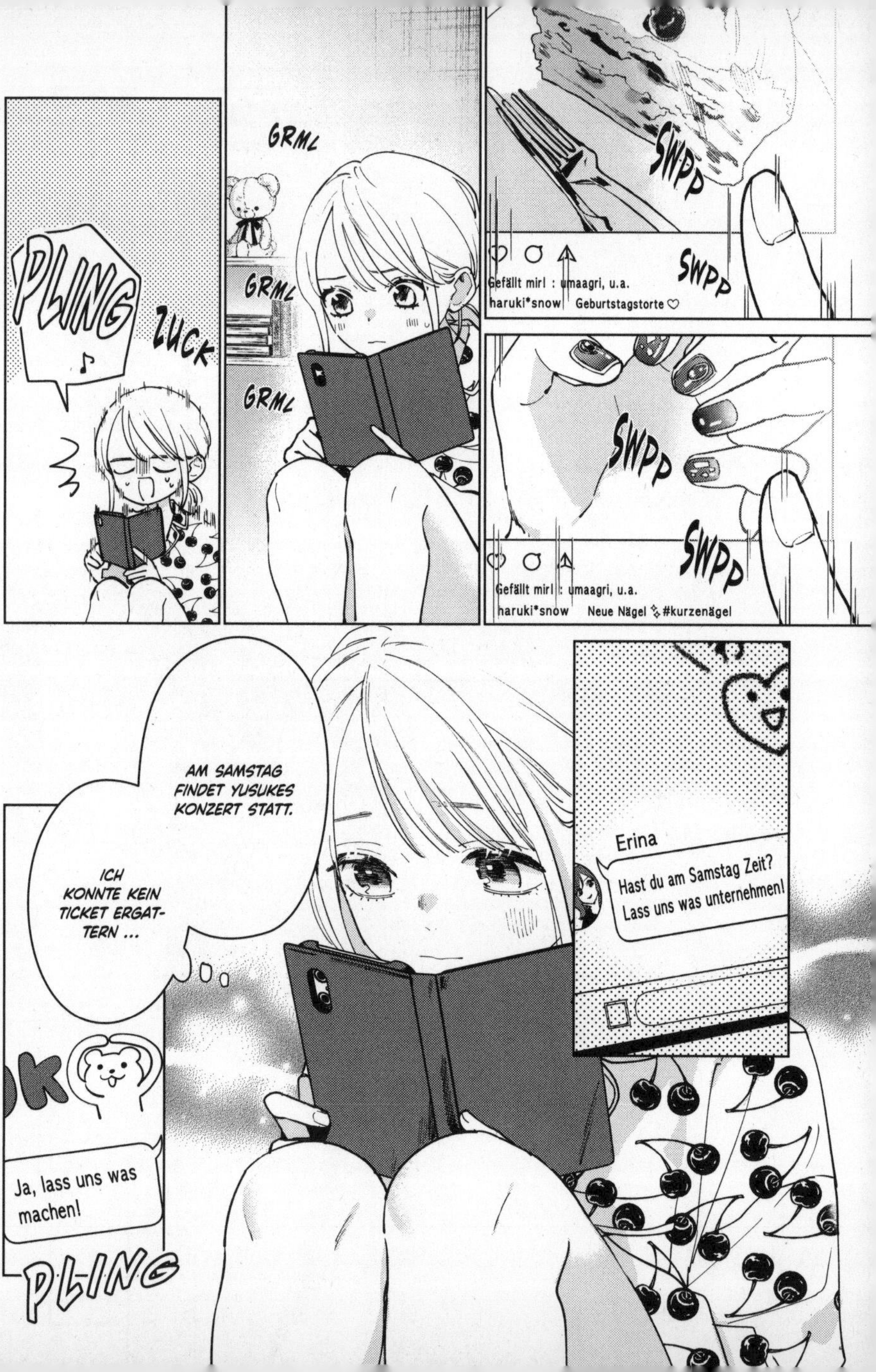

SWPP
Gefällt mir! : umaagri, u.a.
haruki*snow Geburtstagstorte ♡
SWPP
SWPP
SWPP
Gefällt mir! : umaagri, u.a.
haruki*snow Neue Nägel ✧ #kurzenägel
GRML
GRML
GRML
PLING ♪
ZUCK
Erina
Hast du am Samstag Zeit? Lass uns was unternehmen!
AM SAMSTAG FINDET YUSUKES KONZERT STATT.
ICH KONNTE KEIN TICKET ERGATTERN ...
Ja, lass uns was machen!
PLING

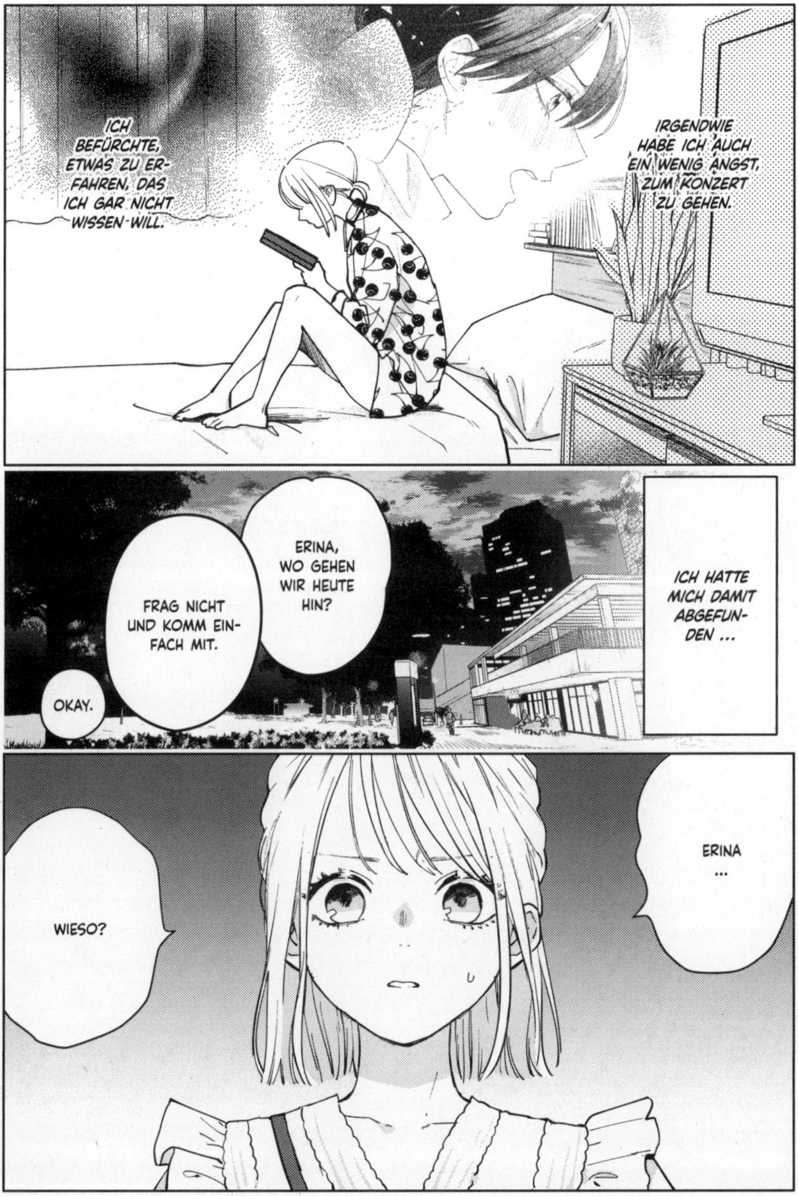
IRGENDWIE HABE ICH AUCH EIN WENIG ANGST, ZUM KONZERT ZU GEHEN.
ICH BEFÜRCHTE, ETWAS ZU ER-FAHREN, DAS ICH GAR NICHT WISSEN WILL.
ICH HATTE MICH DAMIT ABGEFUN-DEN ...
ERINA, WO GEHEN WIR HEUTE HIN?
FRAG NICHT UND KOMM EIN-FACH MIT.
OKAY.
ERINA ...
WIESO?

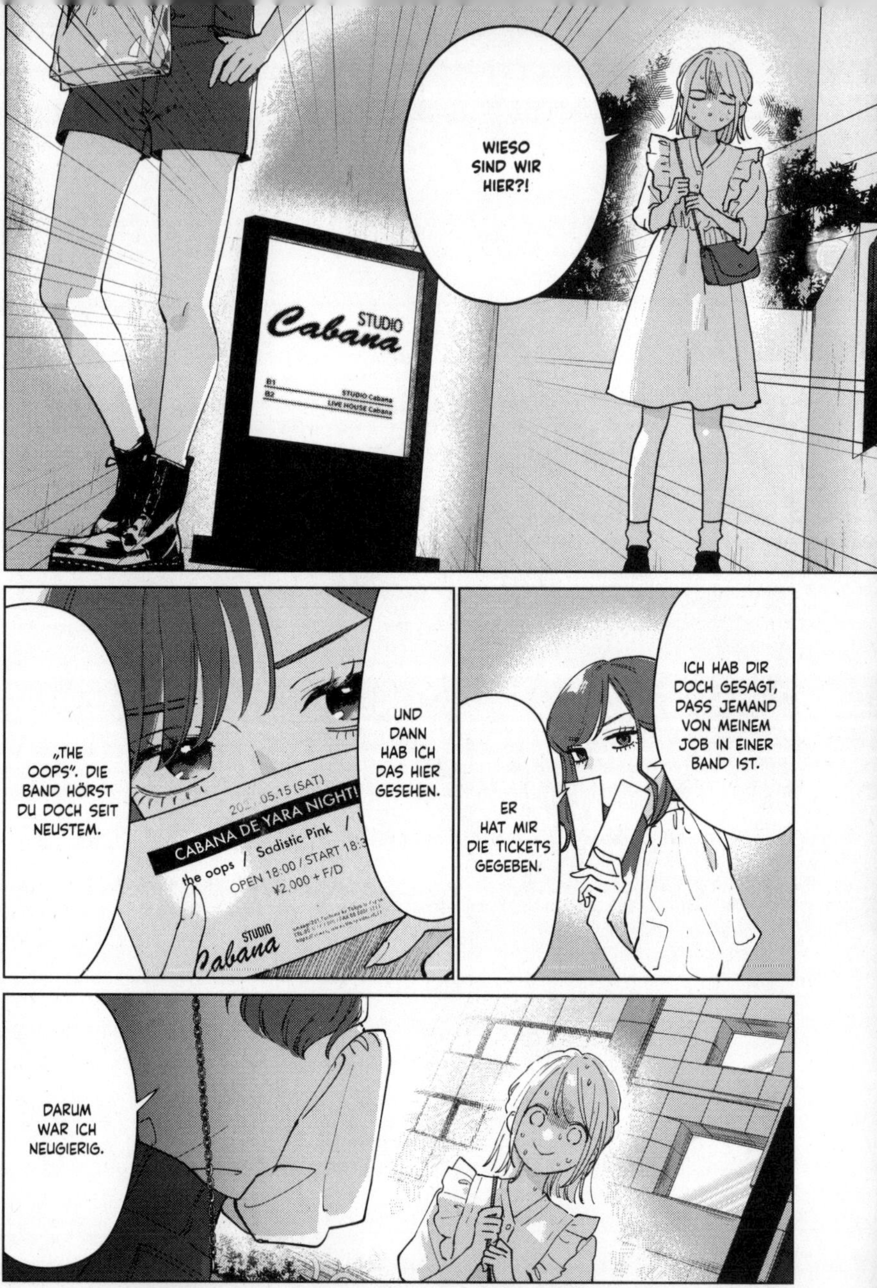
WIESO SIND WIR HIER?!
STUDIO Cabana
B1 STUDIO Cabana
B2 LIVE HOUSE Cabana
ICH HAB DIR DOCH GESAGT, DASS JEMAND VON MEINEM JOB IN EINER BAND IST.
ER HAT MIR DIE TICKETS GEGEBEN.
UND DANN HAB ICH DAS HIER GESEHEN.
„THE OOPS". DIE BAND HÖRST DU DOCH SEIT NEUSTEM.
CABANA DE YARA NIGHT!
the oops / Sadistic Pink /
¥2,000 + F/D
STUDIO Cabana
DARUM WAR ICH NEUGIERIG.

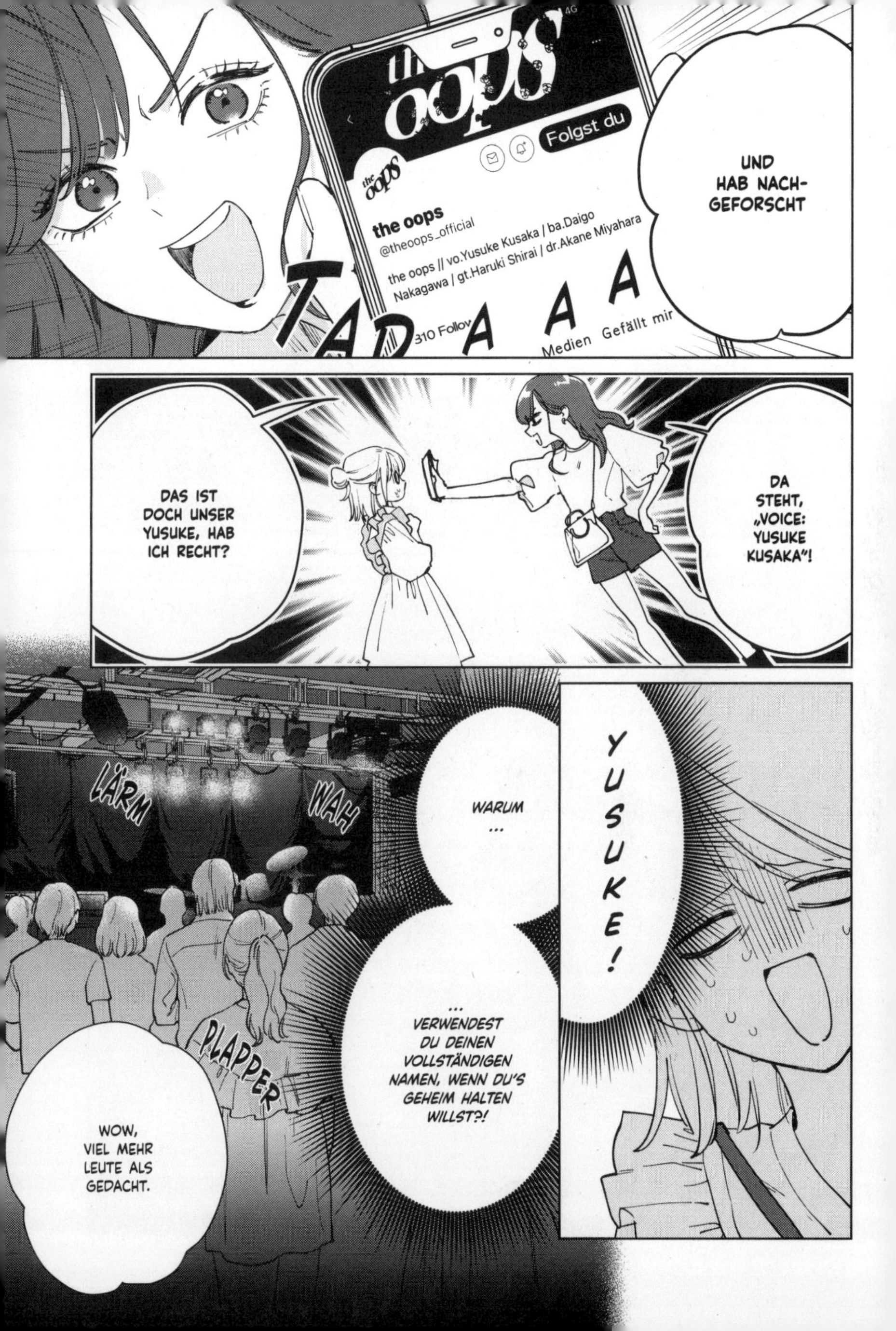
the oops
Folgst du
the oops
@theoops_official
the oops // vo.Yusuke Kusaka / ba.Daigo Nakagawa / gt.Haruki Shirai / dr.Akane Miyahara
310 Follow
Medien Gefällt mir
UND HAB NACH-GEFORSCHT
TADAAAA
DA STEHT, „VOICE: YUSUKE KUSAKA"!
DAS IST DOCH UNSER YUSUKE, HAB ICH RECHT?
YUSUKE!
WARUM ...
... VERWENDEST DU DEINEN VOLLSTÄNDIGEN NAMEN, WENN DU'S GEHEIM HALTEN WILLST?!
LÄRM
WAH
PLAPPER
WOW, VIEL MEHR LEUTE ALS GEDACHT.

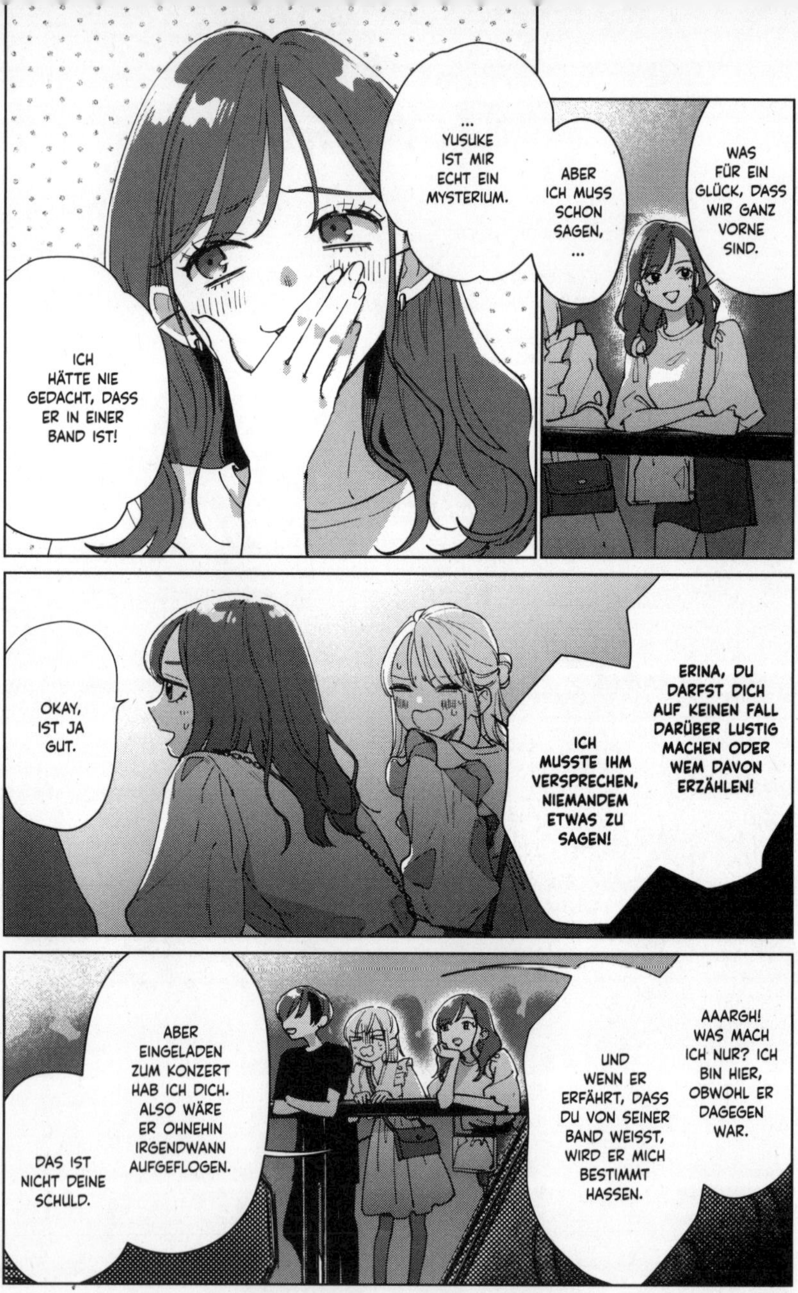
WAS FÜR EIN GLÜCK, DASS WIR GANZ VORNE SIND.
ABER ICH MUSS SCHON SAGEN, ...
... YUSUKE IST MIR ECHT EIN MYSTERIUM.
ICH HÄTTE NIE GEDACHT, DASS ER IN EINER BAND IST!
ERINA, DU DARFST DICH AUF KEINEN FALL DARÜBER LUSTIG MACHEN ODER WEM DAVON ERZÄHLEN!
ICH MUSSTE IHM VERSPRECHEN, NIEMANDEM ETWAS ZU SAGEN!
OKAY, IST JA GUT.
AAARGH! WAS MACH ICH NUR? ICH BIN HIER, OBWOHL ER DAGEGEN WAR.
UND WENN ER ERFÄHRT, DASS DU VON SEINER BAND WEISST, WIRD ER MICH BESTIMMT HASSEN.
ABER EINGELADEN ZUM KONZERT HAB ICH DICH. ALSO WÄRE ER OHNEHIN IRGENDWANN AUFGEFLOGEN.
DAS IST NICHT DEINE SCHULD.

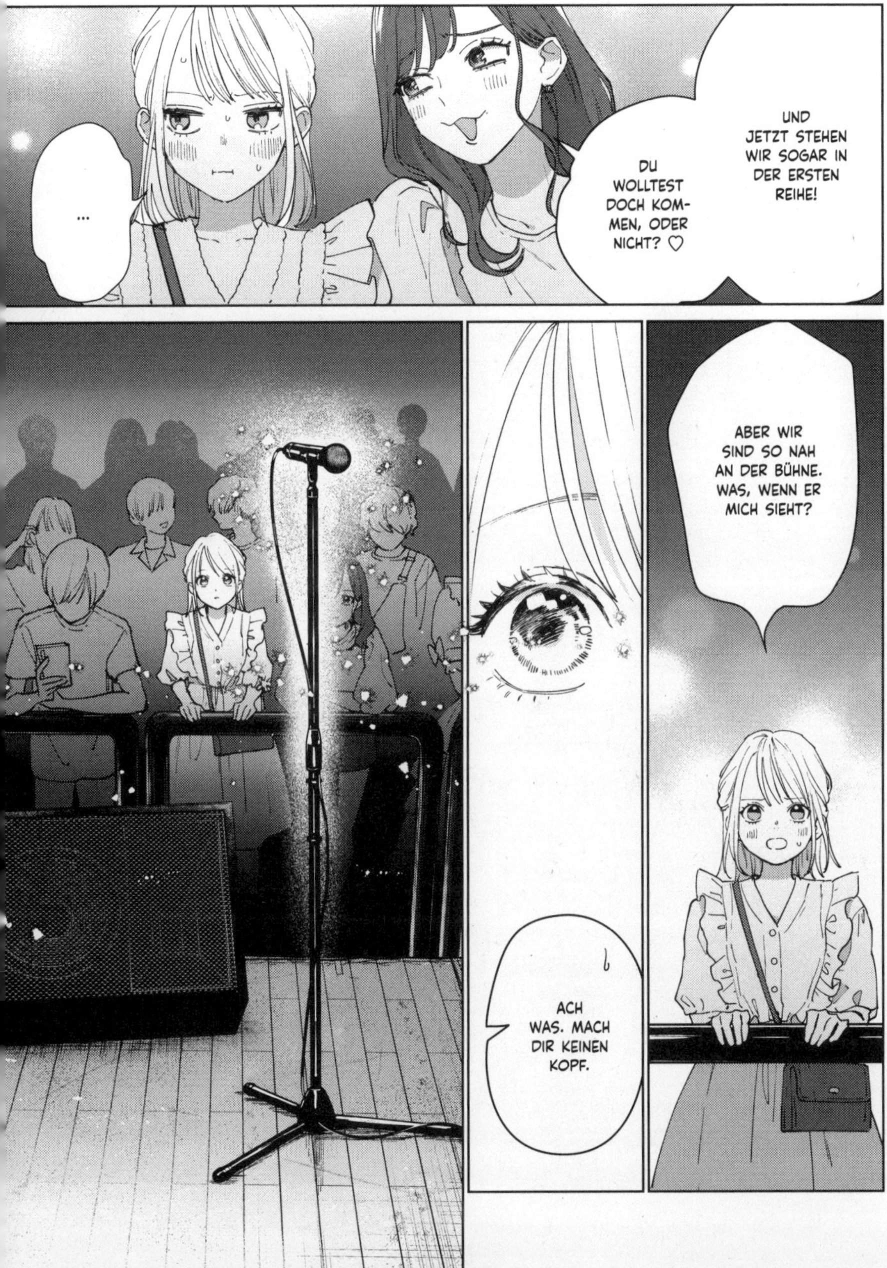
UND JETZT STEHEN WIR SOGAR IN DER ERSTEN REIHE!
DU WOLLTEST DOCH KOMMEN, ODER NICHT? ♡
...
ABER WIR SIND SO NAH AN DER BÜHNE. WAS, WENN ER MICH SIEHT?
ACH WAS. MACH DIR KEINEN KOPF.

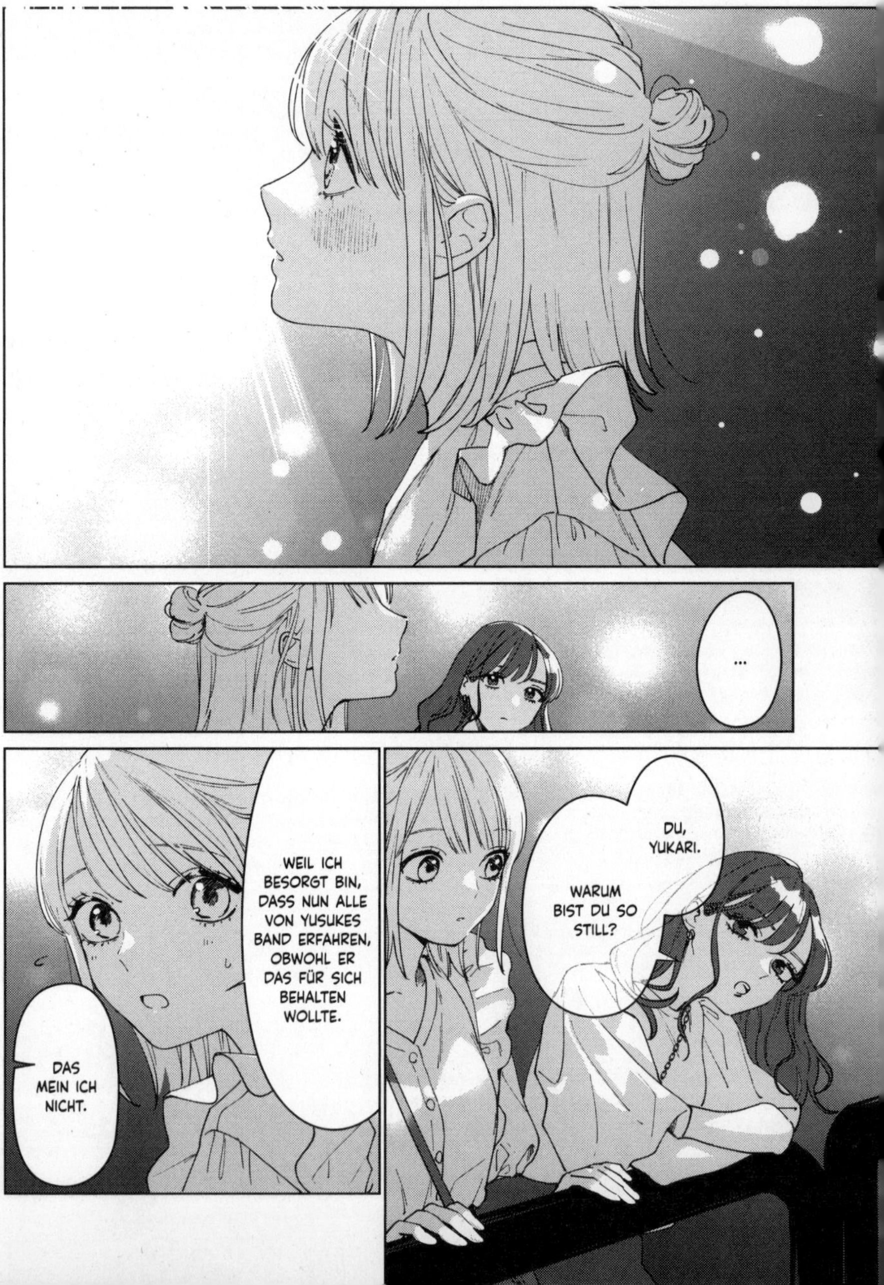
...
DU, YUKARI.
WARUM BIST DU SO STILL?
WEIL ICH BESORGT BIN, DASS NUN ALLE VON YUSUKES BAND ERFAHREN, OBWOHL ER DAS FÜR SICH BEHALTEN WOLLTE.
DAS MEIN ICH NICHT.

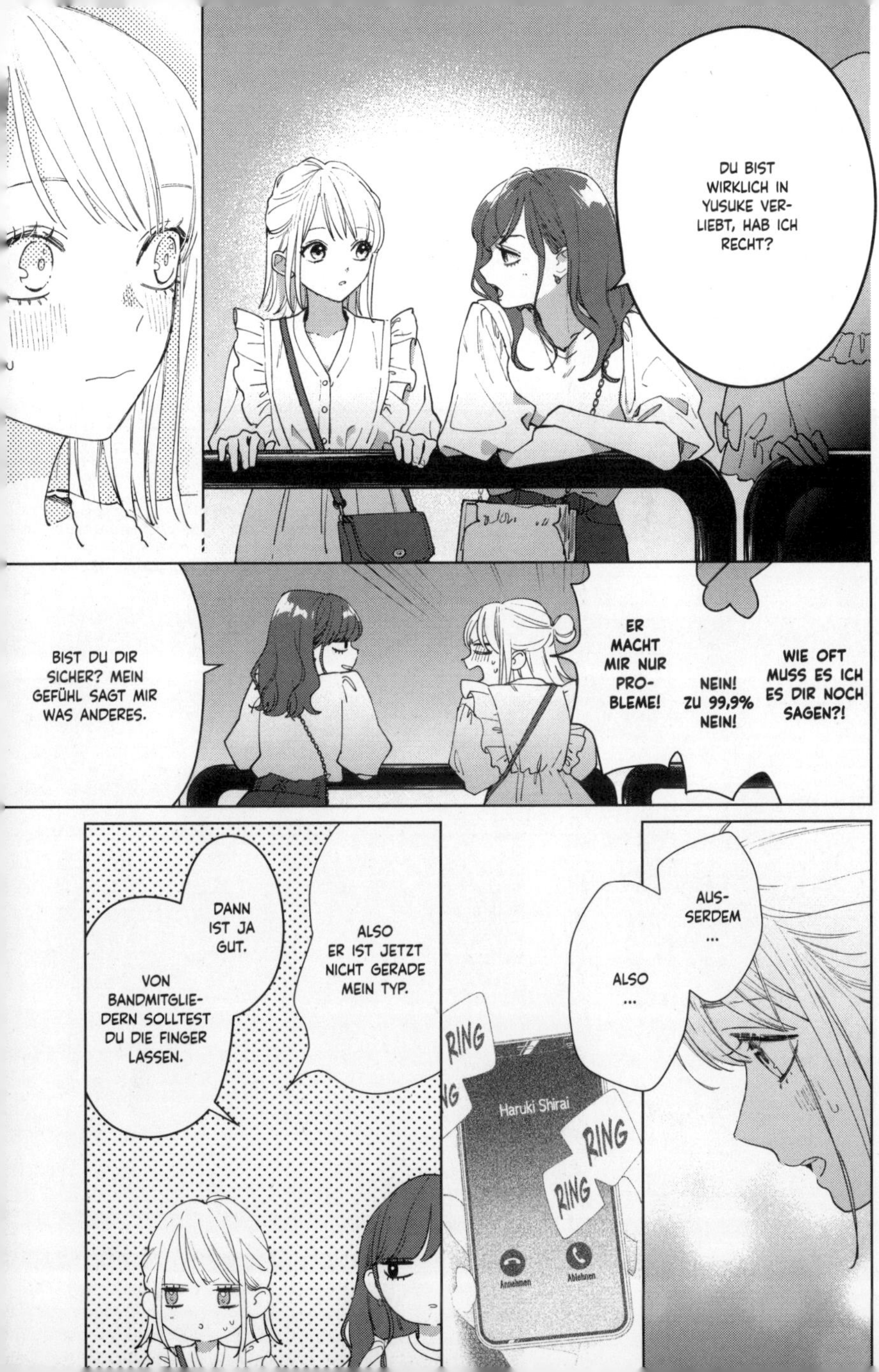
DU BIST WIRKLICH IN YUSUKE VER-LIEBT, HAB ICH RECHT?
WIE OFT MUSS ES ICH ES DIR NOCH SAGEN?!
NEIN! ZU 99,9% NEIN!
ER MACHT MIR NUR PRO-BLEME!
BIST DU DIR SICHER? MEIN GEFÜHL SAGT MIR WAS ANDERES.
AUS-SERDEM ...
ALSO ...
RING
Haruki Shirai
RING
RING
Annehmen
Ablehnen
ALSO ER IST JETZT NICHT GERADE MEIN TYP.
DANN IST JA GUT.
VON BANDMITGLIE-DERN SOLLTEST DU DIE FINGER LASSEN.

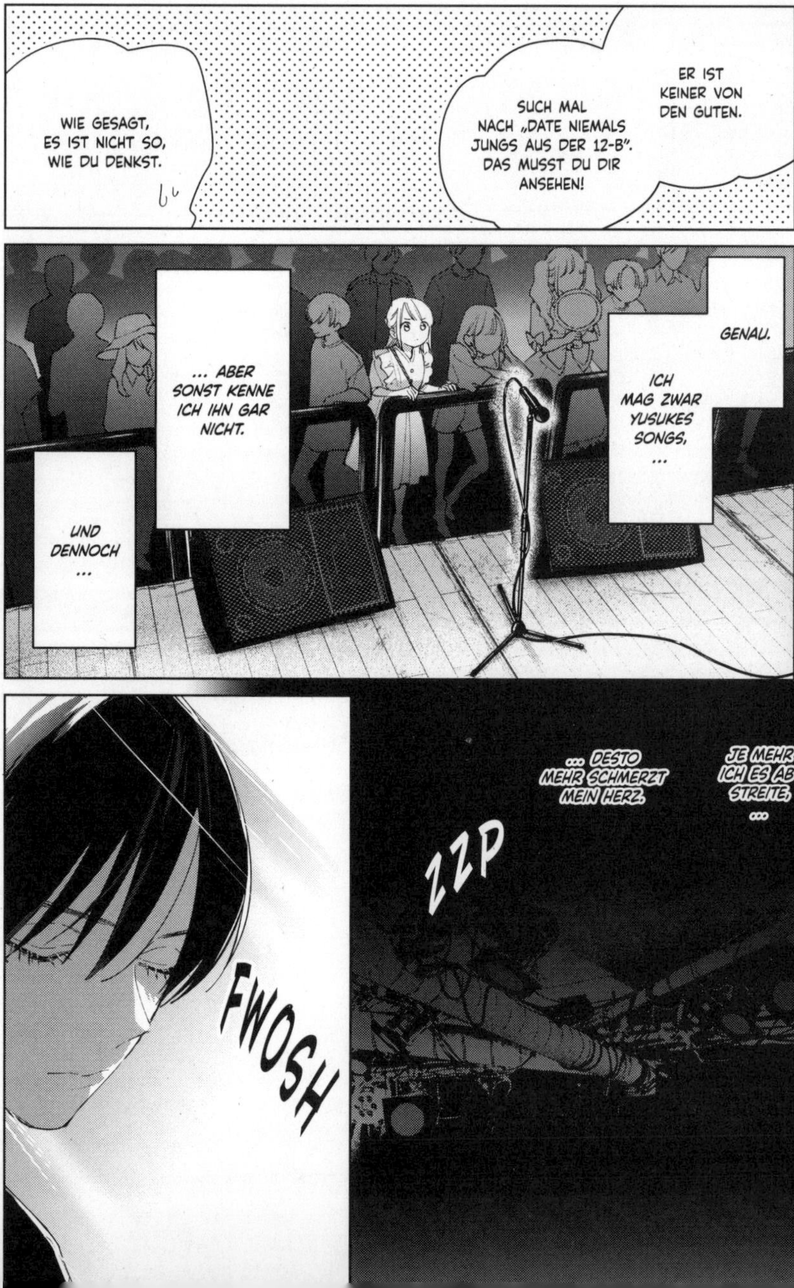
ER IST KEINER VON DEN GUTEN.
SUCH MAL NACH „DATE NIEMALS JUNGS AUS DER 12-B". DAS MUSST DU DIR ANSEHEN!
WIE GESAGT, ES IST NICHT SO, WIE DU DENKST.
GENAU.
ICH MAG ZWAR YUSUKES SONGS, ...
... ABER SONST KENNE ICH IHN GAR NICHT.
UND DENNOCH ...
JE MEHR ICH ES AB-STREITE, ...
... DESTO MEHR SCHMERZT MEIN HERZ.
ZZP
FWOSH

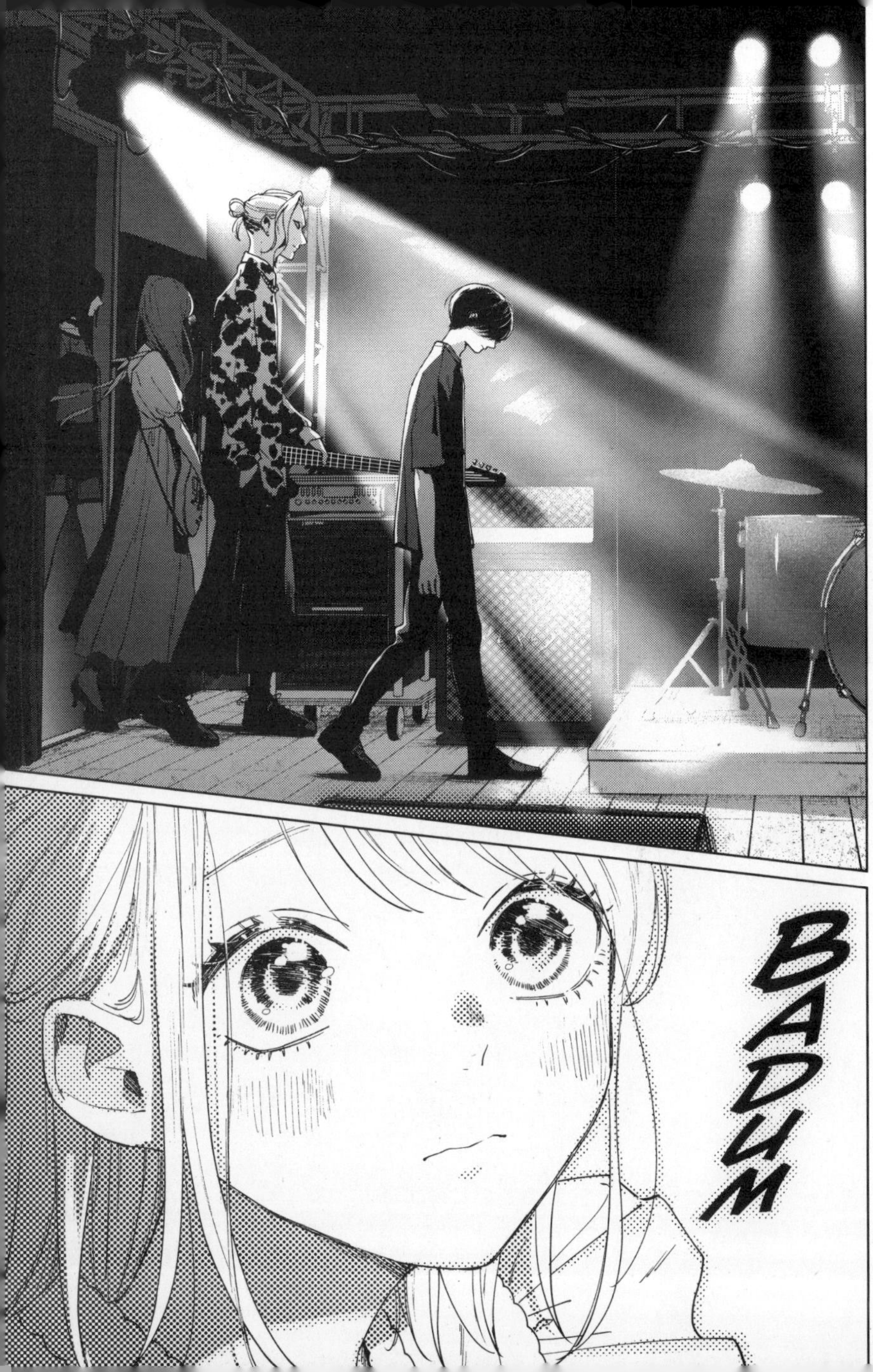
BADUM

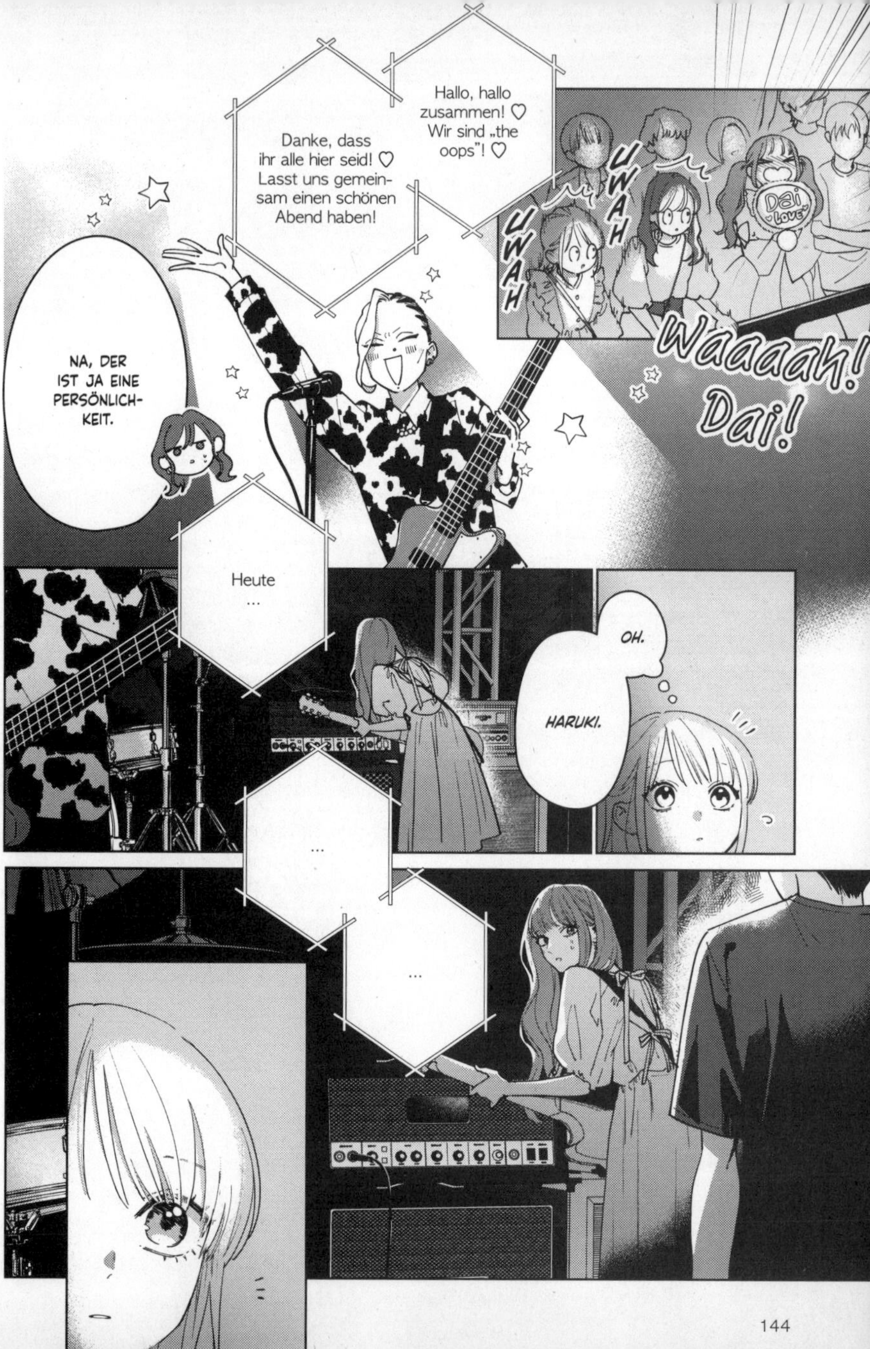
Hallo, hallo zusammen! ♡ Wir sind „the oops"! ♡
Danke, dass ihr alle hier seid! ♡ Lasst uns gemeinsam einen schönen Abend haben!
UWAH
UWAH
Dai Love
Waaaah! Dai!
NA, DER IST JA EINE PERSÖNLICHKEIT.
OH.
HARUKI.
Heute …
…
…

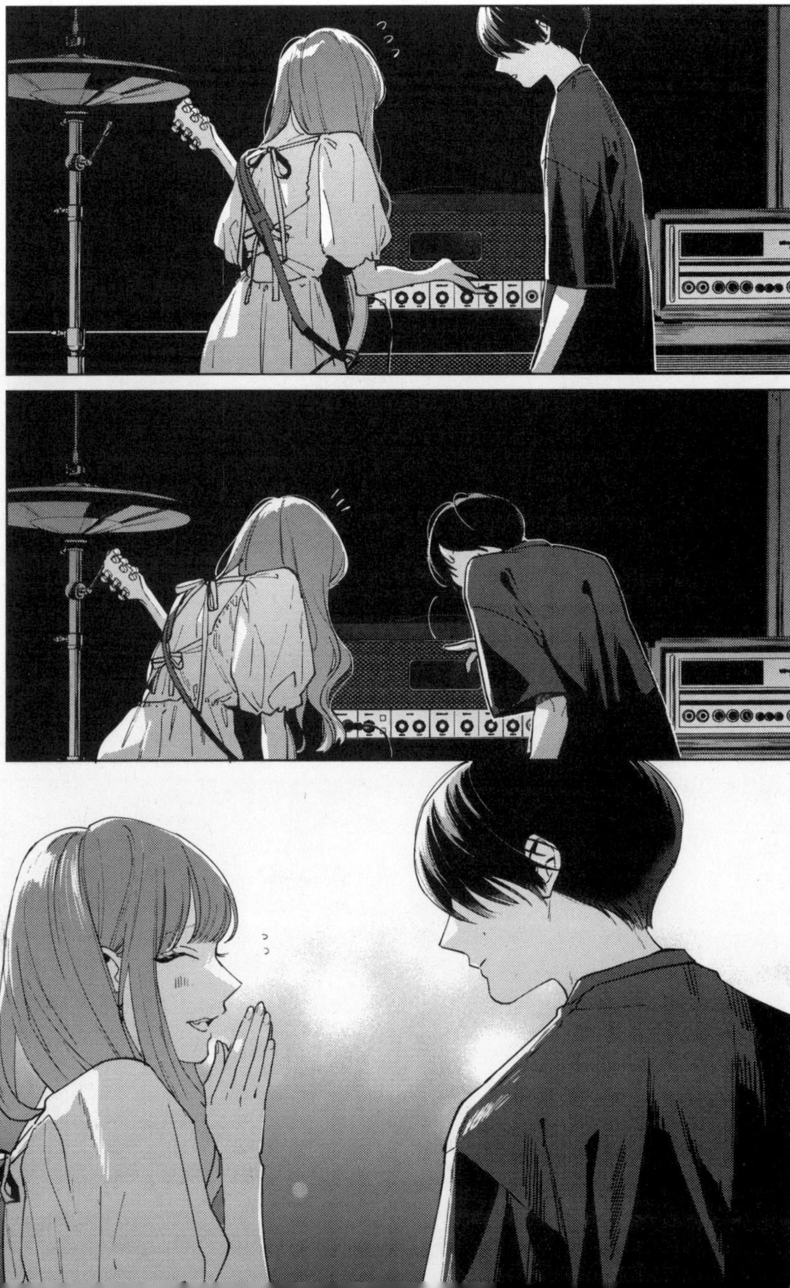

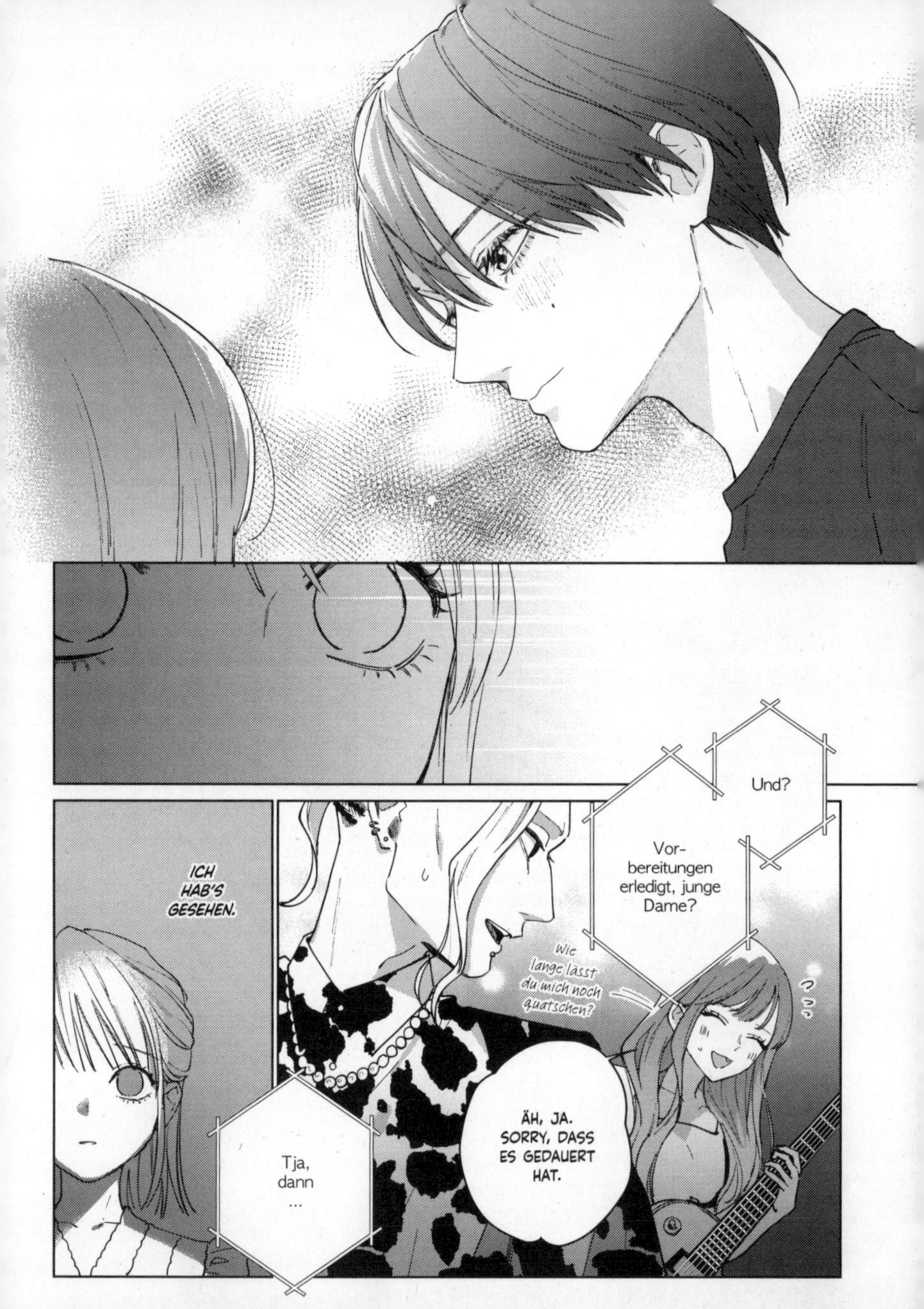
Und?
Vor-
bereitungen
erledigt, junge
Dame?
Wie
lange lässt
du mich noch
quatschen?
ÄH, JA.
SORRY, DASS
ES GEDAUERT
HAT.
ICH
HAB'S
GESEHEN.
Tja,
dann
...

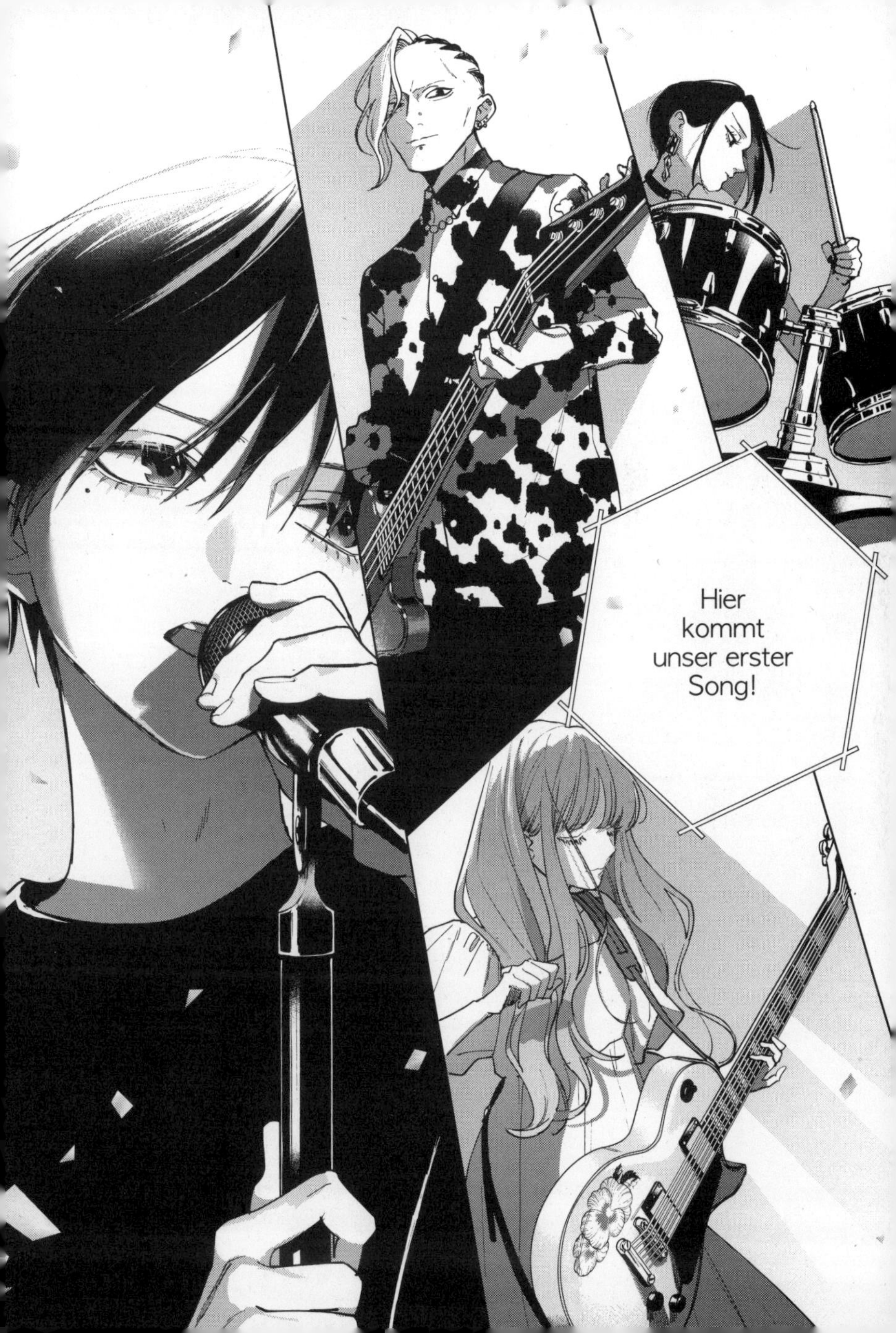
Hier kommt unser erster Song!

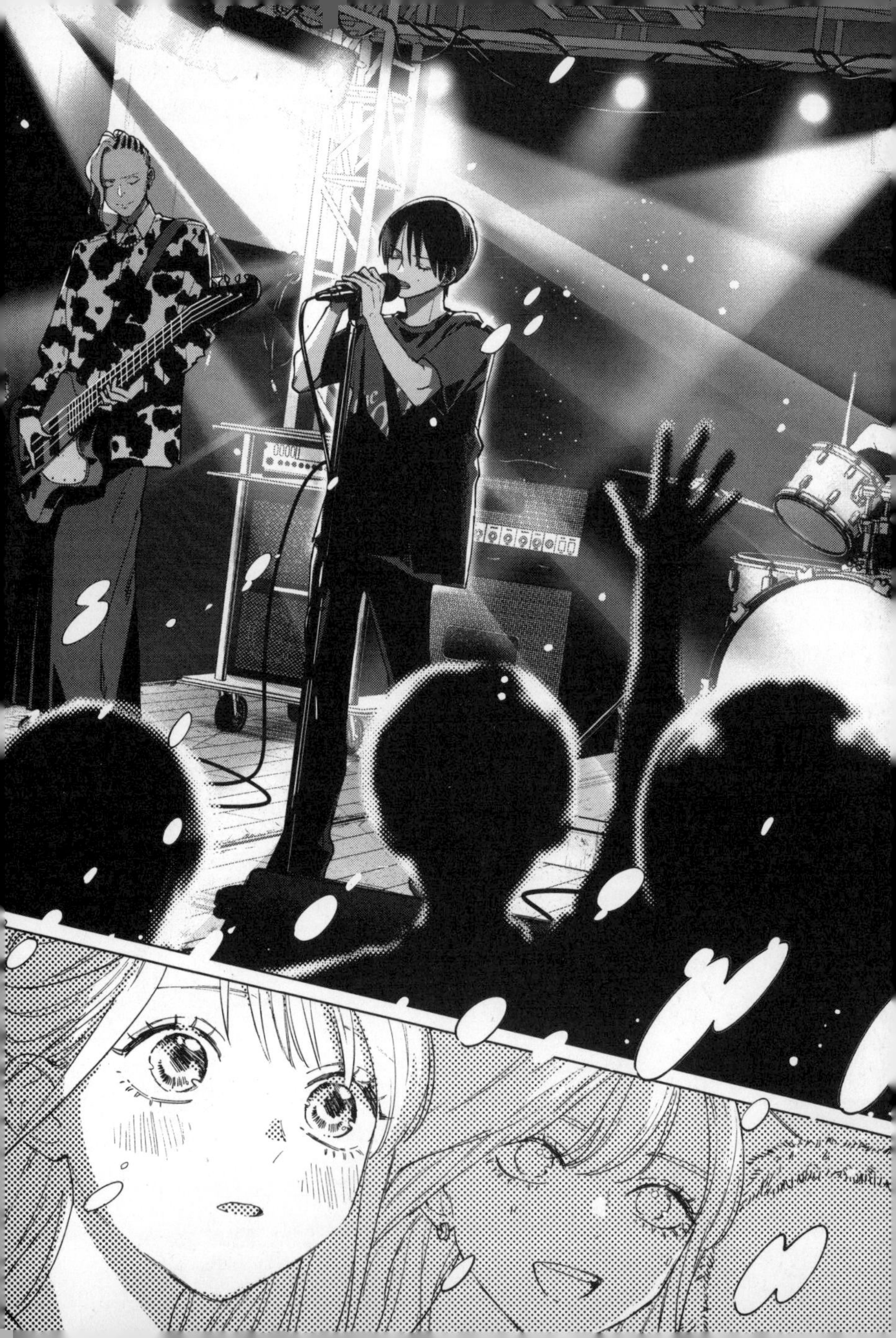

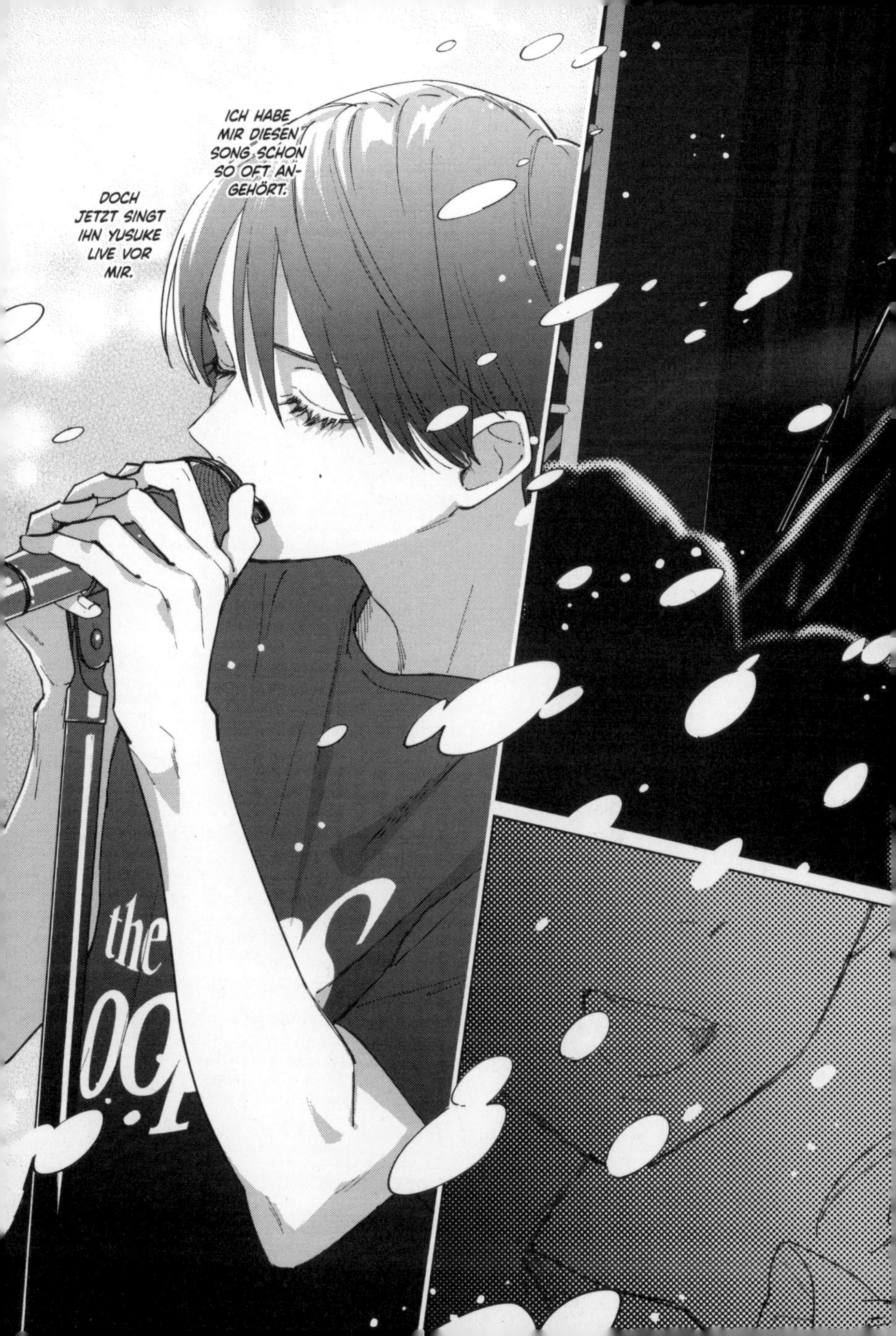
ICH HABE MIR DIESEN SONG SCHON SO OFT AN-GEHÖRT.
DOCH JETZT SINGT IHN YUSUKE LIVE VOR MIR.

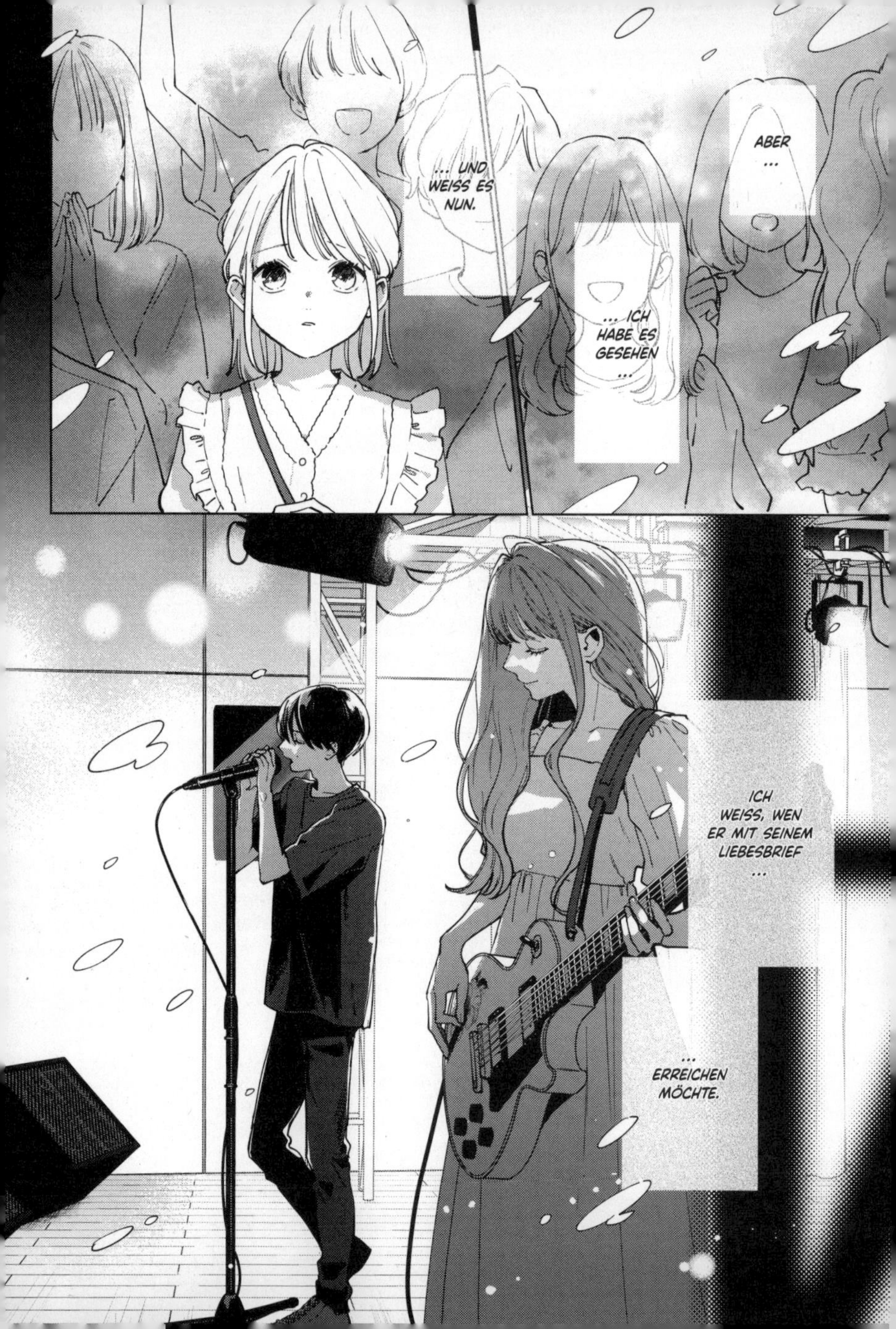
ABER ...
... UND WEISS ES NUN.
... ICH HABE ES GESEHEN ...
ICH WEISS, WEN ER MIT SEINEM LIEBESBRIEF ...
... ERREICHEN MÖCHTE.

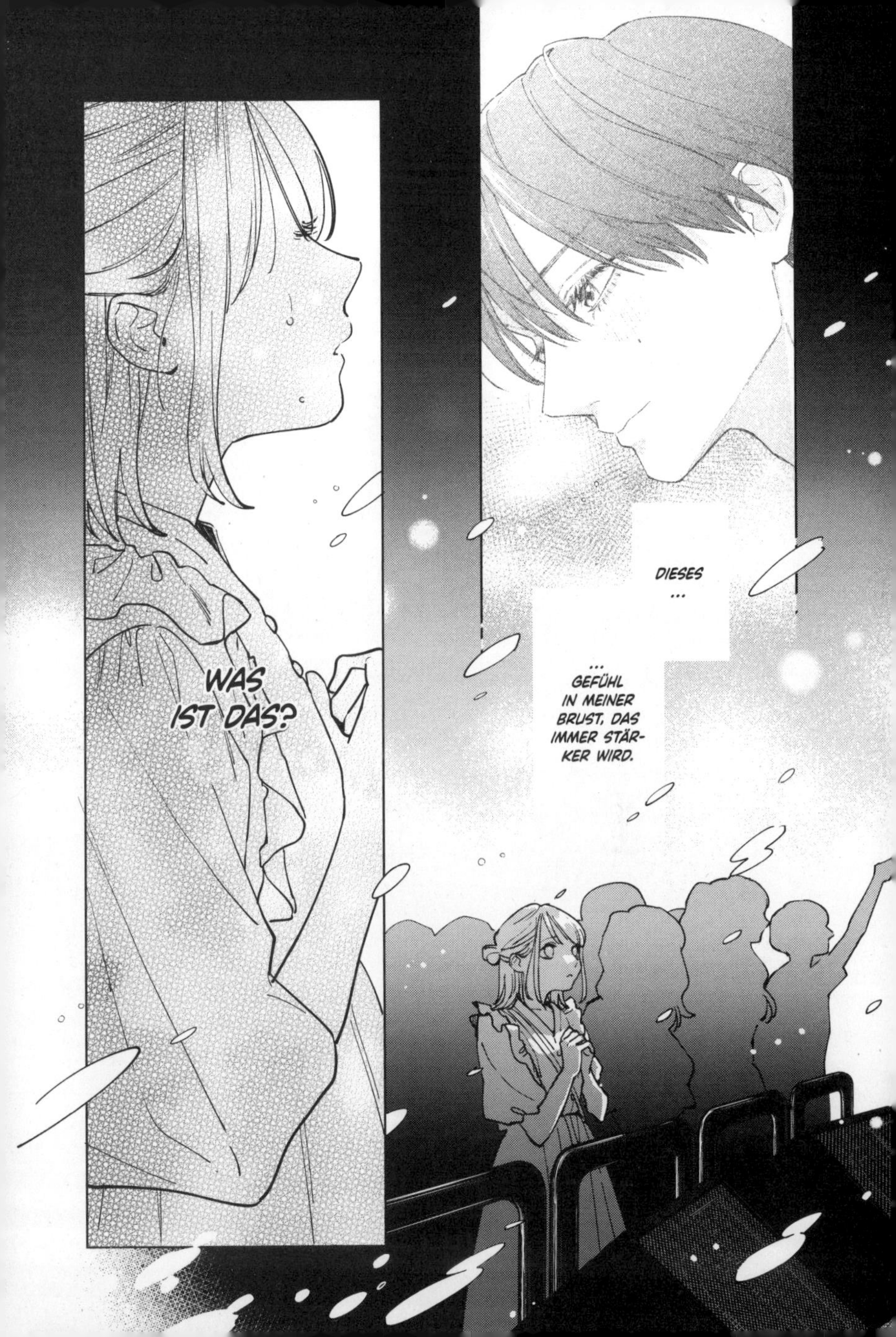
DIESES ...
... GEFÜHL IN MEINER BRUST, DAS IMMER STÄR-KER WIRD.
WAS IST DAS?

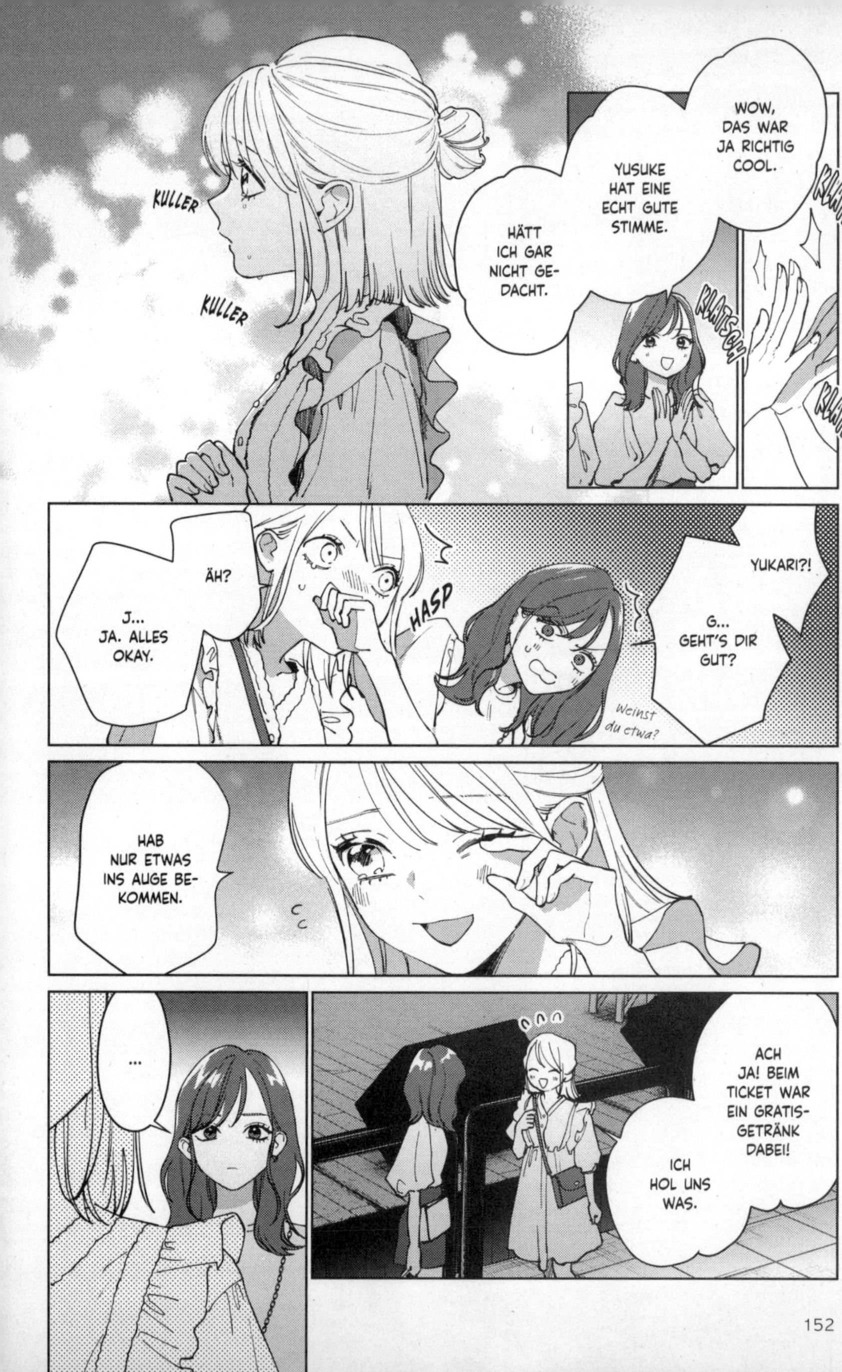
KLATSCH
KLATSCH
KLATSCH
WOW, DAS WAR JA RICHTIG COOL.
YUSUKE HAT EINE ECHT GUTE STIMME.
HÄTT ICH GAR NICHT GE-DACHT.
KULLER
KULLER
YUKARI?!
G... GEHT'S DIR GUT?
Weinst du etwa?
HASP
ÄH?
J... JA. ALLES OKAY.
HAB NUR ETWAS INS AUGE BE-KOMMEN.
ACH JA! BEIM TICKET WAR EIN GRATIS-GETRÄNK DABEI!
ICH HOL UNS WAS.
...

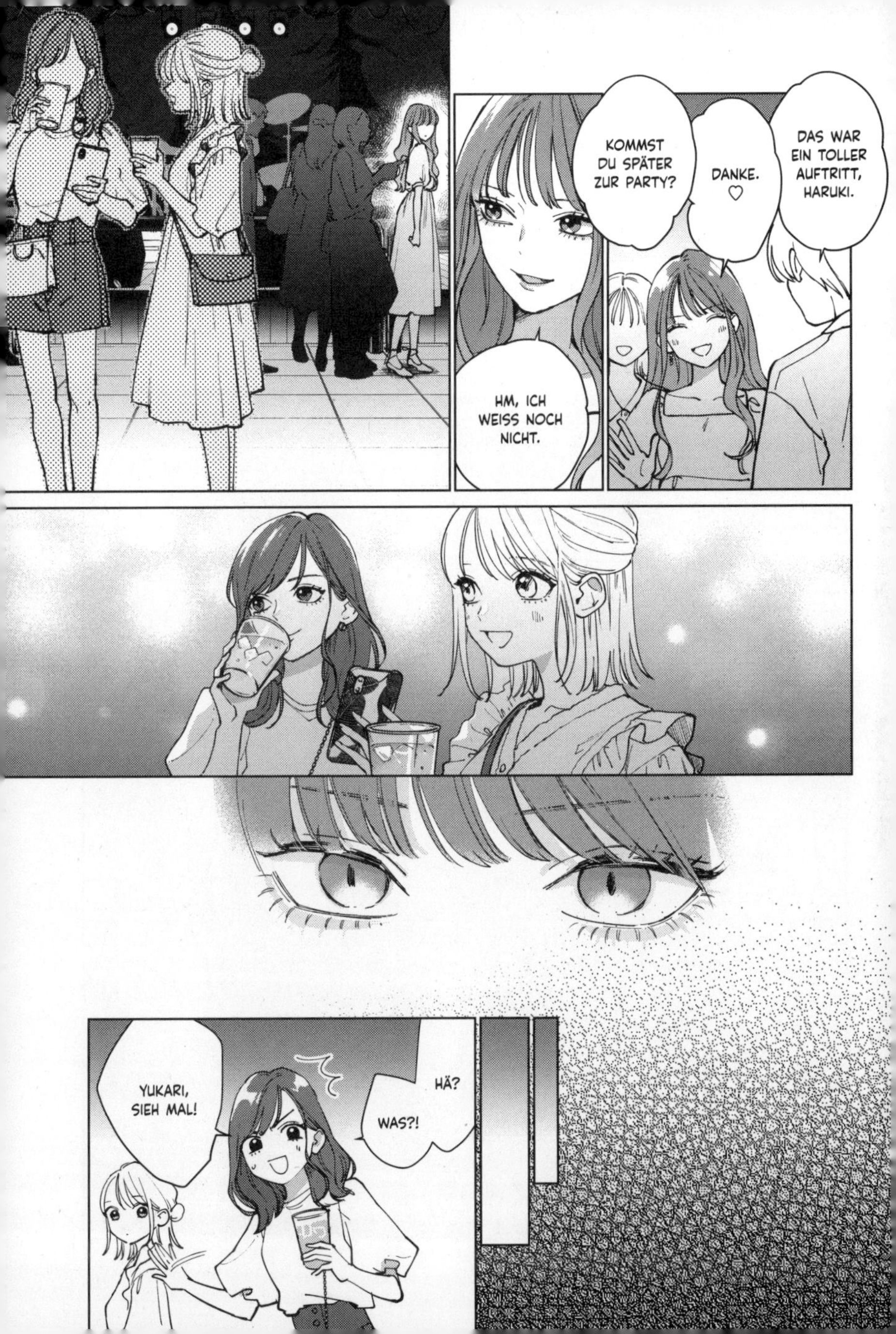
DAS WAR EIN TOLLER AUFTRITT, HARUKI.
DANKE. ♡
KOMMST DU SPÄTER ZUR PARTY?
HM, ICH WEISS NOCH NICHT.
YUKARI, SIEH MAL!
HÄ?
WAS?!

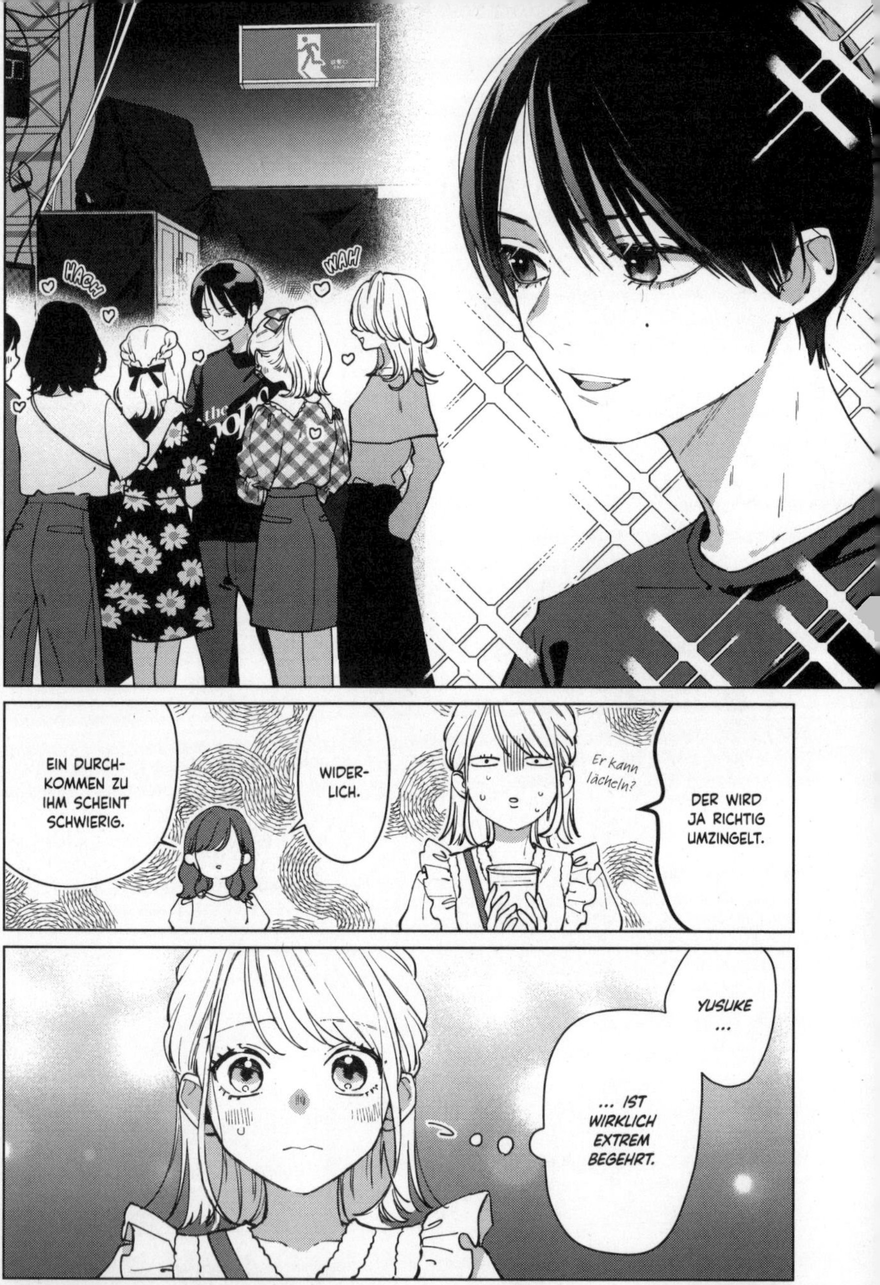
HACH
WAH
DER WIRD JA RICHTIG UMZINGELT.
Er kann lächeln?
WIDER-LICH.
EIN DURCH-KOMMEN ZU IHM SCHEINT SCHWIERIG.
YUSUKE …
… IST WIRKLICH EXTREM BEGEHRT.

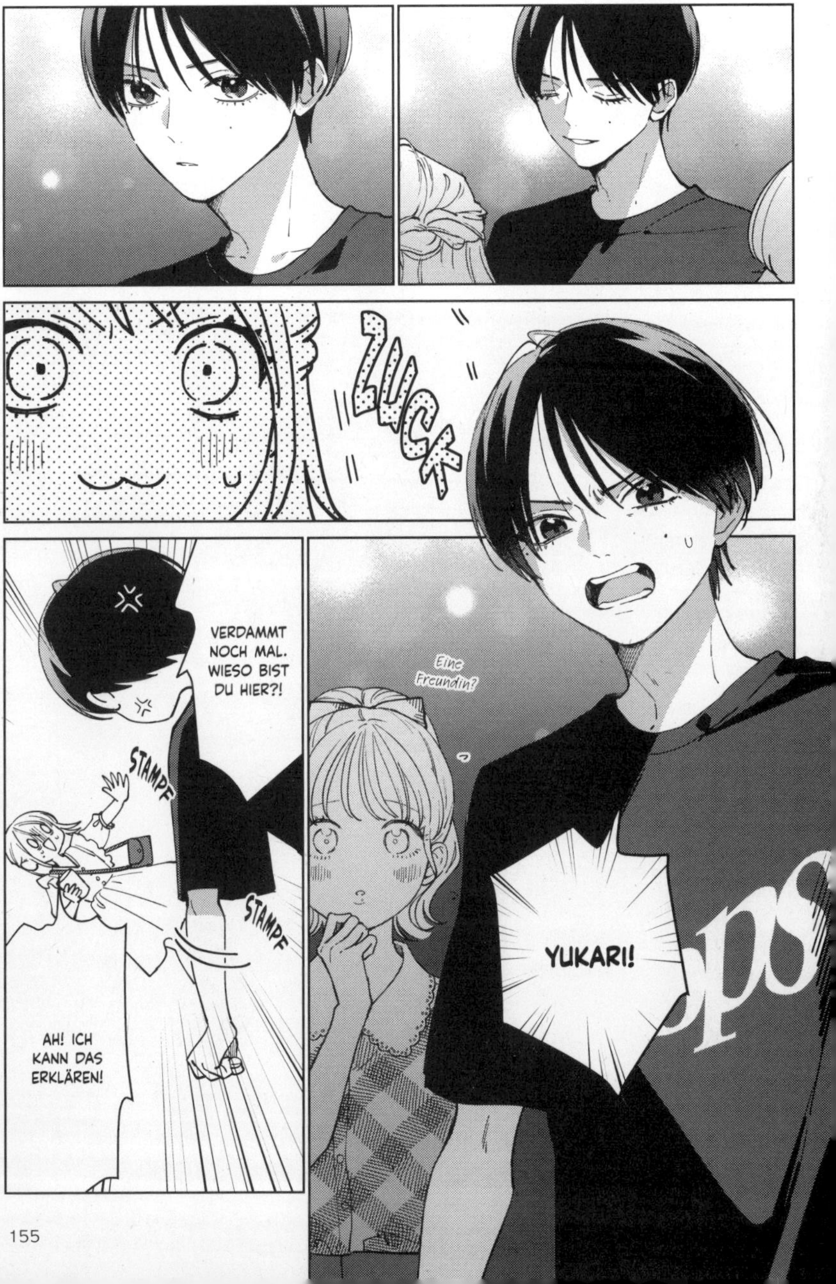
ZUCK
YUKARI!
Eine Freundin?
VERDAMMT NOCH MAL. WIESO BIST DU HIER?!
STAMPF
STAMPF
AH! ICH KANN DAS ERKLÄREN!

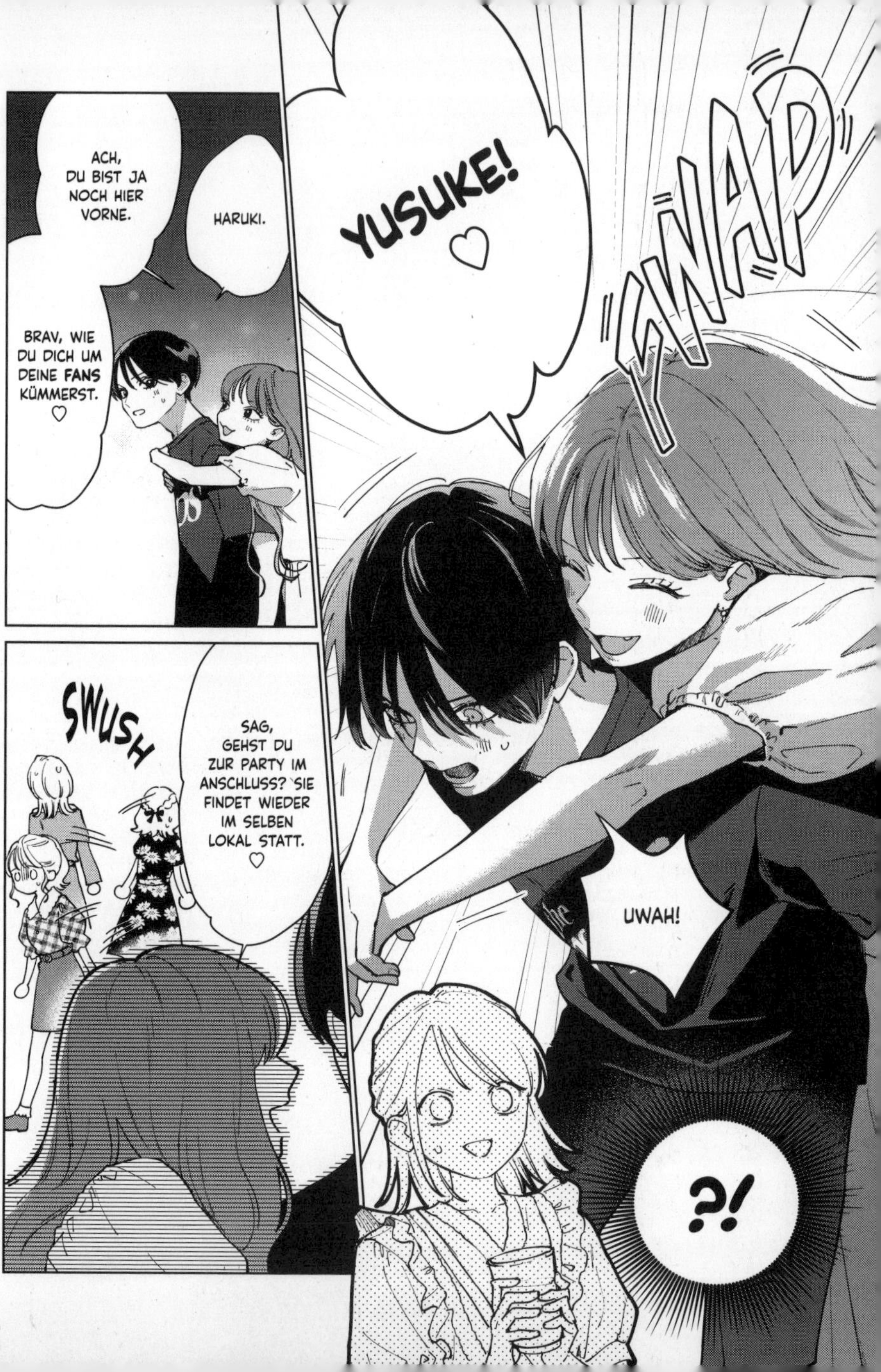
YUSUKE! ♡
SWAP
UWAH!
?!
HARUKI.
ACH, DU BIST JA NOCH HIER VORNE.
BRAV, WIE DU DICH UM DEINE FANS KÜMMERST. ♡
SWUSH
SAG, GEHST DU ZUR PARTY IM ANSCHLUSS? SIE FINDET WIEDER IM SELBEN LOKAL STATT. ♡

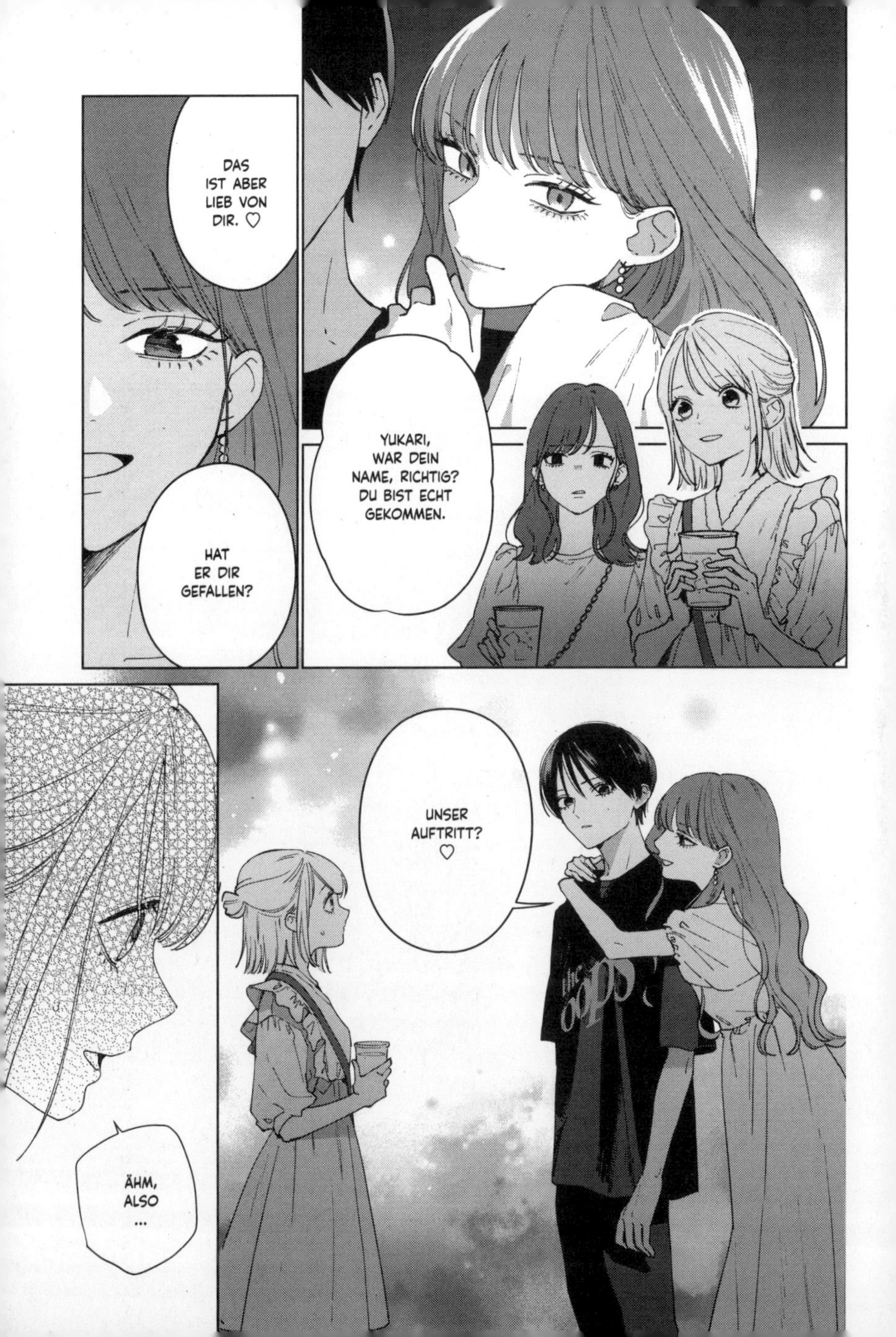
DAS IST ABER LIEB VON DIR. ♡
YUKARI, WAR DEIN NAME, RICHTIG? DU BIST ECHT GEKOMMEN.
HAT ER DIR GEFALLEN?
UNSER AUFTRITT? ♡
ÄHM, ALSO ...

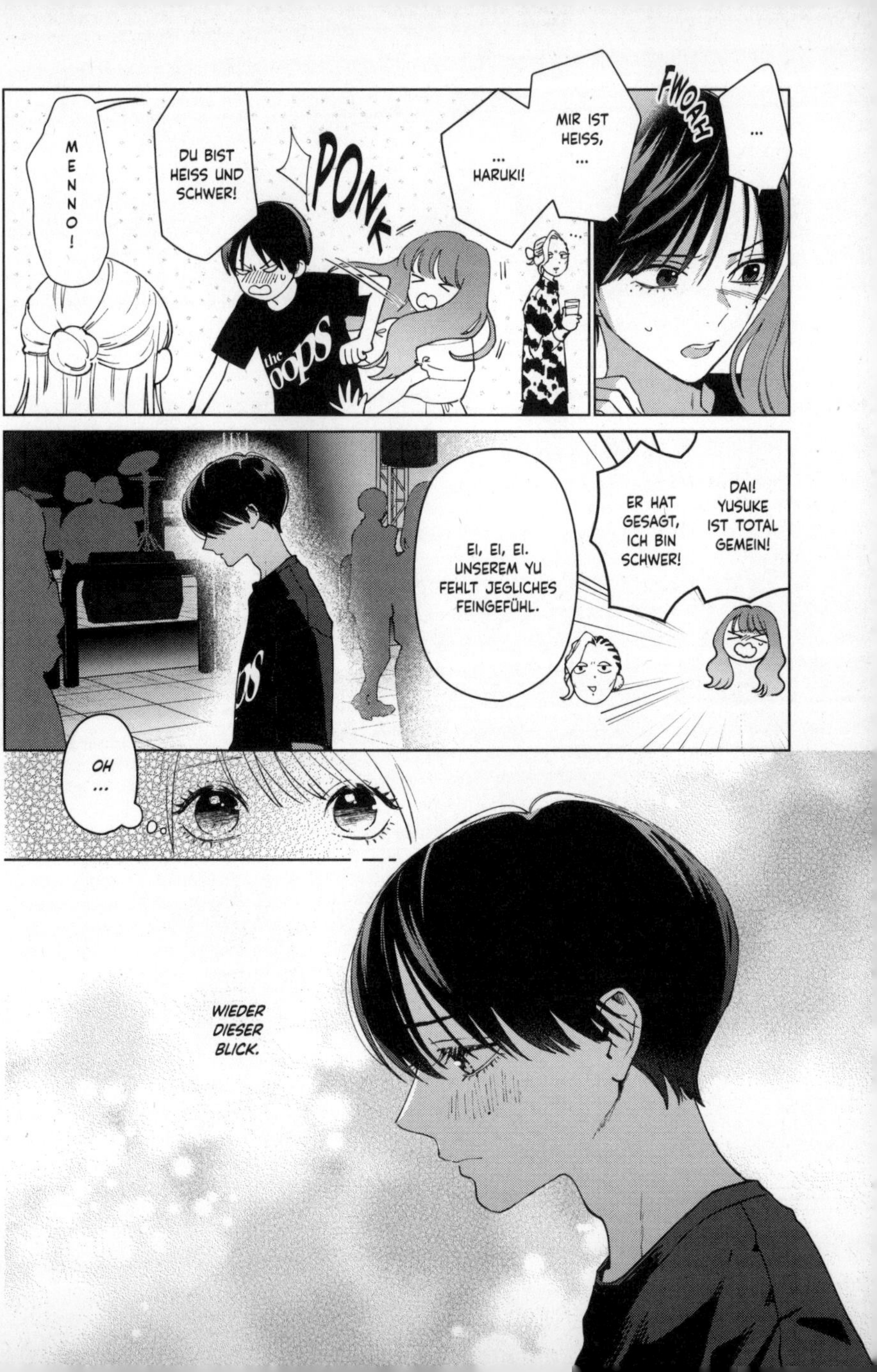
FWOAH
...
MIR IST HEISS, ... HARUKI!
...
PONK
DU BIST HEISS UND SCHWER!
MENNO!
DAI! YUSUKE IST TOTAL GEMEIN!
ER HAT GESAGT, ICH BIN SCHWER!
EI, EI, EI. UNSEREM YU FEHLT JEGLICHES FEINGEFÜHL.
OH ...
WIEDER DIESER BLICK.

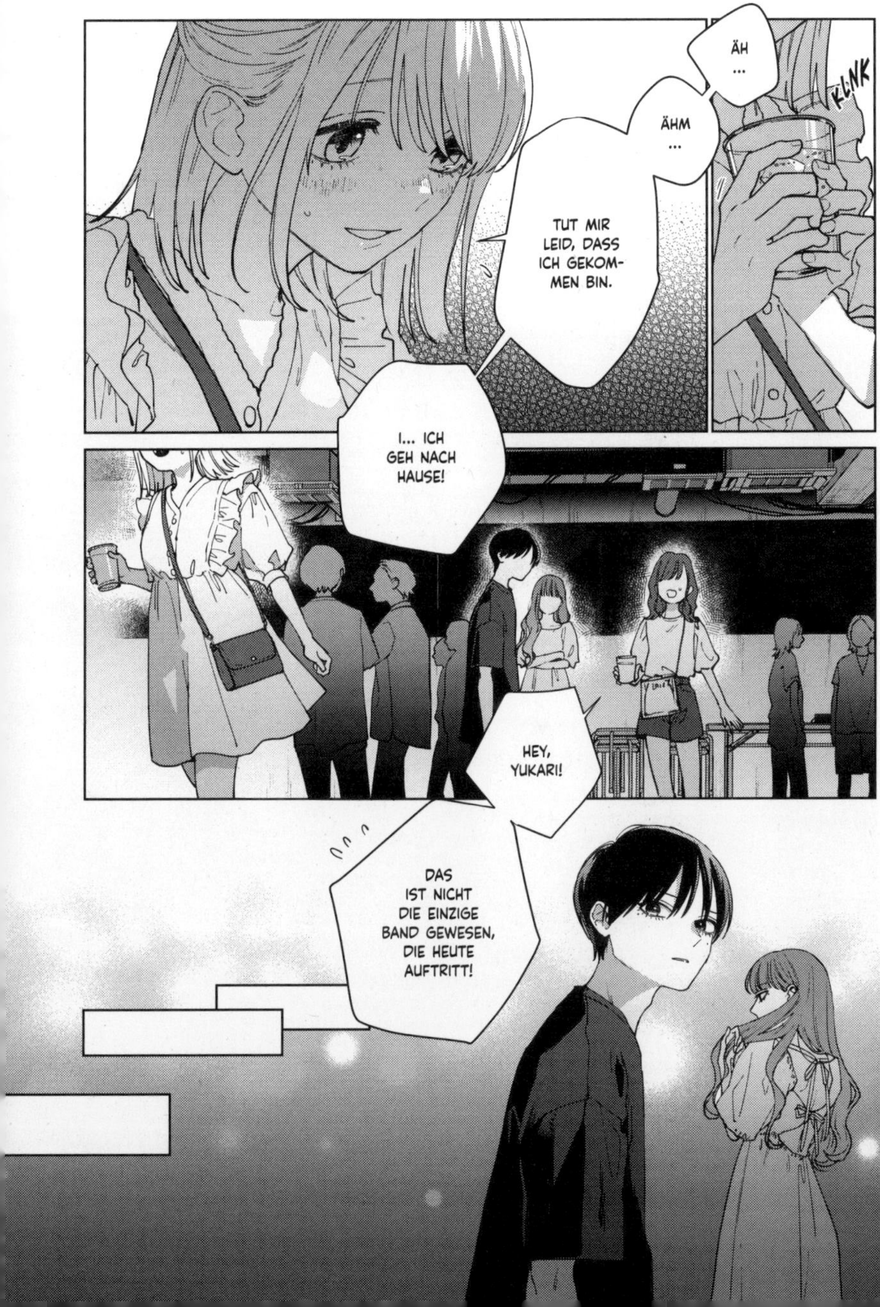
ÄH …
KLINK
ÄHM …
TUT MIR LEID, DASS ICH GEKOMMEN BIN.
I… ICH GEH NACH HAUSE!
HEY, YUKARI!
DAS IST NICHT DIE EINZIGE BAND GEWESEN, DIE HEUTE AUFTRITT!

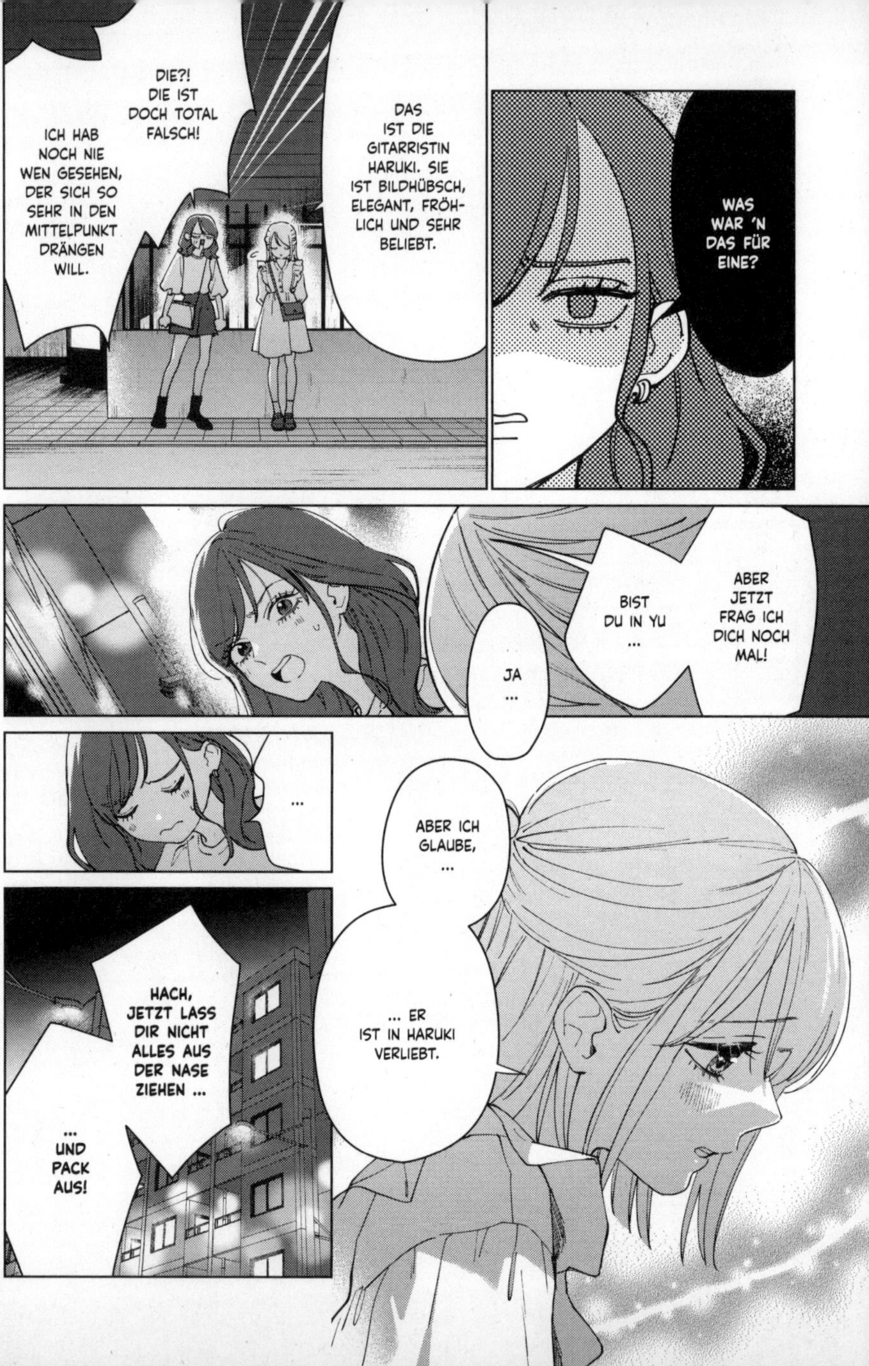
WAS WAR 'N DAS FÜR EINE?
DAS IST DIE GITARRISTIN HARUKI. SIE IST BILDHÜBSCH, ELEGANT, FRÖHLICH UND SEHR BELIEBT.
DIE?! DIE IST DOCH TOTAL FALSCH!
ICH HAB NOCH NIE WEN GESEHEN, DER SICH SO SEHR IN DEN MITTELPUNKT DRÄNGEN WILL.
ABER JETZT FRAG ICH DICH NOCH MAL!
BIST DU IN YU ...
JA ...
...
ABER ICH GLAUBE, ...
... ER IST IN HARUKI VERLIEBT.
HACH, JETZT LASS DIR NICHT ALLES AUS DER NASE ZIEHEN ...
... UND PACK AUS!

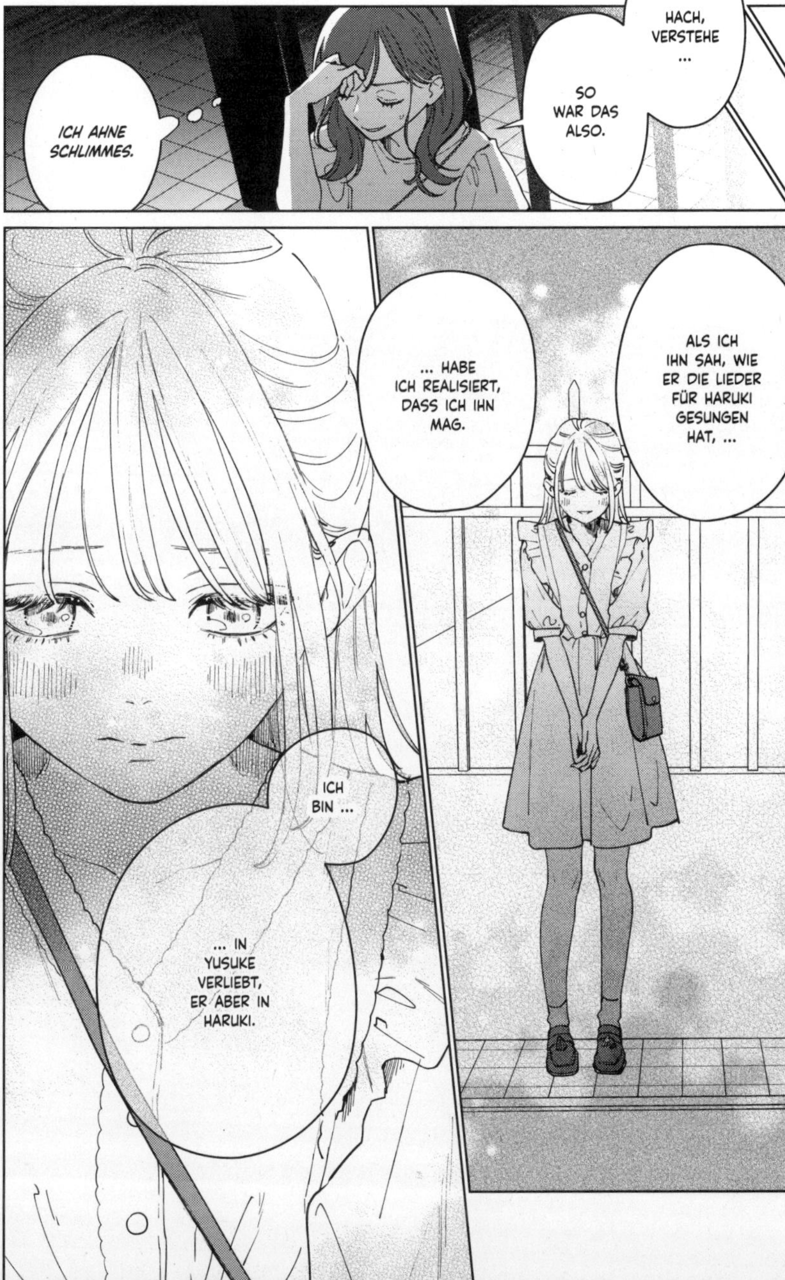
HACH, VERSTEHE ...
SO WAR DAS ALSO.
ICH AHNE SCHLIMMES.
ALS ICH IHN SAH, WIE ER DIE LIEDER FÜR HARUKI GESUNGEN HAT, ...
... HABE ICH REALISIERT, DASS ICH IHN MAG.
ICH BIN ...
... IN YUSUKE VERLIEBT, ER ABER IN HARUKI.

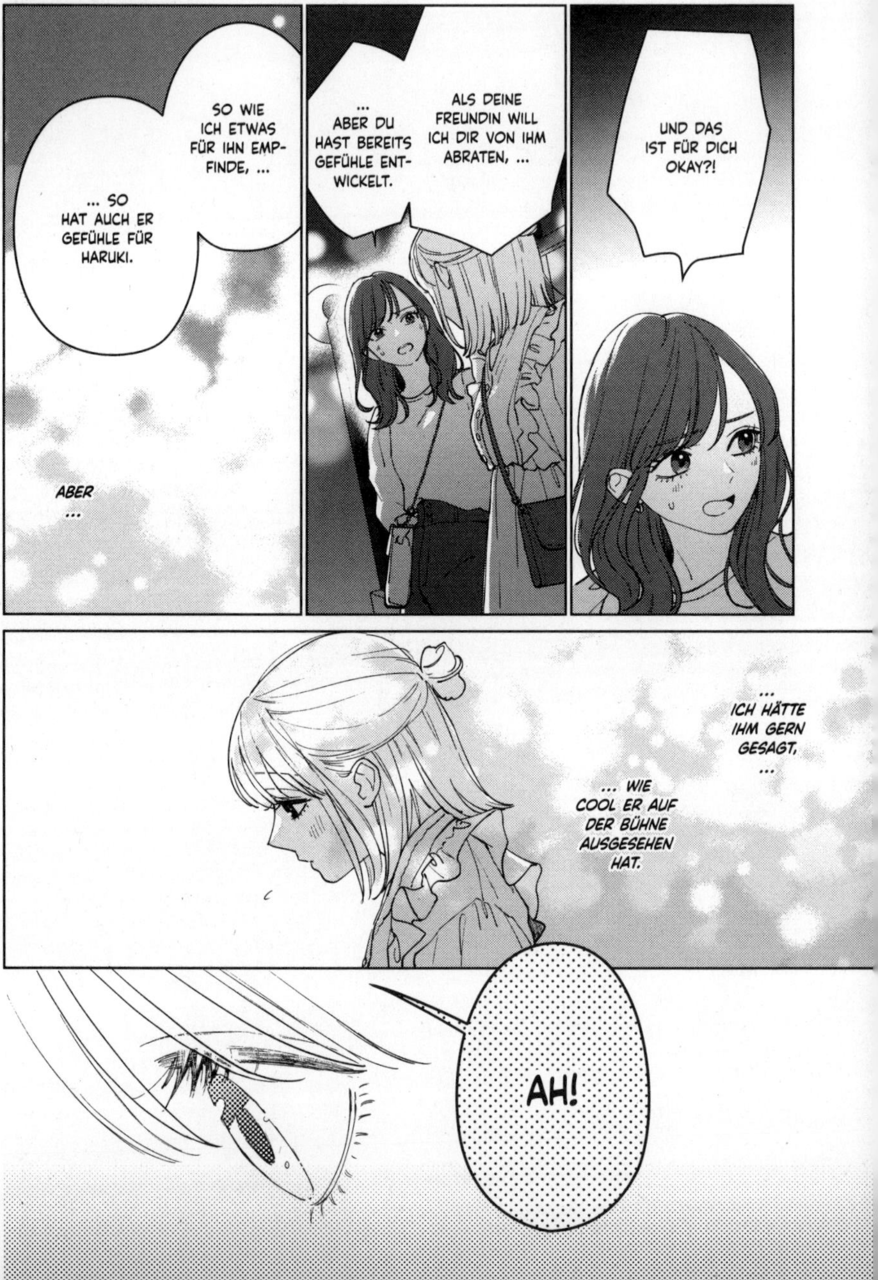
SO WIE ICH ETWAS FÜR IHN EMPFINDE, ...
... SO HAT AUCH ER GEFÜHLE FÜR HARUKI.
ABER ...
ALS DEINE FREUNDIN WILL ICH DIR VON IHM ABRATEN, ...
... ABER DU HAST BEREITS GEFÜHLE ENTWICKELT.
UND DAS IST FÜR DICH OKAY?!
... ICH HÄTTE IHM GERN GESAGT, ...
... WIE COOL ER AUF DER BÜHNE AUSGESEHEN HAT.
AH!

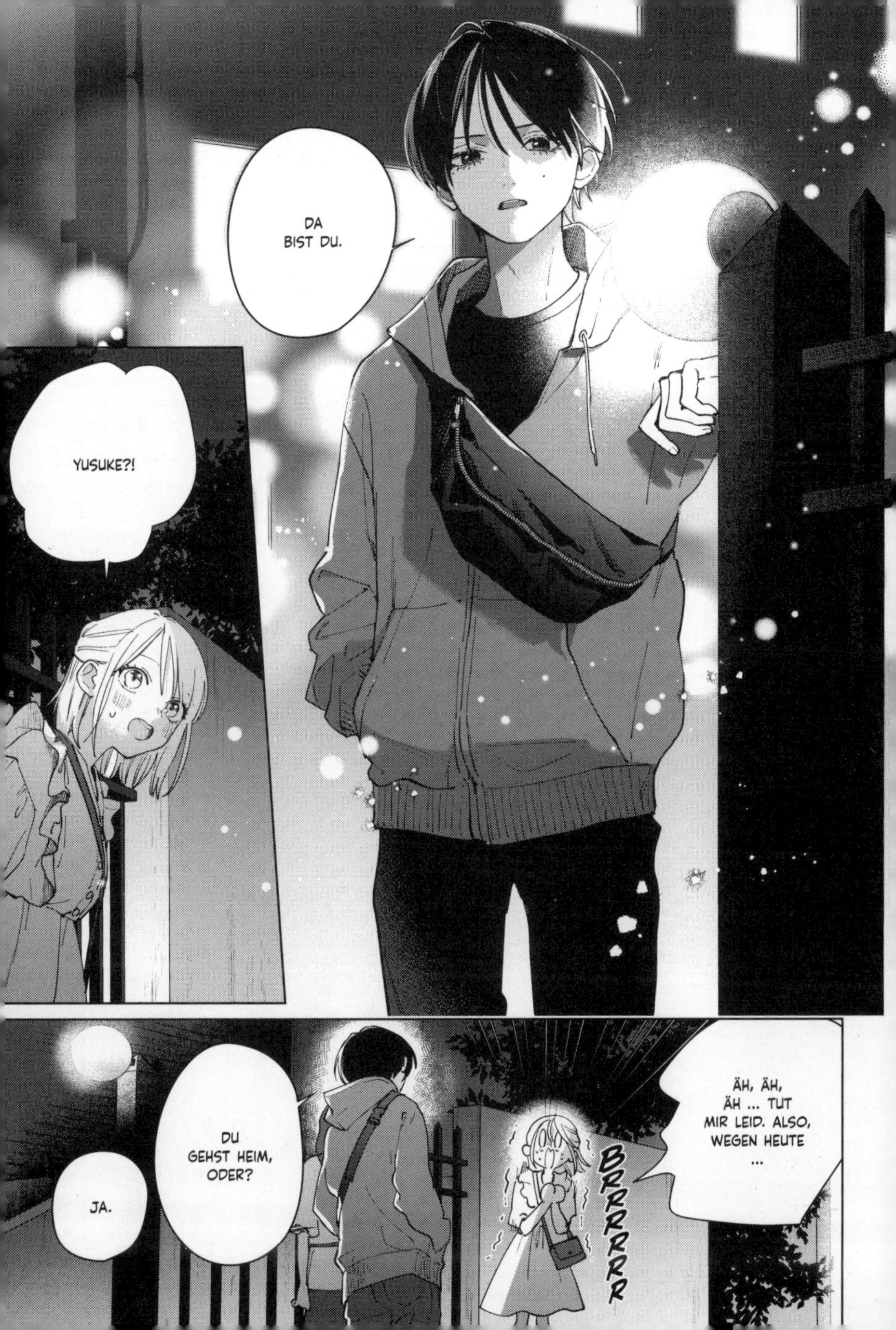
DA BIST DU.
YUSUKE?!
ÄH, ÄH, ÄH ... TUT MIR LEID. ALSO, WEGEN HEUTE ...
BRRRRRR
DU GEHST HEIM, ODER?
JA.

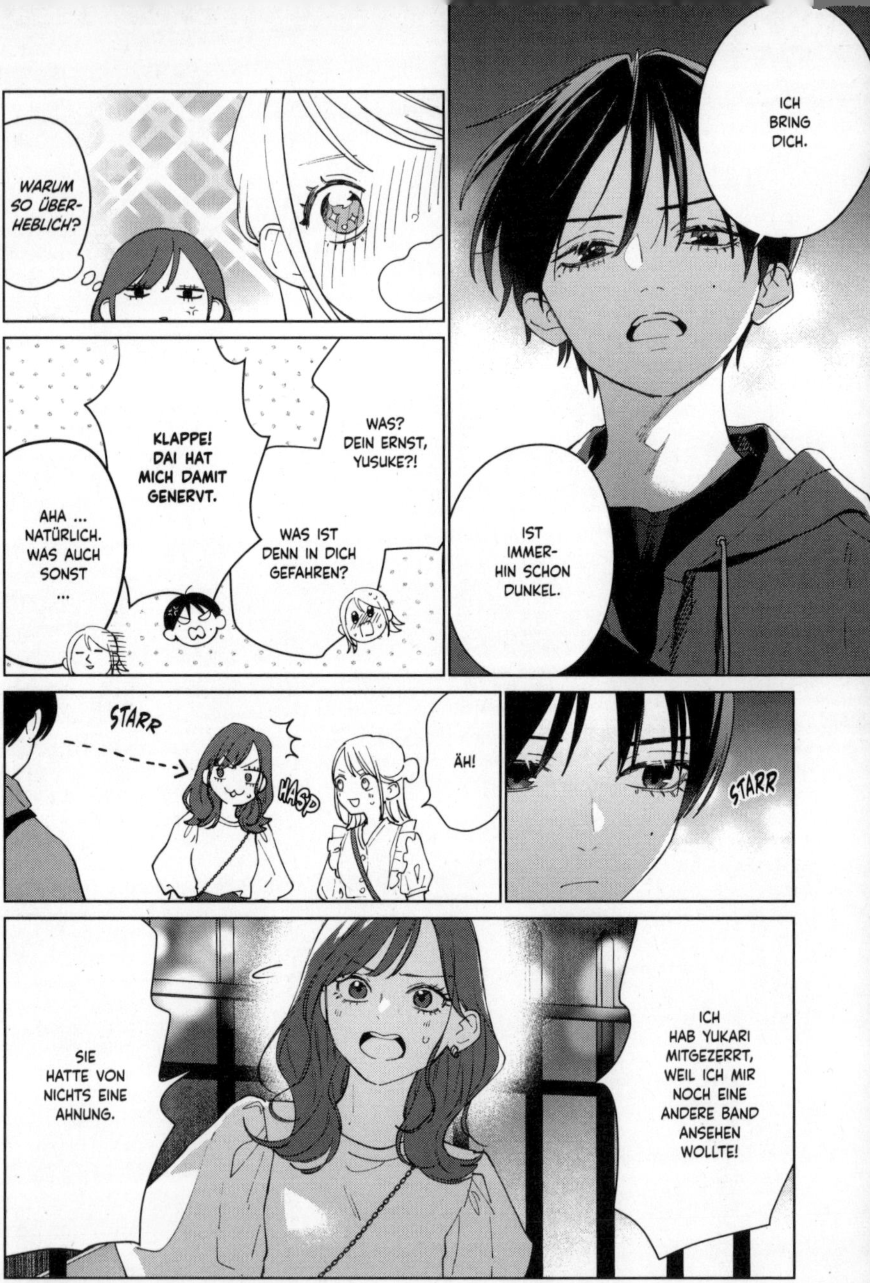
ICH BRING DICH.
IST IMMERHIN SCHON DUNKEL.
WARUM SO ÜBERHEBLICH?
WAS? DEIN ERNST, YUSUKE?!
KLAPPE! DAI HAT MICH DAMIT GENERVT.
WAS IST DENN IN DICH GEFAHREN?
AHA ... NATÜRLICH. WAS AUCH SONST ...
STARR
ÄH!
HASP
STARR
ICH HAB YUKARI MITGEZERRT, WEIL ICH MIR NOCH EINE ANDERE BAND ANSEHEN WOLLTE!
SIE HATTE VON NICHTS EINE AHNUNG.

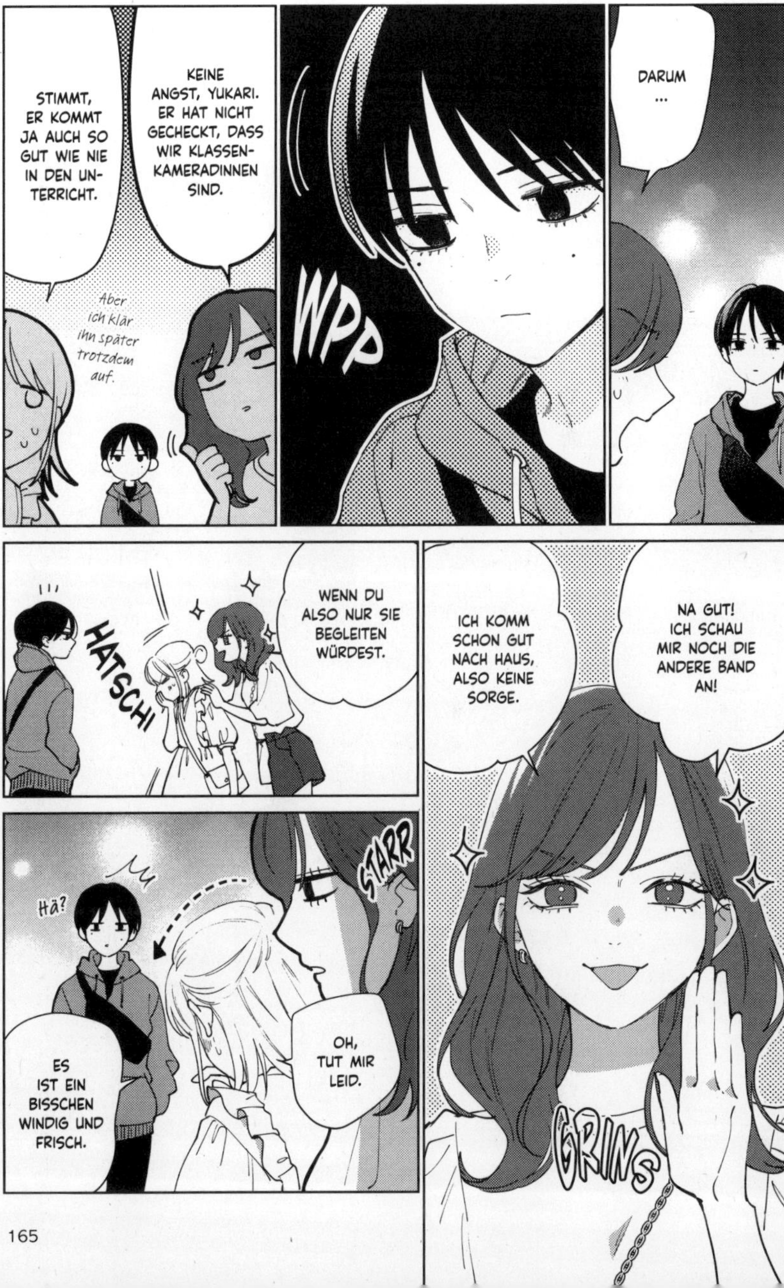
DARUM ...
WPP
KEINE ANGST, YUKARI. ER HAT NICHT GECHECKT, DASS WIR KLASSEN-KAMERADINNEN SIND.
STIMMT, ER KOMMT JA AUCH SO GUT WIE NIE IN DEN UN-TERRICHT.
Aber ich klär ihn später trotzdem auf.
NA GUT! ICH SCHAU MIR NOCH DIE ANDERE BAND AN!
ICH KOMM SCHON GUT NACH HAUS, ALSO KEINE SORGE.
GRINS
WENN DU ALSO NUR SIE BEGLEITEN WÜRDEST.
HATSCHI
STARR
OH, TUT MIR LEID.
Hä?
ES IST EIN BISSCHEN WINDIG UND FRISCH.

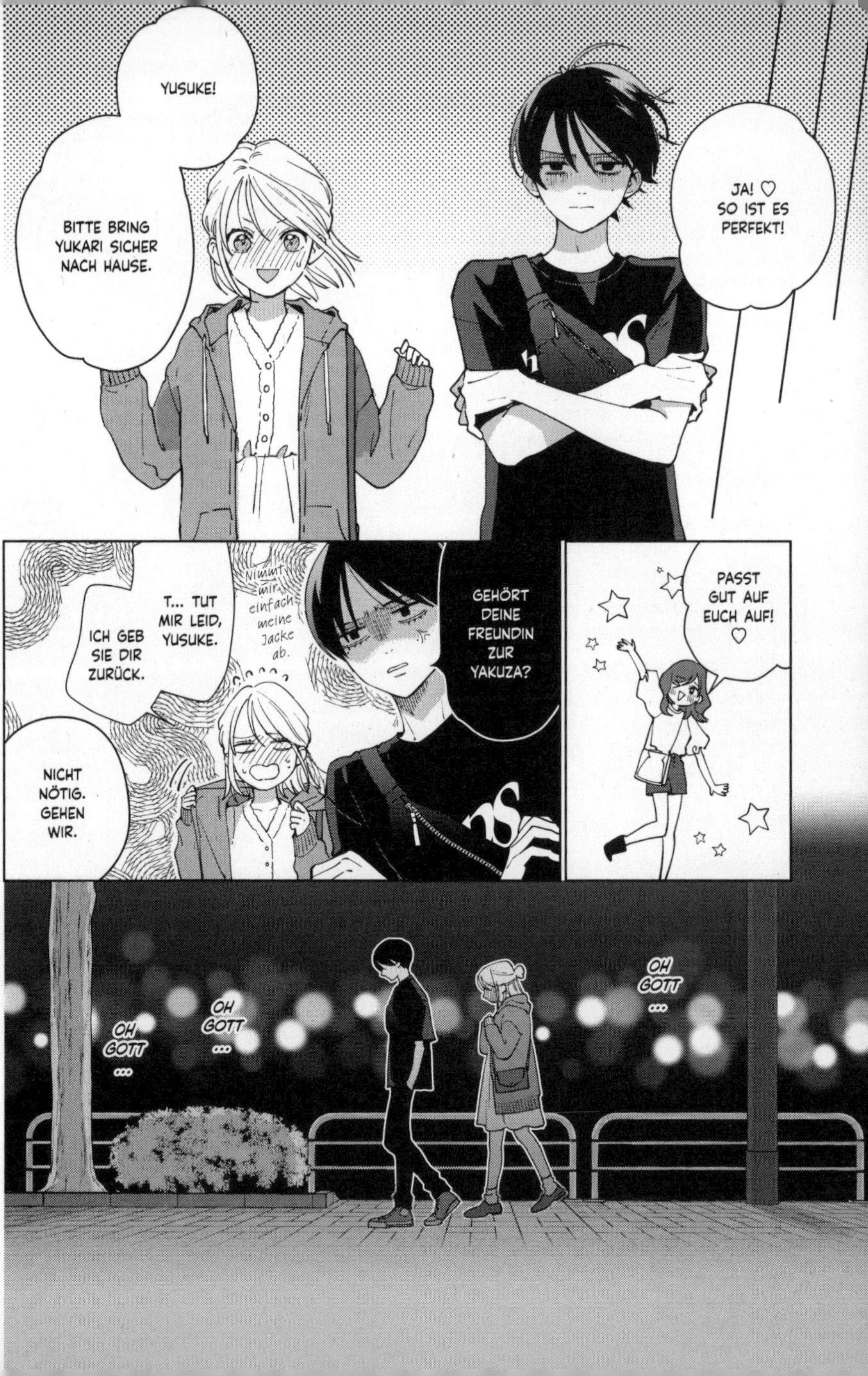
JA! ♡ SO IST ES PERFEKT!
YUSUKE!
BITTE BRING YUKARI SICHER NACH HAUSE.
PASST GUT AUF EUCH AUF! ♡
GEHÖRT DEINE FREUNDIN ZUR YAKUZA?
Nimmt mir einfach meine Jacke ab.
T... TUT MIR LEID, YUSUKE.
ICH GEB SIE DIR ZURÜCK.
NICHT NÖTIG. GEHEN WIR.
OH GOTT ...
OH GOTT ...
OH GOTT ...

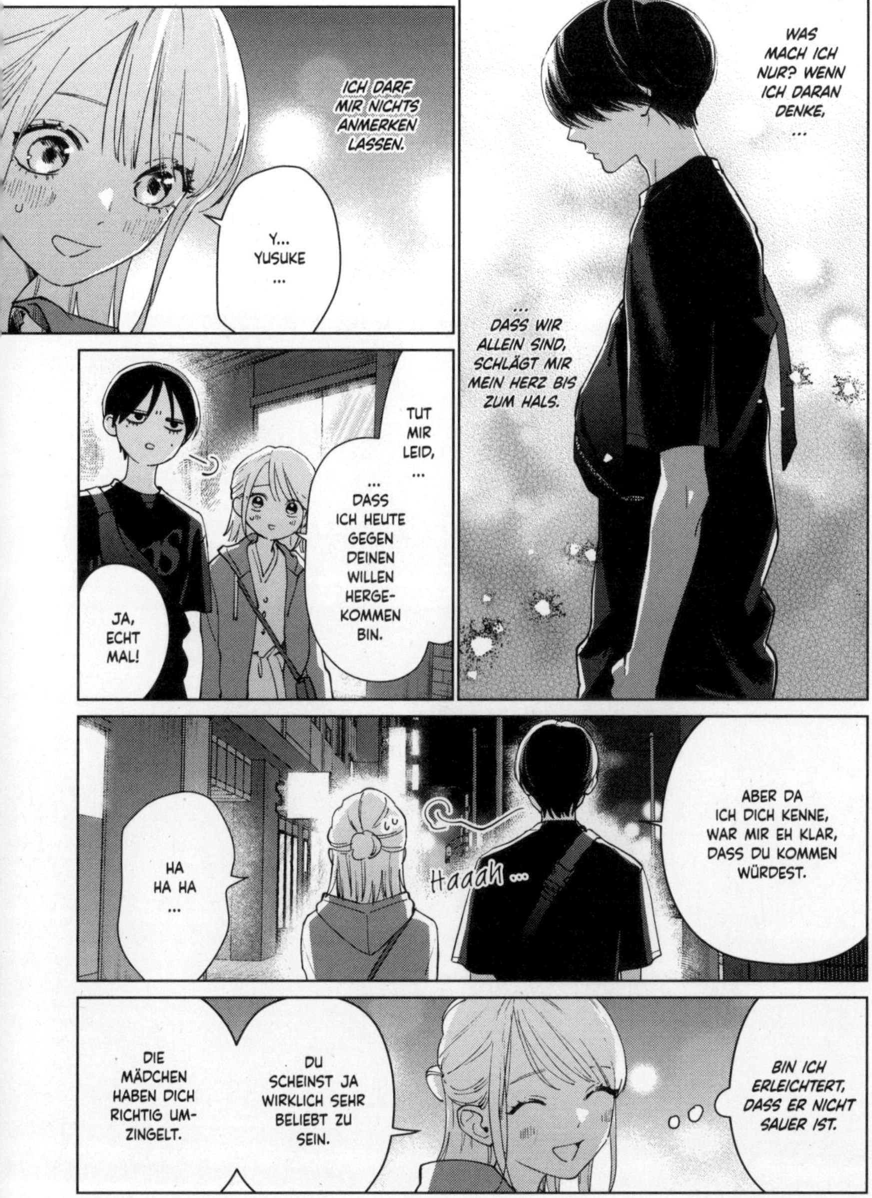
WAS MACH ICH NUR? WENN ICH DARAN DENKE, ...
... DASS WIR ALLEIN SIND, SCHLÄGT MIR MEIN HERZ BIS ZUM HALS.
ICH DARF MIR NICHTS ANMERKEN LASSEN.
Y... YUSUKE ...
TUT MIR LEID, ...
... DASS ICH HEUTE GEGEN DEINEN WILLEN HERGE-KOMMEN BIN.
JA, ECHT MAL!
ABER DA ICH DICH KENNE, WAR MIR EH KLAR, DASS DU KOMMEN WÜRDEST.
Haaah ...
HA HA HA ...
BIN ICH ERLEICHTERT, DASS ER NICHT SAUER IST.
DU SCHEINST JA WIRKLICH SEHR BELIEBT ZU SEIN.
DIE MÄDCHEN HABEN DICH RICHTIG UM-ZINGELT.

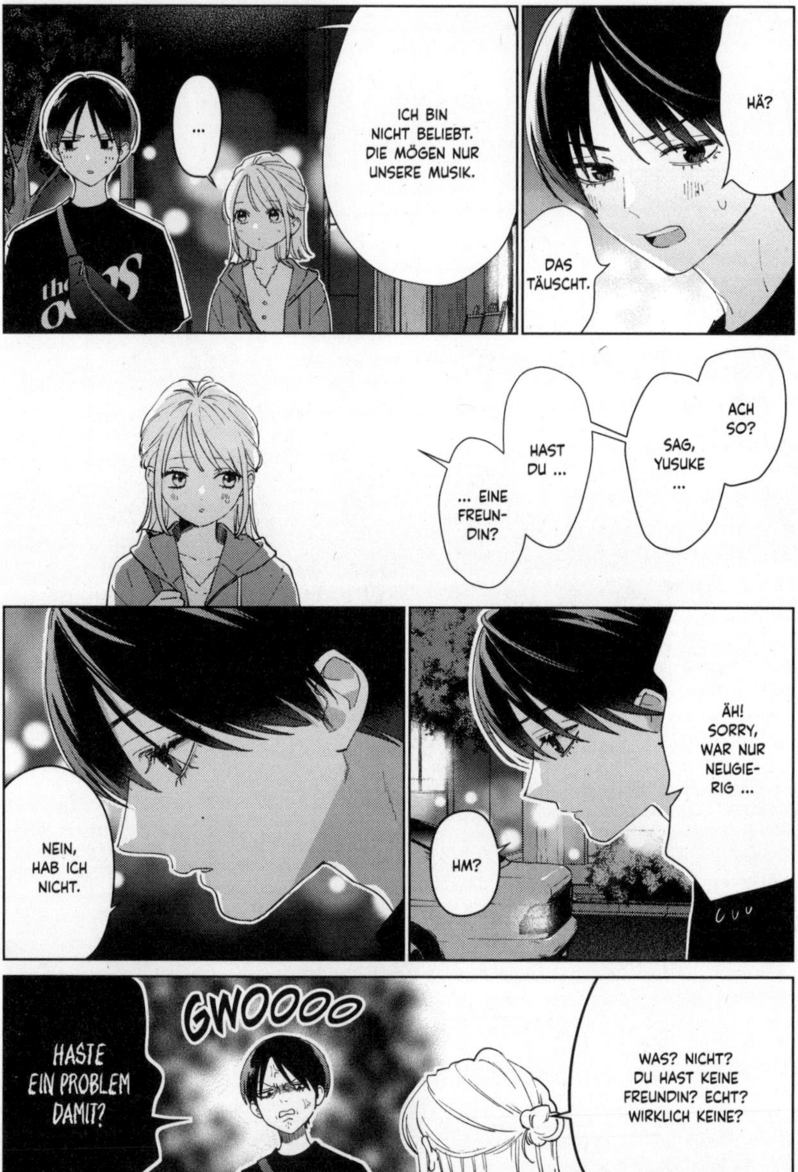
HÄ?
DAS TÄUSCHT.
ICH BIN NICHT BELIEBT. DIE MÖGEN NUR UNSERE MUSIK.
...
ACH SO?
SAG, YUSUKE ...
HAST DU ...
... EINE FREUN-DIN?
ÄH! SORRY, WAR NUR NEUGIE-RIG ...
HM?
NEIN, HAB ICH NICHT.
WAS? NICHT? DU HAST KEINE FREUNDIN? ECHT? WIRKLICH KEINE?
GWOOOO
HASTE EIN PROBLEM DAMIT?

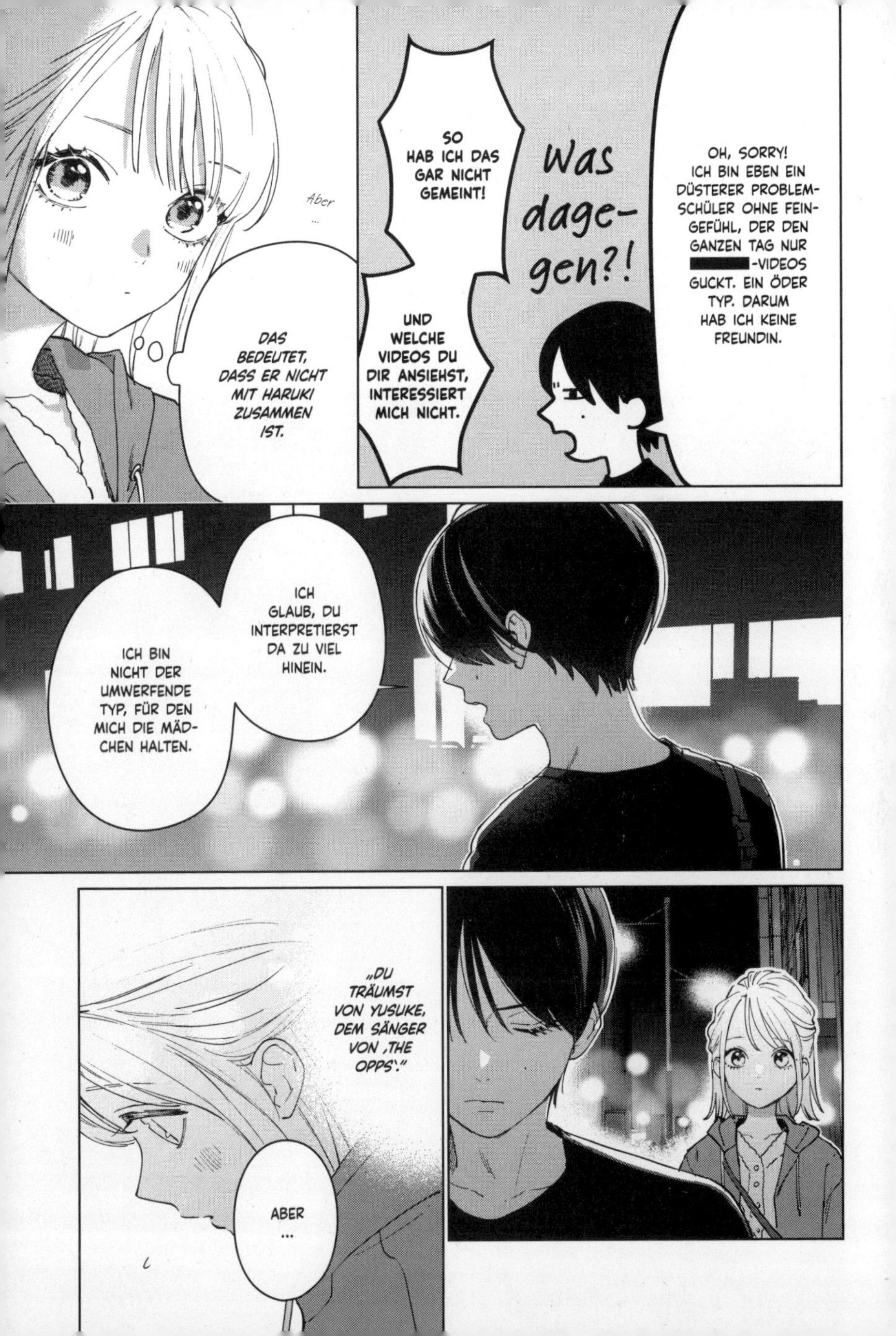
OH, SORRY! ICH BIN EBEN EIN DÜSTERER PROBLEM-SCHÜLER OHNE FEIN-GEFÜHL, DER DEN GANZEN TAG NUR -VIDEOS GUCKT. EIN ÖDER TYP. DARUM HAB ICH KEINE FREUNDIN.
Was dagegen?!
SO HAB ICH DAS GAR NICHT GEMEINT!
UND WELCHE VIDEOS DU DIR ANSIEHST, INTERESSIERT MICH NICHT.
Aber ...
DAS BEDEUTET, DASS ER NICHT MIT HARUKI ZUSAMMEN IST.
ICH GLAUB, DU INTERPRETIERST DA ZU VIEL HINEIN.
ICH BIN NICHT DER UMWERFENDE TYP, FÜR DEN MICH DIE MÄDCHEN HALTEN.
„DU TRÄUMST VON YUSUKE, DEM SÄNGER VON ‚THE OPPS'."
ABER ...

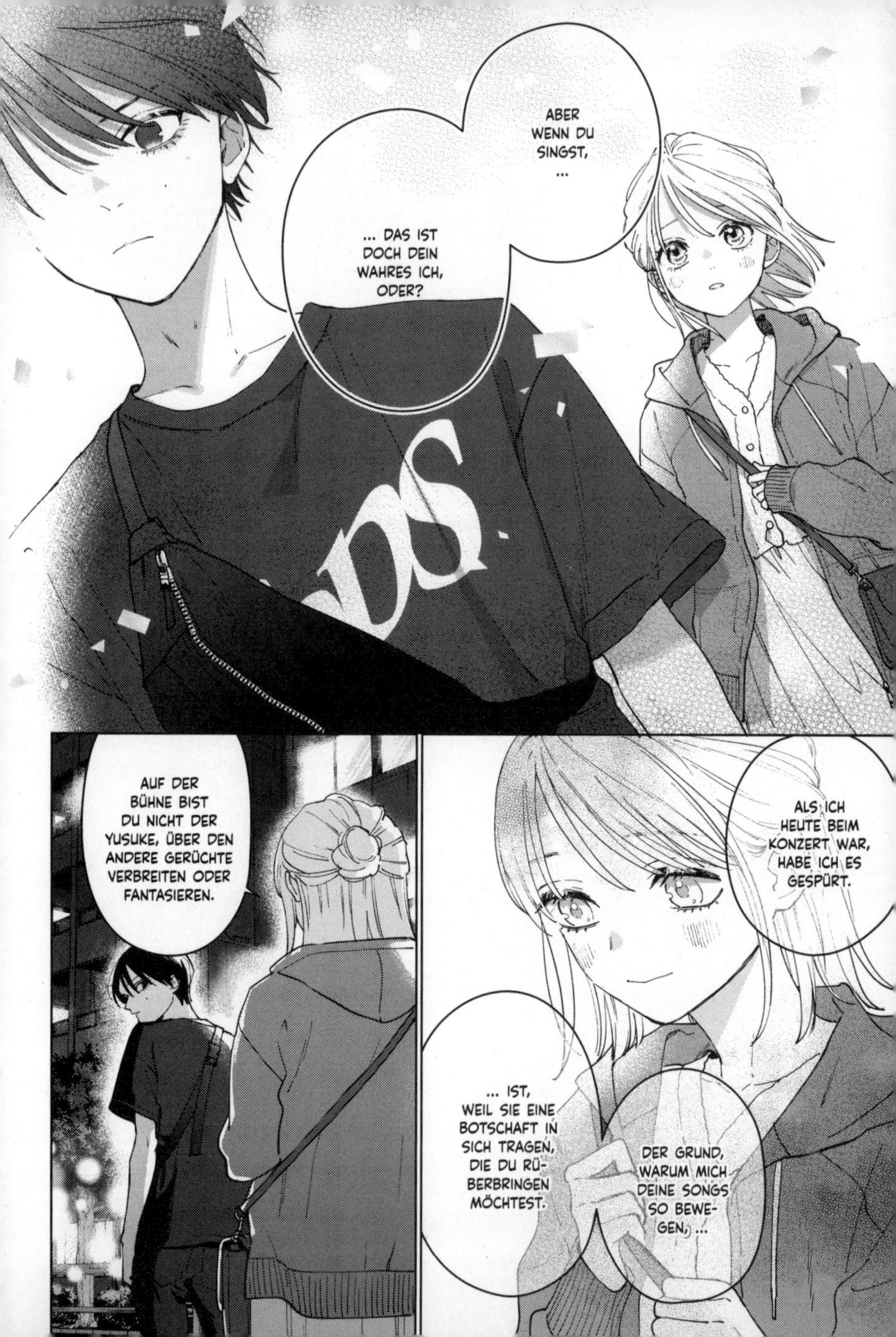
ABER WENN DU SINGST, ...
... DAS IST DOCH DEIN WAHRES ICH, ODER?
ALS ICH HEUTE BEIM KONZERT WAR, HABE ICH ES GESPÜRT.
DER GRUND, WARUM MICH DEINE SONGS SO BEWE-GEN, ...
... IST, WEIL SIE EINE BOTSCHAFT IN SICH TRAGEN, DIE DU RÜ-BERBRINGEN MÖCHTEST.
AUF DER BÜHNE BIST DU NICHT DER YUSUKE, ÜBER DEN ANDERE GERÜCHTE VERBREITEN ODER FANTASIEREN.

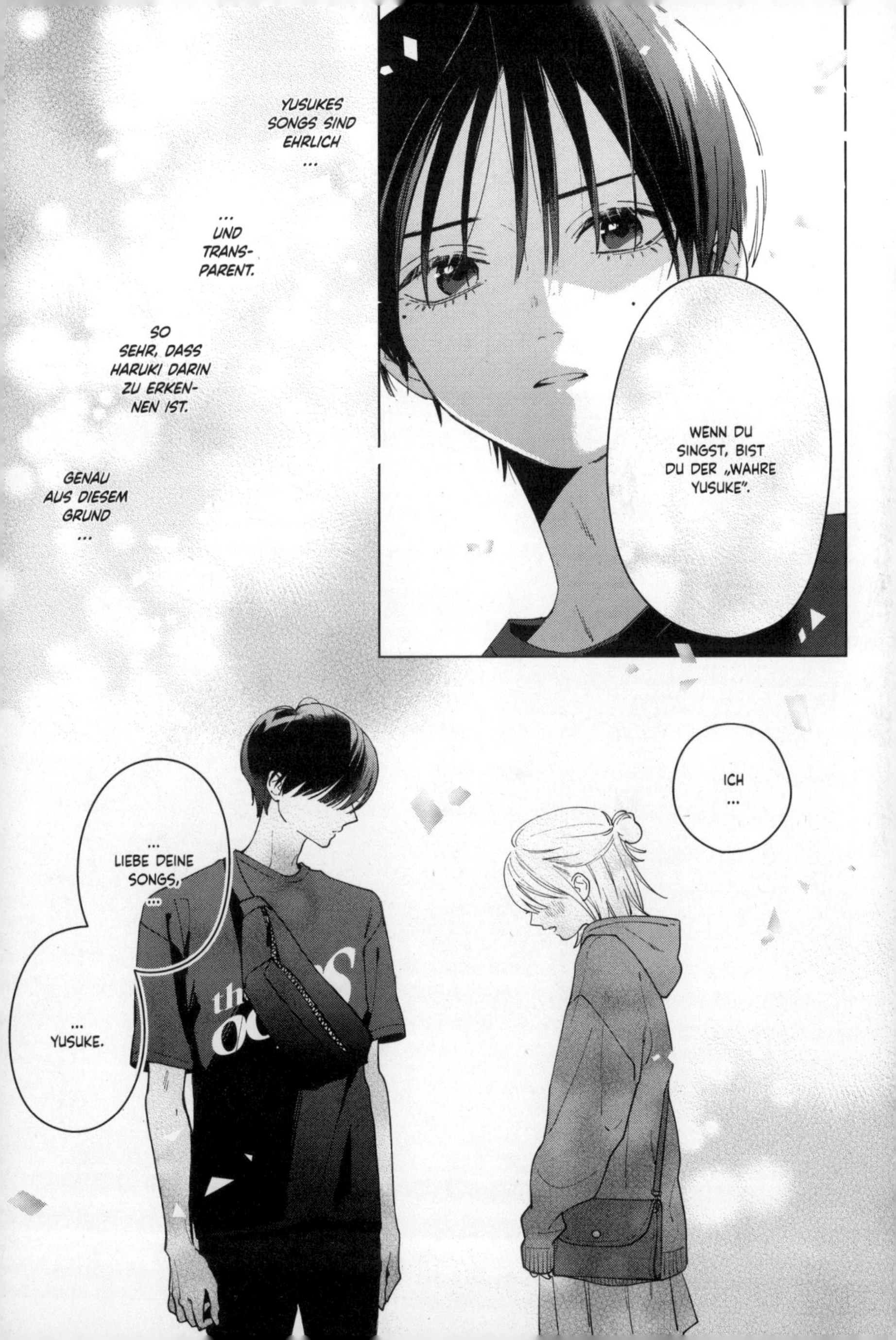
YUSUKES SONGS SIND EHRLICH ...
... UND TRANS-PARENT.
SO SEHR, DASS HARUKI DARIN ZU ERKEN-NEN IST.
WENN DU SINGST, BIST DU DER „WAHRE YUSUKE".
GENAU AUS DIESEM GRUND ...
ICH ...
... LIEBE DEINE SONGS, ...
... YUSUKE.

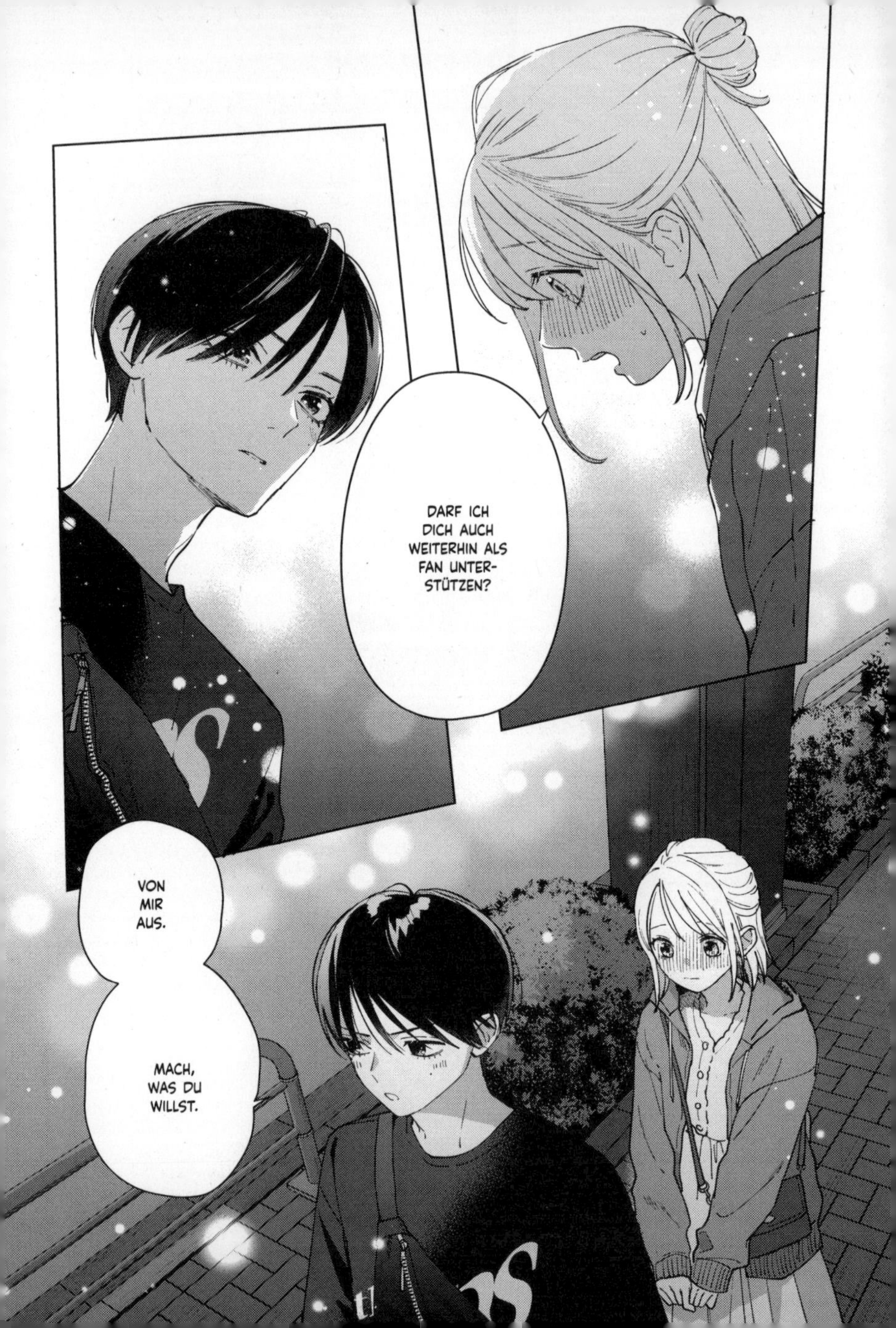
DARF ICH DICH AUCH WEITERHIN ALS FAN UNTER-STÜTZEN?
VON MIR AUS.
MACH, WAS DU WILLST.

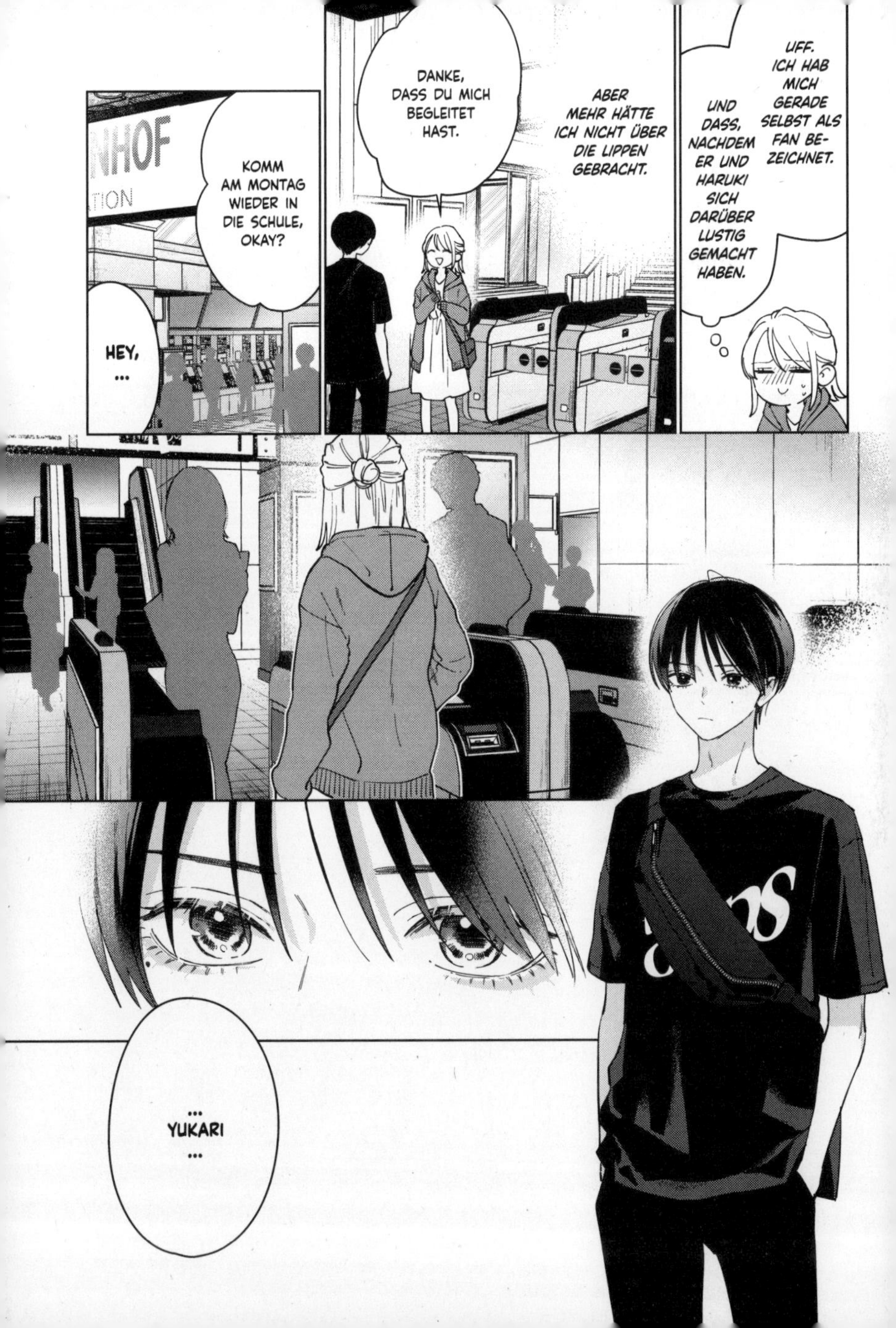
UFF. ICH HAB MICH GERADE SELBST ALS FAN BE-ZEICHNET.
UND DASS, NACHDEM ER UND HARUKI SICH DARÜBER LUSTIG GEMACHT HABEN.
ABER MEHR HÄTTE ICH NICHT ÜBER DIE LIPPEN GEBRACHT.
DANKE, DASS DU MICH BEGLEITET HAST.
NHOF
TION
KOMM AM MONTAG WIEDER IN DIE SCHULE, OKAY?
HEY, ...
... YUKARI ...

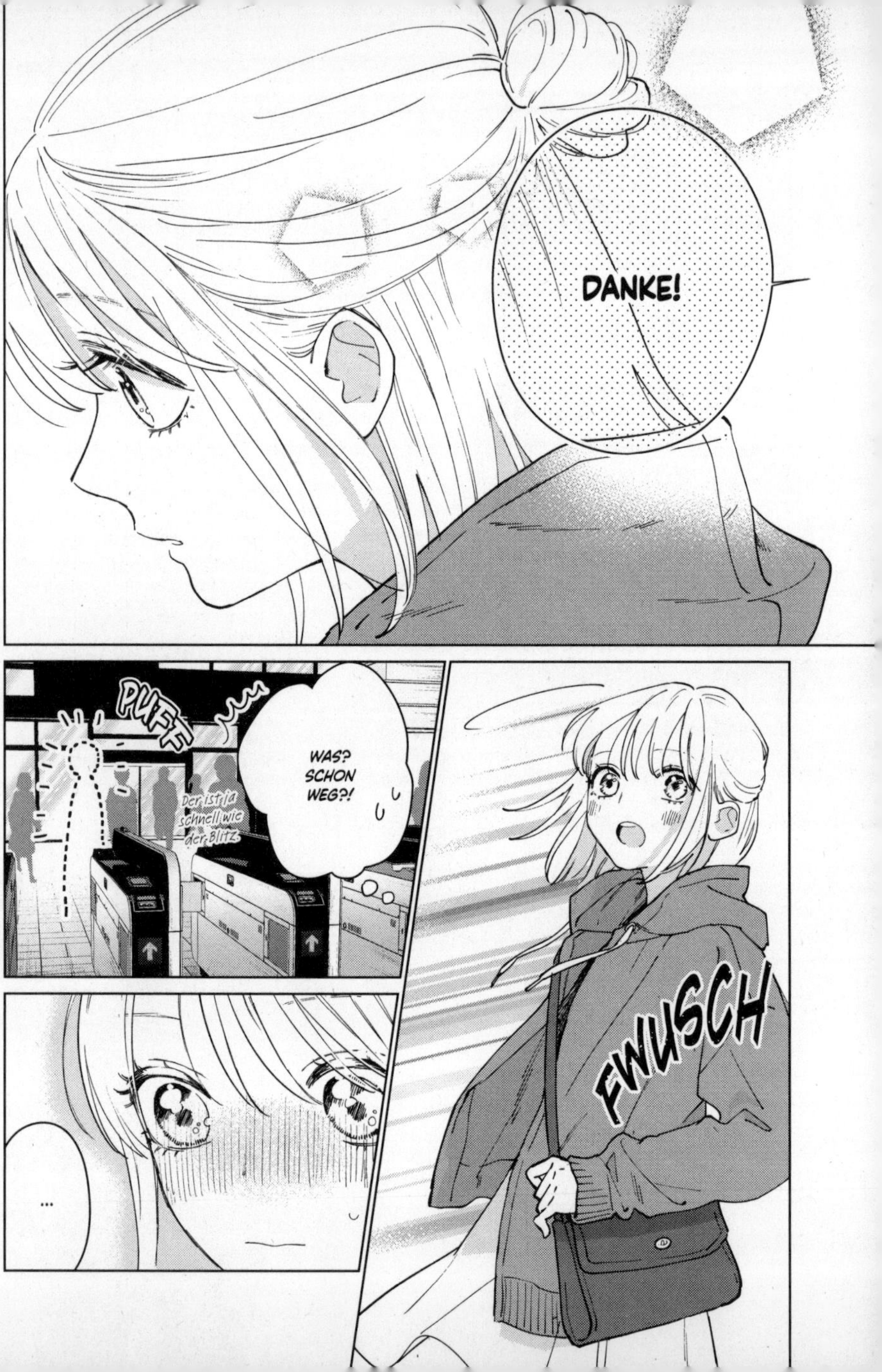
DANKE!
WAS? SCHON WEG?!
PUFF
Der ist ja schnell wie der Blitz.
FWUSCH
...

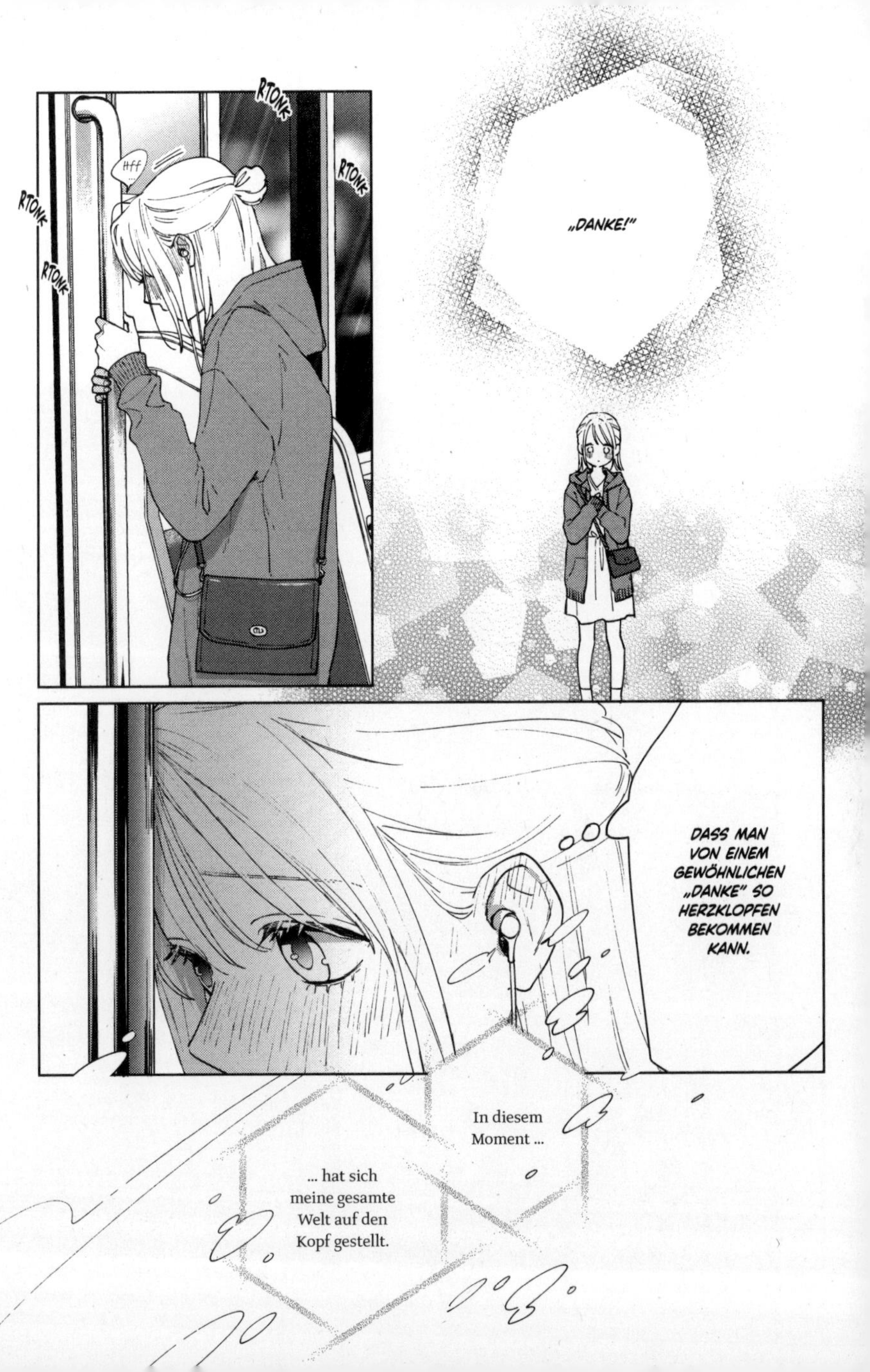
„DANKE!"
RTONK
RTONK
RTONK
RTONK
Hff
...
DASS MAN VON EINEM GEWÖHNLICHEN „DANKE" SO HERZKLOPFEN BEKOMMEN KANN.
In diesem Moment ...
... hat sich meine gesamte Welt auf den Kopf gestellt.

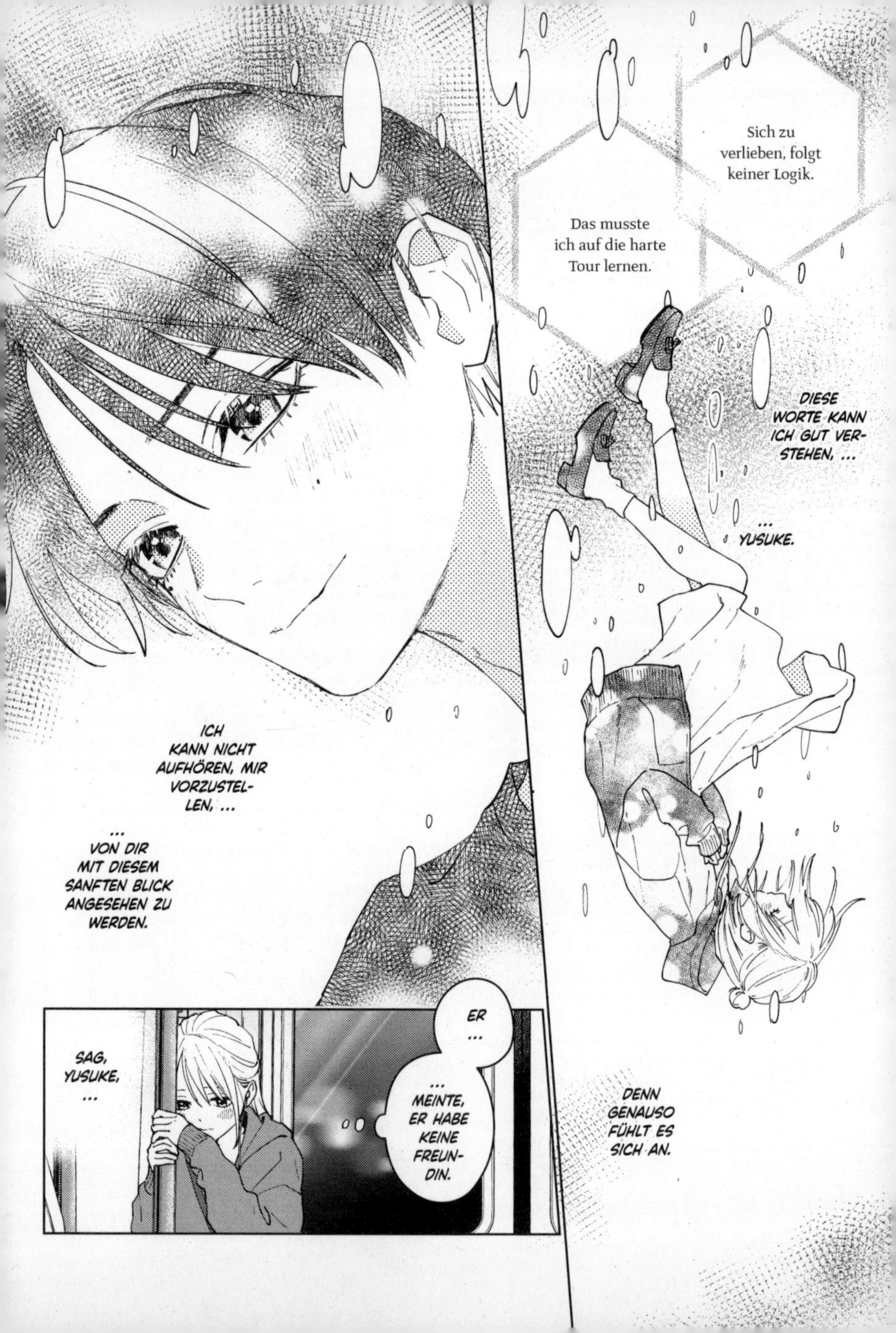
Sich zu verlieben, folgt keiner Logik.
Das musste ich auf die harte Tour lernen.
DIESE WORTE KANN ICH GUT VERSTEHEN, ...
... YUSUKE.
ICH KANN NICHT AUFHÖREN, MIR VORZUSTELLEN, ...
... VON DIR MIT DIESEM SANFTEN BLICK ANGESEHEN ZU WERDEN.
DENN GENAUSO FÜHLT ES SICH AN.
ER ...
... MEINTE, ER HABE KEINE FREUNDIN.
SAG, YUSUKE, ...

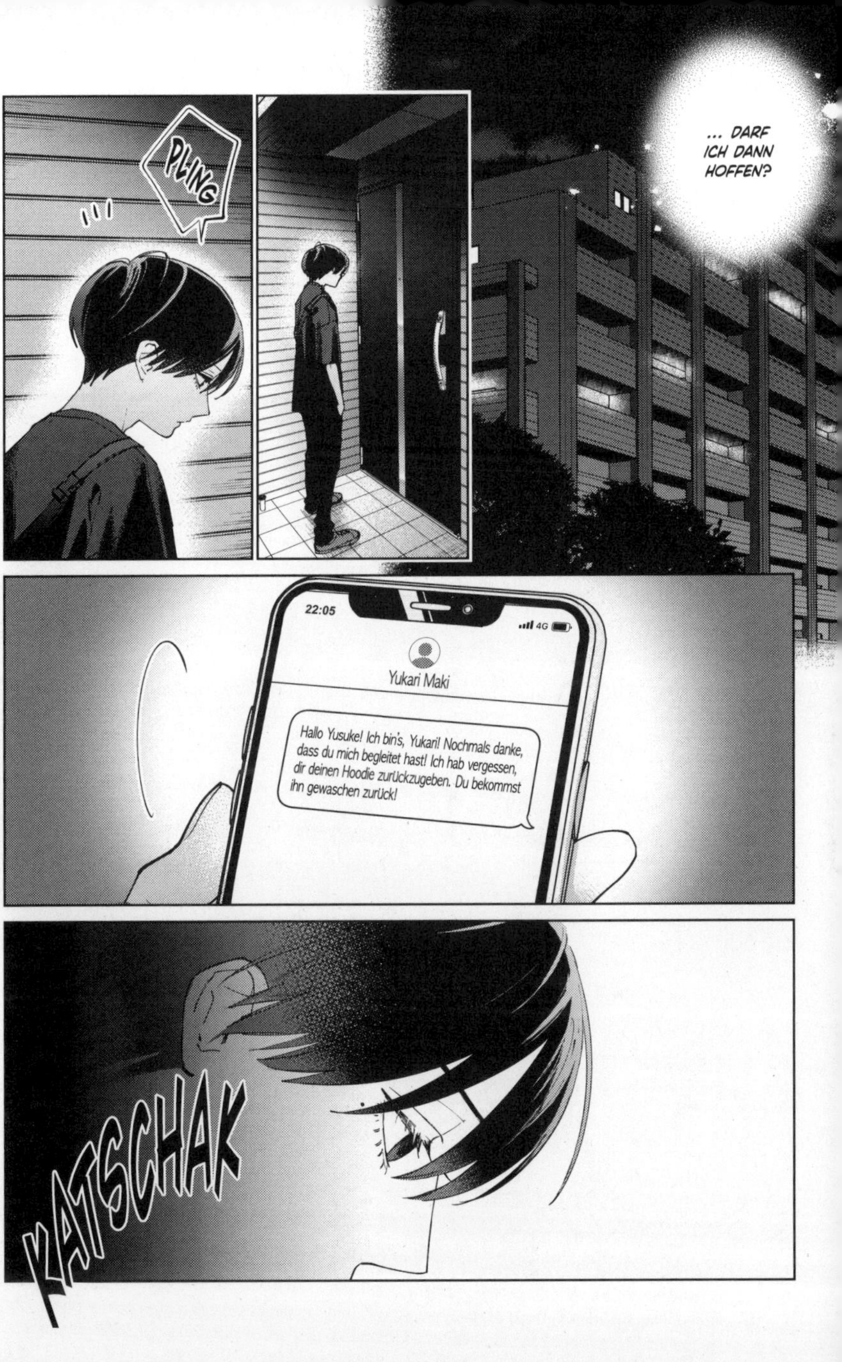
... DARF ICH DANN HOFFEN?
PLING
...
22:05
4G
Yukari Maki
Hallo Yusuke! Ich bin's, Yukari! Nochmals danke, dass du mich begleitet hast! Ich hab vergessen, dir deinen Hoodie zurückzugeben. Du bekommst ihn gewaschen zurück!
KATSCHAK

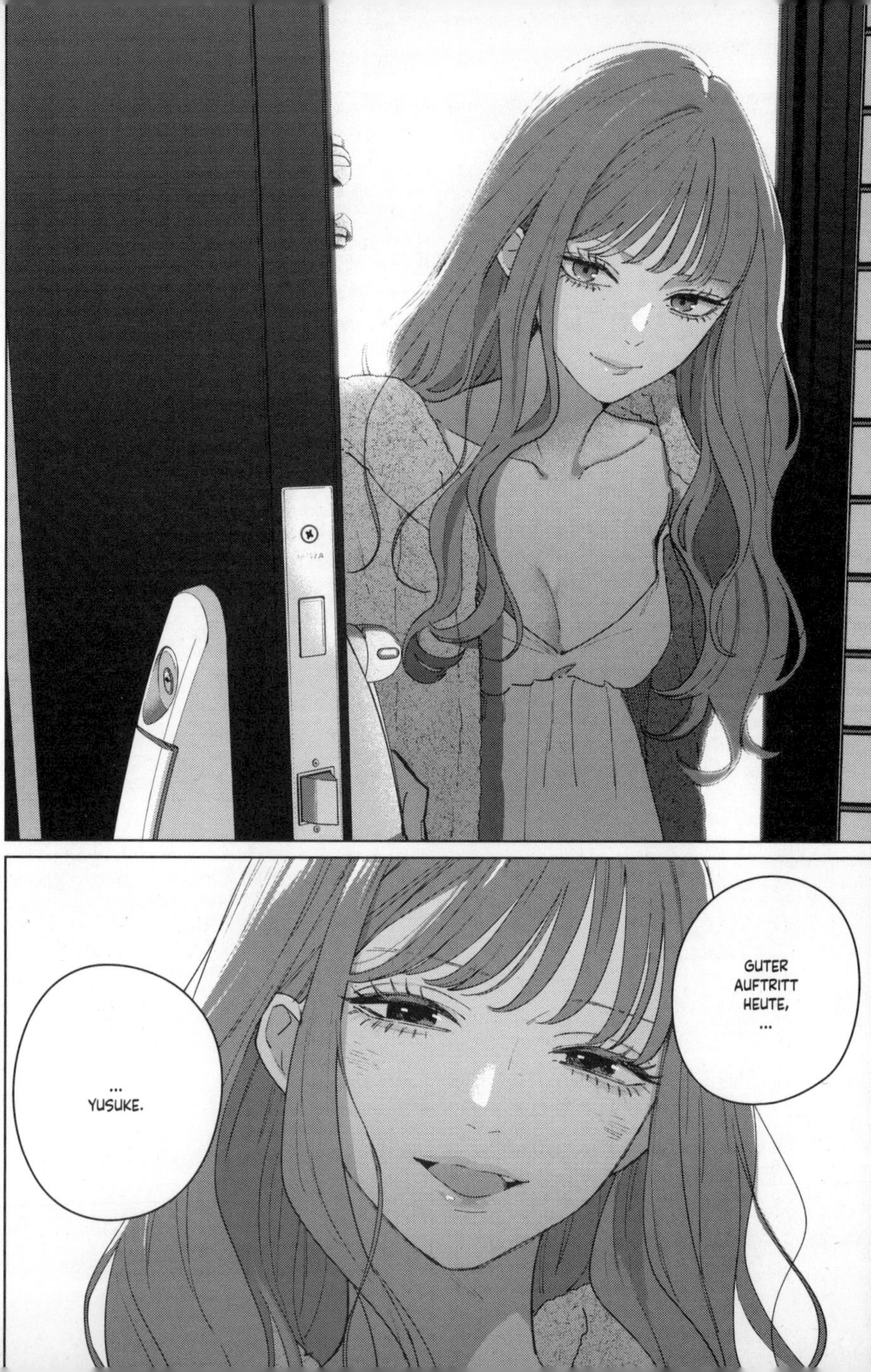
GUTER AUFTRITT HEUTE, ...
... YUSUKE.

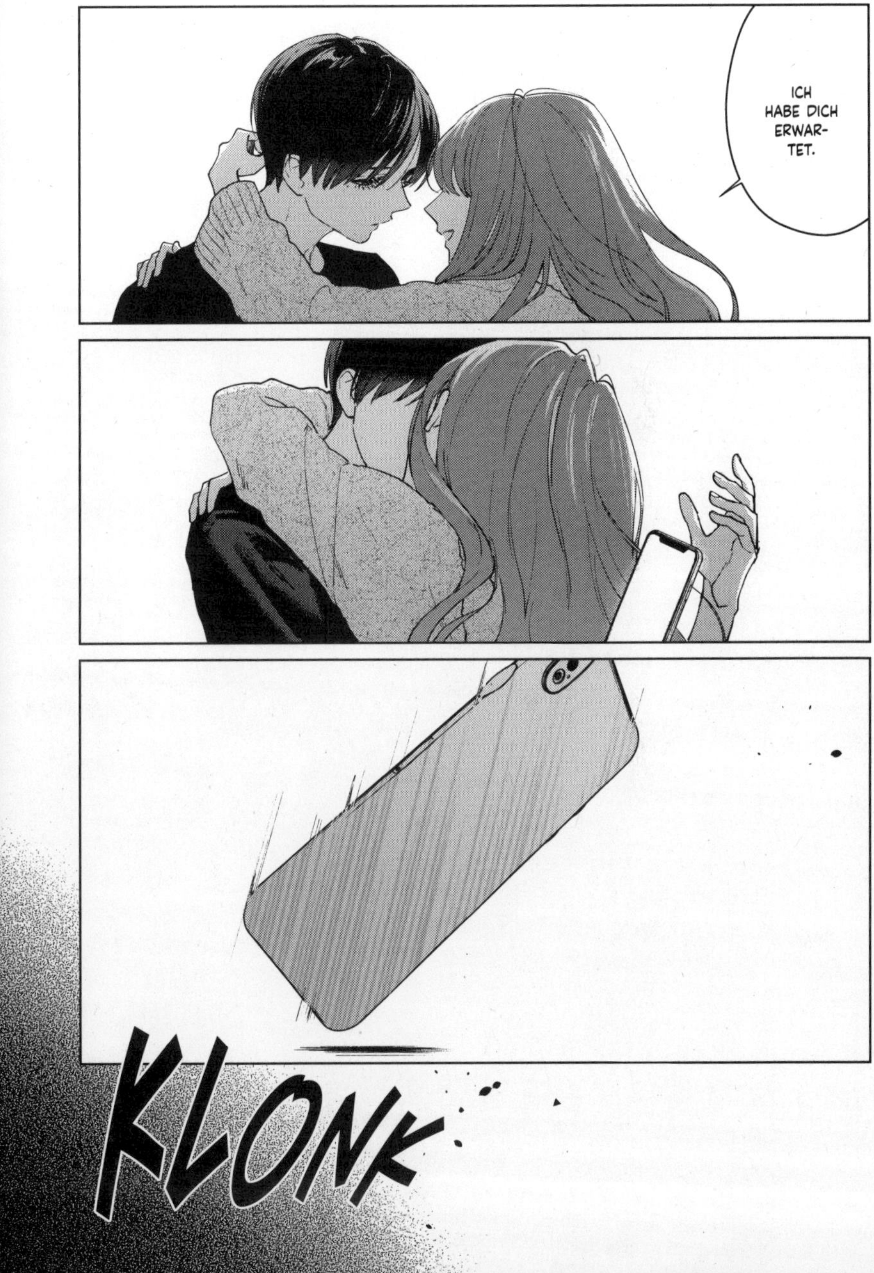
ICH HABE DICH ERWAR- TET.
KLONK

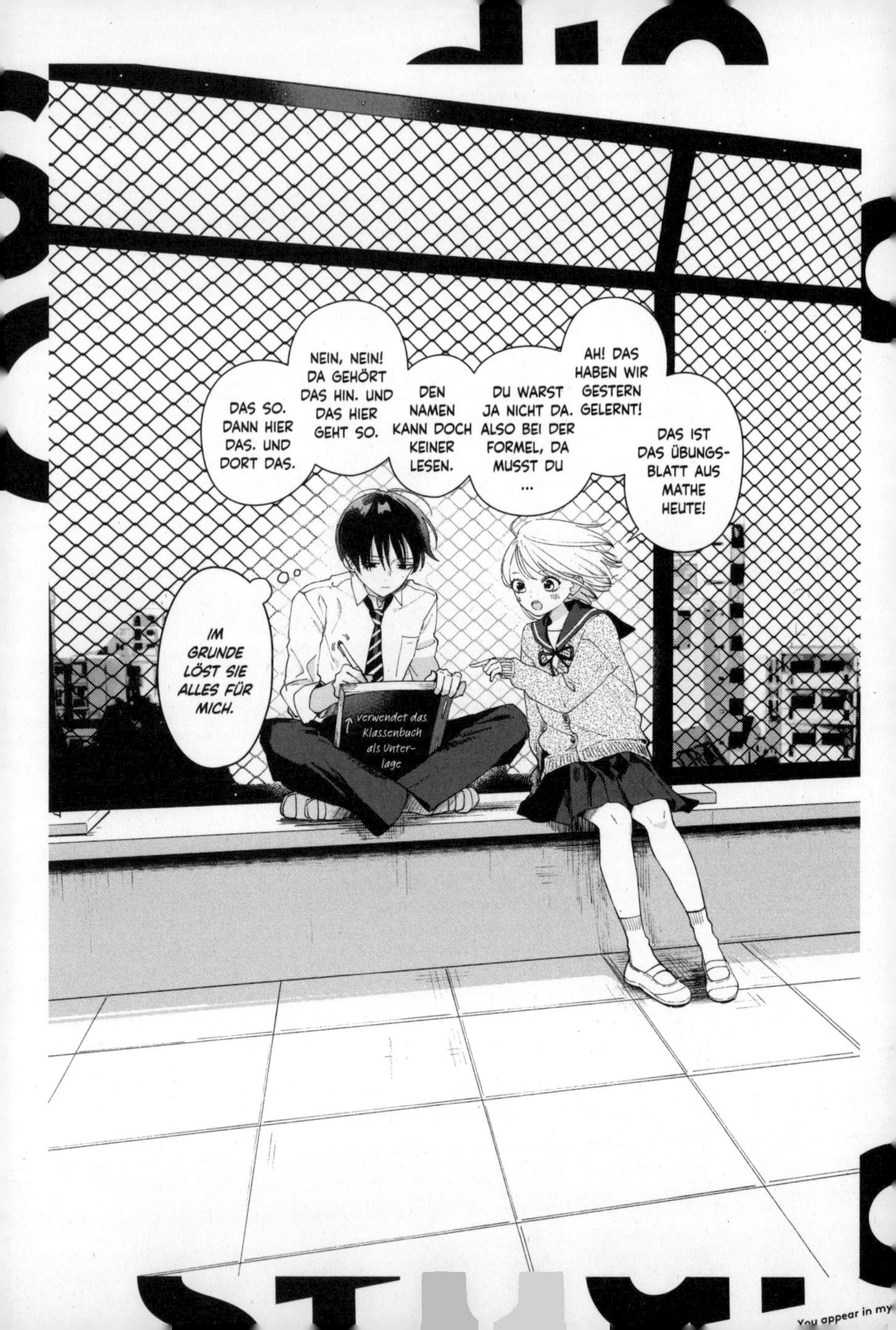
DAS IST DAS ÜBUNGS-BLATT AUS MATHE HEUTE!
AH! DAS HABEN WIR GESTERN GELERNT!
DU WARST JA NICHT DA. ALSO BEI DER FORMEL, DA MUSST DU ...
DEN NAMEN KANN DOCH KEINER LESEN.
NEIN, NEIN! DA GEHÖRT DAS HIN. UND DAS HIER GEHT SO.
DAS SO. DANN HIER DAS. UND DORT DAS.
IM GRUNDE LÖST SIE ALLES FÜR MICH.
verwendet das Klassenbuch als Unter-lage
You appear in my

Nachwort

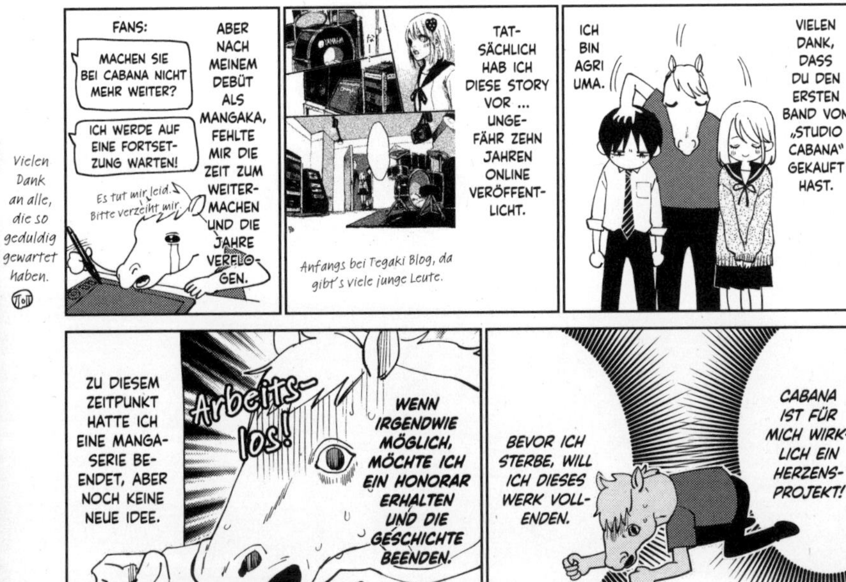

SPECIAL THANKS

- „I", REDAKTION
- „T", ASSISTENZ
- IKUMA
- ALLEN VON SHIMOKITAZAWA GARAGE
- ALLEN VOM STUDIO PENTA IKEBUKORO
- MEINER LESERSCHAFT

NATÜRLICH BIN ICH AUCH DER LESERSCHAFT MIT EURER STETIGEN UNTERSTÜTZUNG SEHR DANKBAR!

ICH GEBE MEIN BESTES, UM DIE GESCHICHTE ZU VOLLENDEN.

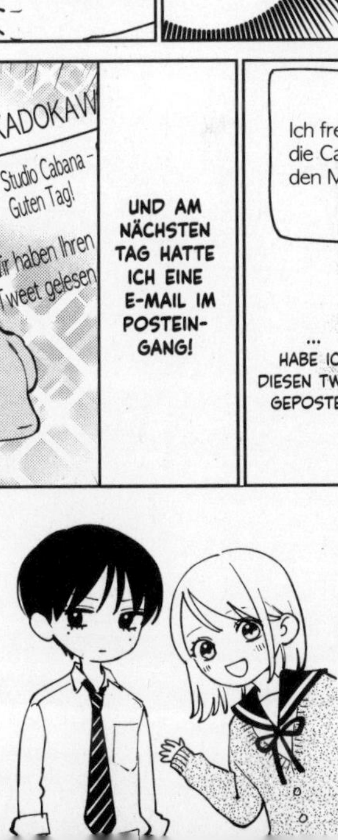

UND SO KAM ES, DASS ICH MIR NACH JAHREN DEN TRAUM ERFÜLLEN KONNTE, „STUDIO CABANA" ALS SERIE BEI EINEM VERLAG VERÖFFENTLICHEN ZU DÜRFEN.

ICH HABE GELERNT, DASS MAN AUSSPRECHEN MUSS, WAS MAN SICH WÜNSCHT!

ICH BEDANKE MICH VIELMALS BEI „I" AUS DER REDAKTION FÜR DIE KONTAKTAUFNAHME.

EIN REMAKE!

Studio Cabana

You appear in my mind all the time
and pull me into a luscious world.
If you don't call it love, I don't know what is.

Ich kann nicht in Worte fassen,
wie wunderbar es sich anfühlt, dieses
Werk nach so langer Zeit verwirklicht zu
sehen. Beim Zeichnen dieser Geschichte
habe ich das Gefühl, wieder in meine
Jugendzeit zurückversetzt zu werden.

Agri Uma

Studio Cabana

Deutschsprachige Ausgabe / German Edition

CH-1007 Lausanne
1. Auflage

Aus dem Japanischen von Victoria Maria Zach

Programmleitung: Hideki Iyama / Lizenzkoordination: Ai Kono
Redaktion: Beatrice Tavares / Herstellung: Sonja Lesch
Deutsche Logo- und Covergestaltung: Stephanie Gieck
Lettering: Datagrafix Inc.
Druck und Bindung: GGP Media GmbH, Pößneck

ISBN 978-2-88951-952-1